행운은 인연으로 온다

삶이 바뀌는 결정적 순간을 놓치지 않는 법

행운은 인연으로 온다

잭 캔필드 · 마크 빅터 한센 외 지음
고도원 · 안종설 옮김

CHICKEN SOUP
FOR THE
ENTREPRENEUR'S SOUL

흐름출판

길은 처음 시작된 문에서부터

끝없이 이어진다.

저 멀리 끝도 보이지 않는 길을 따라

나는 할 수만 있다면 부지런히 발을 놀려

한 걸음씩 다가가야 한다.

여러 오솔길과 샛길들이 모여

더 큰 길로 이어질 때까지

그 다음에는 어디로?

나도 모른다.

J.R.R. 톨킨

행운은 우리 모두의
삶 속에 있다

앞으로 20년이 지나면 당신은 당신이 한 일보다는
하지 않은 일들 때문에 더 후회할 것이다.
그러니 닻을 올려 안전한 포구를 떠나라.
당신의 돛에 무역풍을 가득 안고 출발하여 탐험하라.
꿈꾸라, 그리고 발견하라.

– 마크 트웨인

새뮤얼 랭혼 클레멘스. 마크 트웨인이라는 이름으로 더욱 널리
알려져 있는 그는 미국에서 가장 큰 사랑을 받는 이야기꾼 가운
데 한 명이다. 사물을 있는 그대로 바라볼 줄 아는 그의 능력은
이미 너무도 잘 알려져 있다. 이와 더불어 재치 넘치는 글솜씨를
통해 진실을 독자들에게 전달하는 그의 능력은 그를 당대는 물
론, 후대로까지 이어지는 불멸의 신화로 승격시켰다.

이 책에 실린 이야기의 주인공들도 그에 못지않은 사람들이다.
모두들 남다른 아이디어와 체험, 실패와 성공의 이야기를 들려준
다. 그들이 트웨인과 비슷한 이유는 그들 모두 있는 그대로의 현

실을 바라볼 줄 아는 능력을 가졌고, 그것을 진리로, 삶으로, 신화로 바꿔놓은 인물들이기 때문이다.

이 책에 실린 이야기 중의 상당수는 처음으로 공개되는 것이다. 우리 『닭고기 수프』 시리즈 관계자들은 그런 소중한 경험과 성공의 이야기를 이 책에 담을 수 있게 된 것에 다시없는 감사의 뜻을 전하고 싶다. 미국의 대표적인 기업가들이 들려주는 지혜를 통해 이 책을 읽는 여러분도 인생을 바꿀 심오한 통찰과 영감을 느낄 수 있을 것이다.

자, 이제 책장을 넘겨 영감을 얻고, 대가들의 지혜를 배우고, 신나게 웃음을 터뜨리며 탐험하고 꿈꾸자. 그러면 발견하게 될 것이다. 행운은 우리 모두의 삶 속에 인연이라는 이름으로 존재한다는 것을.

잭 캔필드, 마크 빅터 한센

차례

1
함께해서
가능하다

·

모이는 것은 시작이고 함께 있는 것은 진전이며
협력하는 것은 성공이다.

– 헨리 포드

사람 둘에
들통 셋

내가 가진 아이디어 1천 개 가운데
딱 하나만 성공하면 그것으로 만족이다.
– 알프레드 노벨

이렇다 할 가구 하나 없는 텅 빈 공간에 멀쩡한 남자 둘이서 거꾸로 뒤집어놓은 5갤런짜리 플라스틱 들통 위에 앉아 있다. 그 옆에 놓인 세 번째 들통 위에는 사람 대신 전화기 한 대가 놓여 있다. 말하자면 두 남자는 지금 세 번째 들통 위에 놓인 전화기의 벨이 울리기를 기다리는 중이다. 어떤가? 훗날 미국 최대의 치과 소개 서비스 회사가 될 1-800-DENTIST 사무실 개업식 날 풍경치고는 좀 초라하지 않은가?

동업자인 게리 세인트 데니스와 나는 믿을 만한 친지에게서 1만 달러를 빌려 사무실을 차린 상태였기 때문에 가구 따위에 낭비할 돈이 없었다. 그때가 1986년 초였는데, 개업식 전 넉 달 동안 우리는 로스앤젤레스 전역의 치과 의사들을 찾아다니며 우리의 환자 알선 서비스를 홍보했다. 수백 명의 치과 의사들을 만난 끝에 6월에는 간신히 18명의 회원을 확보하는 데 성공했다.

1-800-DENTIST를 시작하기 전, 나는 어느 광고 대행사의 풋내기 카피라이터였고 게리는 주식 중개인으로 일했다. 우리가 가진 것이라고는 아이디어 하나와 전화번호 하나가 전부였고, 돈은 거의 한 푼도 없었다. 그래도 우리는 독립적인 회사를 차려보고 싶었고, 매일같이 점심을 밖에 나가서 먹고 싶었다.

그 당시를 돌아보면 돈이 없었던 게 오히려 커다란 장점으로 작용했던 것 같다. 문제가 있을 때 돈으로 해결하는 것은 최선책이 아닌 경우가 많다. 돈으로 모든 문제를 해결하려 하다 보면 막다른 골목에 몰렸을 때 번쩍 하고 나타나는 아이디어, 환희의 순간을 맛보지 못하게 된다. 이것은 사무실을 구하는 문제에도 그대로 적용되었다. 처음 3년 동안 우리는 독립된 사무실 공간을 갖지 못했다. 지나치게 좁은 공간 속에서 때로는 폐소 공포증에 시달리기도 했지만, 어쩔 수 없이 둘이 딱 붙어서 지내다 보니 좋은 점도 많았다. 그래도 점심만큼은 매일 밖에 나가서 사 먹었는데, 그 시간이 우리의 사업을 차분하게 분석해 보고, 동시에 음식점 여직원들에게 농담이라도 한마디 붙여볼 수 있는 기회이기도 했다.

그렇다면 도대체 우리가 돈도 없이 어떻게 일을 했을까? 해답은 간단하다. 사업을 계속 이어갈 자금을 마련하기 위해 우리는 새로 서비스에 가입한 치과 의사에게 첫 달과 마지막 달 회비를 내도록 했다. 아파트 임대료를 받는 것과 똑같은 방식이다. 그런 방법으로 매달 새로 나가는 광고비를 감당할 수 있었고, 나아가 새로운 치과를 회원으로 확보할 수 있었다. 마치 영구 동력과도 같은 원리이다.

초창기에 게리와 함께 치과를 찾아 로스앤젤레스 시내를 다니다가 이따금 건물 꼭대기에서 지붕 수리를 하는 사람들을 보게 되었다. 그때마다 게리는 "적어도 우리는 저런 고생은 안 해도 되잖아"라고 말하곤 했다. 힘든 고비가 오고, 당장 내일을 예측할 수 없는 위기가 닥칠 때마다 그것이 우리의 주문(呪文) 같은 역할을 했다. 우리는 그 주문을 되뇌며 낙관적인 자세를 가다듬었고, 미국 땅에서 사업을 할 수 있는 우리의 처지를 다행스럽게 생각했다.

우리가 사업을 시작한 이유 중 가장 중요한 것은 매일 일을 하러 갈 곳을 만드는 것이었다. 그래서 회사가 조금씩 커지기 시작했을 때도 직원들이 여유롭고 편안하게 일할 수 있는 분위기를 만들기 위해 많은 노력을 기울였고, 개인적으로도 돈독한 관계를 유지하려고 애를 썼다. 중요한 것은 바로 그 같은 노력이 단순히 개인적인 목표에 머물지 않고 우리 비즈니스 모델의 초석이 되었다는 점이다.

현재 1-800-DENTIST는 하루 24시간, 주 7일 영업을 한다.

미국 전역에서 로스앤젤레스의 우리 사무실로 하루에 수천 통의 전화가 걸려오는데, 기계가 아니라 사람이 직접 이 전화를 받는다. 게다가 보일러실을 연상케 하는 다른 대기업의 콜 센터와는 전혀 분위기가 다르다. 직원들이 차지하는 공간도 널찍널찍하고 (물론 진짜 의자도 갖추었다) 창문 너머로 보이는 경치도 아주 멋지다. 건물 전체에는 언제나 감미로운 음악이 흐른다. 우리는 또한 직원들을 위해 주차장을 임대했으며, 각종 건강 수당은 물론 게임 대회를 열어 현금 보너스를 지급하기도 한다. 한 달에 한 번씩 '패션의 날'을 갖기도 하고 안마사를 불러 피로를 풀기도 한다. 그 밖에도 여러 가지 이벤트가 준비되어 있다.

우리는 직원들 사이에 가능한 한 개방적이고 재미있고 따뜻한 분위기를 조성하기 위해 노력했다. 그 같은 분위기는 우리 회사로 전화를 건 고객들에게 그대로 전달되었다. 대개 치과를 찾는 사람들은 커다란 근심과 두려움을 안고 있게 마련이다. 문제는 치과를 선택하기가 아주 힘들다는 것이다. 일단 찾아가 보기 전에는 그 치과의 실력을 알 길이 없기 때문이다. 치과를 찾아가서 기분 좋은 경험을 해본 적이 없기 때문에 치과에 아예 안 가려는 사람도 많다. 그러나 1-800-DENTIST로 전화를 해서 친절하고 다정한 상담원의 목소리를 접한 고객들은 마음이 편안해져서 우리가 추천하는 치과를 찾아가게 된다. 처음 회사를 시작할 때만 해도 우리는 잘 훈련되고 친절한 상담원을 확보하는 것이 우리 사업의 관건이라고 생각했다. 하지만 일단 그들이 즐거운 마음으로 고객을 도울 수 있는 환경을 마련하고 나자 우리에게 돌아오는 보상은 그 열 배 이상이었다. 바로 이것이 우리의 성공 비결인 셈이다.

누구든 처음 사업을 시작할 때는 성공 여부를 장담할 수 없다. 그저 자신의 신념과 배짱을 믿고 열정을 쏟으면 된다. 내가 전에 다니던 광고 회사의 상사를 비롯한 많은 사람들이 1-800-DENTIST의 아이디어를 비웃었다. 그들의 생각이 틀렸다는 것을 입증하고 싶은 욕심은 커다란 동기가 아닐 수 없었다. 몇 년 전 그것과는 별개의 사업을 추진하기 위해 어느 벤처 캐피탈 관계자를 만난 적이 있다. 사업 설명을 하는 와중에 1-800-DENTIST 이야기가 나왔는데, 그는 내가 새로 시작하려는 사업이 바로 그거라고 잘못 알아들은 모양이었다. 그는 대뜸 그건 절대 성공할 수 없는 아이디어라고 단언했다. 나는 그 사업이 이미 크게 성공하여 수백만 달러의 매출을 올리고 있다는 사실을 얘기해 주고 얼른 그 회의를 마무리했다. 그 사람에게서 뭔가 유용한 조언이 나올 가능성이 없다는 사실을 일찌감치 확인한 게 다행스러울 뿐이었다.

지금까지 나는 단 한 번도 새로 사업을 시작하려는 사람의 기를 꺾은 적이 없다. 설령 그의 구상에 아무리 문제가 많다 할지라도 말이다. 자신의 아이디어를 완벽하게 실행에 옮기고 모든 충격을 흡수하기에 충분한 자금이 확보될 때까지 기다리다가는 아무 일도 하지 못한다. 잘못될 수도 있다는 사실을 인정하고 일단 부딪쳐보라. 당장 돈이 되지 않더라도 얼마든지 즐기면서 일할 수 있다.

 멀쩡한 남자 둘이 엎어놓은 들통에 앉아 있던 그 첫날로 돌아가 보자. 저녁 6시까지 50통의 전화가 걸려오는 것을 보면서 우리는 이런 생각을 했다. 우리가 치과 의사들에게 하고 다닌 이야기가 현실로 바뀌는 느낌인데! 이거 의자부터 사야 되는 것 아냐? 천만에, 들통이나 몇 개 더 구해보자고.

아이디어 하나로 '대박'을 터뜨리는 시대에 우리는 살고 있다. 프레드 조이얼이 바로 그 주인공이다. 그는 모기업 〈퓨처돈틱스(Futuredontics)〉의 계열사인 1-800-DENTIST의 최고 경영자이자 창립자이다. 1-800-DENTIST는 미국에서 가장 큰 치과 소개 서비스 회사로, 매년 2백 50만 명의 고객이 믿을 만한 치과를 소개받기 위해 이 회사로 전화를 건다.

조이얼은 또 이 회사의 대변인 자격으로 40건이 넘는 텔레비전 및 인쇄 광고, 비디오 보도 자료 등에 출연했다. 옆집 아저씨 같은 친근한 외모와 매력적인 미소, 듣는 이에게 부담을 주지 않는 그의 말솜씨 덕분에 치과에 가기를 두려워하는 수많은 사람들이 치과 진료 시간을 예약할 수 있었다.

꼬리 감춘 개,
고개 쳐든 개

내 나이 쉰둘이던 1997년, 내 삶에 검은 그림자가 드리워지기 시작했다. 27년에 걸친 결혼 생활이 파경을 맞았고, 빚은 산더미처럼 쌓여 있는데도 돈이 들어올 데라고는 아무데도 없었다. 참으로 어둡고 참담한 상황이었다. 엎친 데 덮친 격으로 양쪽 다리가 모두 부러지는 사고까지 당했다. 이혼 절차를 밟아준 변호사는 농담 삼아 "캐롤, 아무래도 의사를 찾아가거나 개를 한 마리 구해야 할 것 같네요"라고 말했는데, 그 한마디가 내 인생을 바꾸어놓았다.

나는 그때부터 적당한 강아지를 물색하다가 생후 넉 달 된 불도그를 판다는 광고를 발견하고 곧바로 연락을 해보았다. 나는 그렇게 슬픈 얼굴을 한 강아지는 본 적이 없었다. 마치 강아지의 표정을 통해 나 자신을 거울로 보는 듯한 느낌이었다. 우리는 둘 다 무조건적인 사랑이 필요한 삶의 패잔병이었던 것이다. 나는 그 녀석을 담요에 싸서 집으로 데려온 뒤, 젤다라는 이름을 붙였다. 왠지 'Z'로 시작하는 이름이 마음에 들었다. 알파벳의 마지막 글자인 'Z', 마지막은 곧 새로운 시작으로 연결된다는 희망 때문이었다.

젤다가 내 인생 속으로 들어오면서 내 몸과 마음은 조금씩 회복되기 시작했다. 그렇지만 어떻게든 빚을 갚고 생활비를 벌어야 하는 상황은 여전했다. 네 장의 신용 카드를 이용해 간신히 하루하루를 연명했지만, 이런 상태로는 오래 버틸 수 없을 것이 분명했다.

다행히 내 경제적 어려움을 잘 아는 한 친구가 좋은 정보를 알려주었다. 동네 애완동물 가게에서 크리스마스 카드 경연 대회를 주최한다는 것이었다. 우승자에게는 1년 동안 매달 40파운드의 개 사료가 상으로 주어진다고 했다. 나는 크리스마스를 염두에 두고 이웃집에서 산타 모자를 하나 빌린 다음, 욕조에 비누 거품을 가득 채우고 젤다를 그 속에 집어넣었다. 빨간 모자를 쓰고 비누 거품으로 수염을 단 젤다는 진짜 산타 사기꾼 같았다. 나는 그런 젤다의 모습을 카메라에 담고 "크리스마스 선물로 강아지와 남편을 바꿨어요. 잘했죠?"라는 문구를 달아 경연 대회에 응모했다. 그로부터 6주 뒤, 젤다와 내가 1등을 했다는 소식이 전해졌다. 젤다에게 이제 1년 동안 네 밥 걱정은 없다고 말하던 기억이 난다.

그것만으로 내가 처한 문제가 해결될 리는 없었다. 나는 이 상황을 헤쳐 나가기 위해 다시금 생각을 정리하기 시작했다. 맨 먼저 내가 가지고 있는 장점을 꼼꼼히 따져보았다. 나는 광고 회사에서 오랫동안 일하며 기업 고객을 위해 광고 카피를 쓰거나 디자인을 하는 일을 해왔다.

'시련을 뚫고 창의적인 영감을 끌어낸 내 경험을 이용해 연하장을 만들어보면 어떨까?'

물론 카피는 내가 쓰지만 이미지는 젤다를 이용할 생각이었다. 몇 년 전에 나는 『범퍼 스티커 지혜(Bumper Sticker Wisdom)』라는 책을 한 권 쓴 적이 있었다. 별로 많이 팔리지는 않았지만 그 경험을 통해 출판계를 어느 정도 알게 되었다. 어쩌면 젤다와 짧은 문구를 이용해 책을 한 권 만들 수도 있지 않을까? 머릿속에 온갖 아이디어가 샘솟기 시작했다. 돌아보면 우리의 인생은 조각 그림 맞추기와 비슷하다. 차이가 있다면 퍼즐 상자에 전체 그림이 나와 있지 않다는 점이다. 조각들을 긁어 모아 끼워 맞추기는 하지만, 그것이 어떤 그림을 이루는지를 알기 위해서는 어느 정도 시간이 흘러야 한다.

그래서 젤다를 활용해 어떤 사업을 할 것인지를 생각해 보았다. 일단 목표는 거창하게 잡았다. 젤다를 활용한 카드로 〈홀마크〉에서 라이선스를 따낸다는 계획이었다. 나름대로 시장 조사를 해보니 지금까지 아무도 시도하지 않은 참신한 아이디어가 필요하다는 결론에 이르렀다. 젤다는 적어도 두 가지 면에서 기존의 카드와 차별성을 가질 수 있을 듯했다. 첫째, 지금까지 살아 있는 개에게 이름을 붙이고 그것을 전면에 내세운 카드를 디자인한 사람이 아무도 없었다. 둘째, 마음에 새길 만한 카피를 활용한 카드도 찾아볼 수 없었다. 이를테면 "뜨거운 것을 참지 못하는 사람은 부엌에 있지 마세요"라든가 "언제 무슨 일이 생길지 모릅니다. 헬멧을 쓰세요"라는 식 말이다. 나는 이 두 가지 요소를 결합시킨 '젤다 위즈덤'을 내 회사 이름으로 정했다.

하지만 혼자의 힘만으로는 아무것도 할 수가 없었다. 〈젤다 위즈덤〉을 만들기 위해서는 내가 알고 있는 최고 전문가들의 도움이 필요했다. 셰인 영은 천재적인 사진 작가이고, 샌디 셸링은 홍보의 귀재이다. 나는 광고 회사에 있을 때 이 두 사람과 같이 일한 적이 있는데, 함께 일하는 것이 그렇게 즐거울 수가 없었다. 물론 나는 그들에게 보수를 지급할 형편이 못 되었다. 그래서 동업자가 되어 달라고 부탁했다. 그 누가 젤다처럼 '측은한' 얼굴을 한 사람에게 거절을 할 수 있겠는가?

우리는 4만 달러가 채 안 되는 돈으로 사업을 시작했다. 내 카드에 남아 있는 대출 한도를 모두 긁어 모은 액수였다. 할로윈이 지나자마자 24벌의 의상을 싼값에 사들인 다음, 셰인과 함께 열심히 사진을 찍기 시작했다. 다행히 젤다는 카메라 앞에 서는 것을 좋아했다. 카메라 앞에서 한동안 시간을 보내고 나면 상으로 캐러멜 아이스크림 바를 주곤 했는데, 젤다는 이것도 아주 좋아했다. 촬영이 끝나자 인쇄 업자를 설득해 24장의 카드와 석 장의 포스터를 만들고 대금은 카드를 팔아서 90일 후에 지불하기로 했다.

일단 오리건과 워싱턴 주의 선물용품 가게를 시험 무대로 삼았는데, 납품을 하기 위해서는 홍보가 필요했다. 이번에는 언론계에 발이 넓은 샌디가 나서서 젤다를 각 지역 신문과 텔레비전 방송국에 소개했다. 이내 선물용품 매장으로부터 〈젤다 위즈덤〉 카드와 포스터를 주문하는 전화가 걸려오기 시작했다. 반응은 우리의 예상을 훨씬 뛰어넘는 것이었다. 우리의 카드는 재미있기도 했고("브래지어를 벗어버리세요. 주름만 늘어집니다.") 쉽게 공감을 불러일으키는 내용이기도 했다("모든 건 운에 맡기고 운동이나 할래요"). 주문은 계속 밀려들었고, 납품된 물건들은 날개 돋친 듯이 팔려 나갔다.

그렇게 몇 달이 지나자 우리는 거대한 도약이 필요한 때가 도래했음을 직감했다. 때마침 뉴욕에서 벌어진 전미 문구 박람회에 출전하기로 마음먹고 부스를 하나 임대했다. 〈젤다 위즈덤〉 같은 조그만 업체 1천 5백 개가 이 행사에 참여했는데, 그들이 노리는 것은 하나같이 대형 카드 회사의 눈에 띄어 라이선스 계약을 체결하는 것이었다. 역시 같은 목적을 가지고 있던 우리는 어느 특급 라이선스 대행사에 자료와 초대장을 보냈다. 이 회사가 1등의 잠재력을 가진 꼴찌 업체를 고객으로 받아주는 경우도 있다는 소문을 들은 까닭이었다.

박람회 현장에서는 광고 회사에서 일한 경험을 한껏 살렸다. 사람들의 시선을 우리에게 끌어들이기 위해 엄청나게 노력했다. 행사 카탈로그에 전면 광고를 실었는데, 우리 같은 영세 카드 회사들은 좀처럼 엄두도 내지 못하는 발상이었다. 이 광고에는 꿀벌 의상을 입은 젤다의 로고와 함께 "평범한 벌은 싫다고?(Why Bee normal?)"라는 문구를 넣었다. 우리 부스의 비디오 모니터에는 각종 텔레비전 프로그램에 출연한 젤다의 모습이 방영되었다. 사람들은 비키니를 입고 입술 모양의 빨간 선글라스를 낀 이 우스꽝스러운 불도그가 천방지축 돌아다니는 모습에 넋을 잃고 빠져들었다. 라이선스 대행사 쪽 사람을 우리 부스까지 안내해 오는 데 애를 먹었을 만큼 사람들이 북적거렸다. 이 불도그는 단순히 사람들을 웃길 뿐만 아니라 뭔가를 생각하도록 만드는 묘한 힘을 가지고 있었다. 이렇게 해서 젤다는 이 박람회의 스타로 떠올랐다.

우리는 결국 그 대행사와 계약을 체결했다. 그들은 우리 카드와 도서, 달력과 문구를 사들일 업체를 데려왔다. 머지않아 〈젤다 위즈덤〉 의류와 선물용품을 판매할 업체와도 계약이 이루어졌다.

지금은 〈러스 베리〉라는 회사가 젤다 봉제 인형 시리즈를 생산하고 있다.

이렇게 해서 우리는 목표를 이루었다. 〈젤다 위즈덤〉 카드는 〈홀마크〉를 통해 전세계에서 생산, 유통되기 시작했다. 2005년에는 〈홀마크〉의 수많은 카드 중에서 〈젤다〉가 판매량 1위를 차지했다. 우리 웹사이트에는 '디어 젤다(Dear Zelda)'라는 코너가 마련되어 팬들에게 신랄하면서도 정겨운 조언을 들려주기도 한다. 하지만 내가 가장 소중하게 생각하는 것은 젤다의 철학에 감동을 받은, 혹은 우리 모두에게는 젤다가 숨어 있음을 깨달은 사람들로부터 따뜻한 격려의 말을 듣는 순간이다.

내가 가장 좋아하는 카드 가운데 하나는 천사 옷을 입은 젤다와 함께 "다른 천사들은 너무 바빠서 제가 대신 왔어요"라는 문구가 적힌 카드이다. 젤다는 나의 천사였고, 이제 나는 그런 젤다를 온 세상 사람들과 함께 나누고 있다.

젤다와 나는 '꼬리 감춘 개'로 출발했지만 우리는 반드시 날씬하고 돈이 많고 젊고 주름이 없는 사람들만 성공을 거둘 수 있는 게 아니라는 사실을 입증하는 산 증인들이다. 그 해답은 간단하다. 자기 자신을 잃지 말 것, 그리고 절대로, 무슨 일이 있어도 절대 포기하지 말 것, 그게 전부이다.

젤다는 개들의 권익을 옹호하는 국제 단체 〈델타 애완동물의 동반자 협회(www.deltasociety.org)〉의 대변견(?)이다. 젤다 자신이 공인 안내견이며, 캐롤과 함께 학습 장애를 가진 어린이들을 돕고 있기도 하다. 캐롤은 또한 커다란 영감과 동기를 불어넣는 강연가로 유명하다. 특히 그녀의 강연 〈꼬리 감춘 개에서 고개 쳐든 개로 올라서는 법〉은 많은 사람들의 열렬한 찬사를 받은 바 있다.

성공의
맛

열정은 반죽을 부풀게 하는 효모이다.
– 폴 J. 마이어

1965년 여름이었다. 새로 나온 머스탱과 T-버즈의 스피커에서는 비틀즈와 비치 보이스의 노래가 흘러나왔다. 당시 백악관의 주인은 린든 존슨이었고, 뉴욕에서는 세계 박람회가 열려 희망에 찬, 그러나 상업성에 물든 시선으로 미래를 힐끗거리고 있었다.

그해 고등학교를 갓 졸업한 열일곱 살의 나는 장차 의사가 되기를 꿈꾸고 있었다. 그러나 그 꿈을 이루기 위해서는 경제적인 여건이 뒷받침되어야 하는데 현실은 전혀 그렇지 못했다. 내가 일하던 동네 철물점에서는 최저 임금, 시간당 1달러 25센트를 주었다. 그런 나에게 대학 진학은 인간의 달 착륙만큼이나 멀고 험한 여정이 아닐 수 없었다.

코네티컷 주 브리지포트에 있는 부모님 집에서 유난히 무덥고

습기 찬 하루를 보내던 어느 날이었다. 우리 가족의 오랜 친구 가운데 한 분인 피터 버크 박사에게서 전화가 걸려왔다. 의사 일을 때려치우고 가족과 함께 우리 집에서 불과 40마일 떨어진 뉴욕 주 아몬크로 이사를 가기로 했다는 이야기였다. 버크 박사와 그의 가족을 근 1년 동안이나 만나지 못했던 우리 가족에게는 정말 반가운 소식이었다.

우리의 재회는 이내 이루어졌다. 1965년 7월의 어느 일요일, 그날은 나에게 말 그대로 운명적인 하루가 되었다. 새로 이사한 그의 집에서 바비큐를 먹으며 버크 박사와 나는 동업 관계를 맺기로 약속했던 것이다. 그때만 해도 그것이 패스트푸드 산업의 지형을 완전히 바꿔놓게 되리라고는 상상도 못했다.

대학 진학을 생각하면 할수록 어떻게 해야 돈을 마련할 수 있을지 더욱 고민스러운 무렵이었다. 나는 버크 박사의 집으로 들어서면서 그에게 조언을 한번 구해봐야겠다는 생각이 문득 들었다. 잘하면 그분에게서 돈을 좀 빌릴 수 있을지도 모른다는 생각도 했던 게 사실이다. 그래도 나의 가족들과 반평생 동안 서로 알고 지내온 사이가 아니던가. 우리 부모님은 나를 대학에 보내줄 형편이 못 되었기 때문에 내가 얼마나 간절히 대학에 가고 싶은지를 이야기하면 버크 박사가 기꺼이 도움의 손길을 내밀 거라고 생각했다. 그래서 어렵사리 이야기를 꺼내보았다.

그러나 그의 반응은 뜻밖이었다.

"잠수함 샌드위치 가게를 차려야겠군."

뭐라고? 고작 열일곱 살밖에 안 된 나더러 샌드위치 가게를 차리라고? 하지만 나는 저도 모르는 사이에 "어떻게 하면 되죠?"라고 되묻고 있었다.

그러자 버크 박사는 잠수함 샌드위치 사업을 설명해 주었다. 그냥 조그만 가게를 하나 임대하고, 카운터를 설치하고, 음식을 장만해서 장사를 시작하면 된다는 것이었다. 그러면 손님들이 찾아와 카운터 위에 돈을 놓고 갈 것이고, 나는 머지않아 대학 학비를 벌 수 있다는 것이었다. 버크 박사는 너무나 쉽게 그렇게 말했고, 나에게 해볼 생각이 있으면 기꺼이 동업자가 되어주겠다고 했다.

그날 우리 가족이 집으로 돌아갈 채비를 하자, 버크 박사는 나에게 1천 달러짜리 수표를 한 장 써주었다. 우리의 사업에 대한 투자인 셈이었다.

나는 집으로 돌아오는 길에 이런저런 생각을 해보았지만, 만약 잠수함 샌드위치 가게가 성공을 거두면 그것은 단순히 대학 등록금을 버는 차원의 일이 아니라는 사실은 전혀 생각하지 못했다.

성공이란 쉼 없는 모험과 흥분의 롤러코스터를 의미한다. 나에게 그것은 〈서브웨이(SUBWAY)〉라는 이름의 음식점이었다. 성공이란 또한 최선의 노력과 인내를 의미하며, 나는 그것을 통해 경제적 독립과 그에 수반되는 모든 것을 얻었다. 그것은 비단 나 혼자만의 것이 아니라 전세계 곳곳의 〈서브웨이〉에서 일하는 수천 명의 사람들에게 적용되는 이야기이기도 하다.

〈서브웨이〉는 얼마 전에 창업 55주년을 맞았으며, 그동안 여러 가지 기념비적인 성과를 거두었다. 83개국에 2만 5천 개의 매장을 거느린 〈서브웨이〉는 세계에서 가장 큰 잠수함 샌드위치 체인으로 자리를 굳혔다. 미국과 캐나다, 호주만 놓고 보면 〈맥도날드〉보다 더 많은 매장을 보유하고 있을 정도이다.

프레드 드루카와 〈서브웨이〉 본사 및 가맹점들은 수많은 상과 찬사를 받고 있다. 지방이 많은 기존의 패스트푸드를 대체할 수 있을 것이라는 평가를 받고 있으며, 그 상호와 제품이 수많은 언론 매체에 소개되기도 했다.

프레드 드루카는 요즘도 왕성한 활동을 펼치고 있다. 전세계 〈서브웨이〉 가맹점을 방문하기 위해 세계 각국을 여행하며, 보다 건강하고 능동적인 삶을 강조하는 공익 캠페인에 주도적으로 참여하고 있다. 최근에는 〈국제 가맹점 협회〉의 '명예의 전당'에 올랐으며, 자신의 고향인 뉴욕 시 브루클린에서 올림픽 성화 봉송 주자로 초대되는 영광을 누렸다. 이만하면 가난했던 열일곱 살 소년의 삶치고는 괜찮지 않은가!

맥주
콩깍지

'맥주 콩깍지(beer goggles)'란 술을 몇 잔 마시면 상대, 특히 이성이 평소보다 훨씬 멋있어 보이는 것을 뜻하는 속어이다. 우리가 머릿속에서 맴돌던 Realbeer.com을 사업 아이디어로 승화시킨 과정을 보면 이 맥주 콩깍지가 우리 눈에 확실하게 씌운 게 아닌가 싶다.

내가 미래의 동업자이자 Realbeer.com의 공동 설립자인 팻 헤이거만을 처음 만난 것은 온라인에서였다. 인터넷을 이용한 사상 최초의 사업 관련 소개팅(?)이라고 해도 좋을 것이다. 이야기는 1994년으로 거슬러 올라간다. 당시만 해도 가끔씩 인터넷을 이용하는 것만으로 전문가 소리를 들을 수 있던 시절이었다.

당시 내가 Realbeer.com 아이디어를 처음 이야기한 사람은 캘리포니아 리버사이드에 있는 〈리버사이드 양조〉 회사 소유주들이었다. 소유주는 두 사람으로 부자지간이었는데 그들에게 Realbeer.com이라는 온라인 커뮤니티를 만들어 맥주를 홍보하는 아이디어를 소개한 것이다. 내 설명만 듣고는 도무지 무슨 소리인지 감이 잡히지 않았던 그들은 이따금 인터넷을 이용하는 친척에게 내 웹사이트를 한번 검토해 보라고 부탁했다. 그 사람이 바로 팻 헤이거만이었다.

내 사이트를 확인한 팻은 우선 내가 사기꾼이 아니라는 사실을 알게 되었고, 더 나아가 내 아이디어가 상당히 그럴듯하다는 생각을 하게 되었다. 상당한 맥주광이었던 그는 내가 무슨 일을 하려고 하는지 금방 알아차린 것이다. 그는 즉시 나에게 이메일을 보내서 투자자를 찾고 있느냐고 물어왔다. 나 역시 그의 메일에서 맥주와 인터넷에 대한 깊은 관심과 열정을 느꼈고, 직접 만나서—물론 맥주 한잔 하면서—이야기를 해보는 것이 어떻겠냐고 답장을 보냈다. 이렇게 해서 우리는 샌프란시스코의 〈코네티컷 양키〉라는 선술집에서 두 차례 만나게 되었다. 그리고 석 장의 냅킨 위에 사업 계획서를 작성한 끝에 드디어 함께 회사를 차리기로 의기투합했다. 우리가 생각해도 번갯불에 콩 구워 먹는 식의 속전속결이었다.

나는 몇 년 동안 광고 대행사에 다니며 사업에 대한 감각을 키워왔다. 아직 젊고 미혼이었던 팻 역시 맨땅에다 회사를 차리는 일을 짜릿한 도전으로 받아들였다. 우리는 안정적인 일자리를 그만두었다. 그러고는 미지의 세계를 향한 아메리칸 드림을 함께 꾸기로 했다. 우리의 눈에 '맥주 콩깍지'는 확실하게 씌웠고, 우리의 미래는 온통 핑크빛이었다.

팻과 나는 Realbeer.com을 준비하면서 성격, 기술, 배경 등 모든 면에서 서로를 잘 보완할 수 있다는 사실을 알게 되었다. 창의적인 재능과 일 처리 등에서 마치 음과 양이 조화되는 느낌이었다. 세상의 성공담이 흔히 그러하듯, 우리의 성공 역시 운과 타이밍, 그리고 할 수 있는 일과 없는 일에 대한 '건강한 무지'가 결합된 결과였다. 우리는 또한 하나의 아이디어에 생명을 불어넣기 위해서는 열정과 노력만으로는 부족하다는 사실을 깨닫기 시작했다. 우리는 주변 상황과 시대적 흐름을 더욱 깊이 들여다보게 되었다.

무엇보다도 인터넷 사이트를 홍보하는 인쇄물 한 장만으로 사람들이 우리에게 관심을 가져주기를 기대하기는 어려웠다. 그래서 팻이 샌프란시스코에서 준비 작업에 몰두하는 동안 나는 내 분신과도 같은 아내 다르시와 함께 트레일러에 몸을 싣고 미국 전역을 돌아다니기 시작했다. 우리 사업을 홍보하기 위해서였다. 여행용 트레일러에서 생활해 본 적이 없던 우리는 고속도로를 타고 캘리포니아 남부로 내려가면서 1마일 반을 달리는 동안 서로를 바라보며 웃음을 터뜨렸다. 도대체 무슨 생각을 하면서 그렇게 웃었는지 모르겠다. 하지만 우리는 우리의 꿈을 잃지 않았다. 뒤도 돌아보지 않았다. 그저 우리가 꿈꾸는 길을 향해 달릴 뿐이었다.

팻이 회사의 기초를 다지기 위해 온갖 고생과 노고를 아끼지 않는 동안, 다르시와 나는 허허벌판에서 야영을 해가며 온갖 신기한 맥주의 세계와 인터넷의 무궁무진한 가능성을 선전하고 다녔다. Realbeer.com에 대한 우리의 확신 없이는 해내기 힘든 일이었다. 가는 곳마다 양조 업자들과 업계 전문지들이 우리에게 큰 관심을 보여주었고, 기꺼이 우리가 만들고 있는 온라인 커뮤니티에 참여해 주었다.

다르시와 내가 1997년 6월에 여행을 마치고 샌프란시스코로 돌아왔을 무렵, 우리는 만만치 않은 기반을 확보한 상태였다. 어느덧 5백 개가 넘는 양조 업체와 술집, 주류상들을 직접 찾아가 우리의 계획을 설명하고 상당한 호응을 얻게 된 것이다. 업체들도 점차 인터넷 쪽으로 눈길을 돌리기 시작했다. 언제부터인가 Realbeer.com은 그들이 가장 먼저 찾는 사이트가 되었다. 우리를 한 번도 만나본 적이 없는 업체들조차 광고를 위해, 혹은 웹사이트 개발을 위해 우리에게 연락을 하기 시작했다. 이내 우리 회사는 토끼뜀 같은 성장을 거듭했고, 도저히 감당할 수 없을 만큼 일거리가 밀려들었다.

그동안 우리는 우리의 온라인 커뮤니티 회원들에서부터 맥주 업계의 대가에 이르기까지, 각기 나름의 맥주 콩깍지가 씌운 눈으로 미래를 바라보는 많은 사람들을 만났다. '샘 애덤스'를 만드는 〈보스턴 맥주 회사〉의 설립자인 짐 코크는 우리에게 사업과 관련된 조언을 공짜로 들려주었고, '피트의 위키드 에일'을 개발한 피트 슬로스버그는 우리의 사업 계획을 꼼꼼하게 검토해 주었다. 〈고든 비어쉬〉의 댄 고든은 실리콘 밸리의 투자자들에게 우리를 소개해 주었고, 오리건에 있는 〈로그 에일〉의 최고 경영자를 지낸 잭 조이스는 중요한 비즈니스 교훈이 담긴 전쟁 이야기를 들려주었다. 맥주 업계의 전설이자 《셀레브레이터 비어 뉴스》의 발행인인 톰 달도프는 우리를 업계 전체에 소개해 주었다. 그밖에도 많은 분들이 폭발적으로 늘어나는 우리 회원들을 위해 충고와 격려를 아끼지 않았다.

현재 하루 40만 명의 방문자와 수천 페이지에 달하는 콘텐트를 갖춘 Realbeer.com은 세계 최대의 규모를 자랑한다. 우리 커뮤니티가 지금 이 시각에도 지속적으로 성장을 거듭하는 것은 우리 회사와 회원들이 가진 열정의 힘을 대변한다. 이것은 호머 심슨(TV 만화 〈심슨 가족〉의 가장-옮긴이)의 성공담과도 일치한다. 꿈을 가지고 거기에 맥주를 더하면 무엇이든 가능해진다.

Realbeer.com의 슬로건은 "맥주의 어떤 부분을 모르고 계시나요?"이다. 맥주의 성분에서부터 맥주 업계의 최신 뉴스, 맥주의 종류에 따라 잔을 고르는 방법에 이르기까지, 맥주에 대해 알고 싶은 것이 있다면 이 사이트를 방문하기 바란다.

실바와 헤이거만의 사이트에는 커뮤니티 게시판이 아주 활성화되어 있어서 광적인 애호가는 물론, 초보자들도 자유롭게 정보를 교환하면서 보다 맛있게 맥주를 즐기는 방법을 배울 수 있다.

현실을
보라

내 동업자 릭 바처와 나는 시리얼을 대책 없이 좋아하는 사람도
아니고 그렇다고 음식점 경영 전문가도 아니다. 그러나 우리는
시리얼을 좋아하는 사람들의 행동을 면밀히 관찰함으로써 고정
관념에서 벗어나는 데 성공했다. 물론 거기에는 뜨거운 열정과
함께 시리얼을 유난히 좋아하는 사람들과의 깊은 관계가 뒷받침
되었음은 말할 것도 없다.

릭과 나는 우리 자신을 일종의 개척자이자 반역자라고 생각하
고 있다. 우리는 〈시리얼리티(Cereality)〉—손님들이 하루 종일
모든 종류의 시리얼을 자기 입맛대로 먹을 수 있는 시리얼 카페
—를 차림으로써 치열한 경쟁의 세계인 1백 10억 달러짜리 시리
얼 시장에 뛰어들었다. 그리고 그보다 더 냉소적이고 폐쇄적인 4천

7백 50억 달러 규모의 외식 산업에도 도전장을 내밀었다. 그 과정 속에서 우리는 지금까지의 음식 사업에서 가장 기본적인 전제, 가장 보편적인 사업 방식을 완전히 뒤집어놓았다.

"사람들은 자기 집 이외의 곳에서 시리얼을 먹으려 하지 않아."

"슈퍼에 가면 반값도 안 되는 돈으로 살 수 있는 걸 3달러, 4달러씩 내고 사 먹을 사람이 누가 있나?"

"상자 속에 든 음식을 가지고 레스토랑을 차린다는 게 말이 되나?"

우리는 수없이 이런 이야기를 들었지만 뜨거운 열정과 성실, 땀과 용기, 그리고 약간의 운을 가지고 그런 생각이 틀렸음을 입증해 보였다.

〈시리얼리티〉는 95%의 미국인들이 시리얼을 즐겨 먹는다는 데에서 출발했다. 그것은 시리얼을 담은 봉지가 얼마나 간편한가도 중요하지만 그보다는 시리얼을 대하는 정서적인 유대—습관, 특정 상품에 대한 충성도, 느낌과 분위기—가 훨씬 중요한 의미를 갖는다는 뜻도 된다. 특히 시리얼은 '브랜드'가 모든 것을 좌우한다고 해도 과언이 아닐 만큼 독특한 성격을 가진 상품이다. 따라서 단순히 시리얼만 제공하는 음식점이 아니라 '언제나 토요일 아침' 같은 분위기를 손님들에게 제공하는 것이 관건이었다. 그렇게만 되면 시리얼만 가지고도 얼마든지 다양한 메뉴를 선보일 수 있다고 우리는 확신했다.

그렇게 해서 〈시리얼리티〉는 수많은 사람들이 "왜 나는 진작 그런 생각을 못 했을까?"라고 한탄할 만큼 독특한 아이디어 상품으로 자리 잡는 데 성공한 것이다. 릭과 나는 이런 것이야말로 진정한 기업가 정신의 본질에 부합된다고 믿는다.

내가 보기에 기업가 정신은 예나 지금이나 일종의 의무감이다. 릭이 생각하는 기업가 정신은 자유이자 자기 자신을 가장 잘 표현할 수 있고 큰 힘을 발휘할 수 있는 영역이다. 우리가 10년 가까운 세월 동안 거의 완벽에 가까운 조화를 이루며 함께 일할 수 있었던 것은 하나의 아이디어를 상품으로, 또한 브랜드로 발전시켜 낸 릭의 탁월한 능력 덕분이다. 또 하나의 성공 비결은 무슨 일을 하든 우리에게 내재된 모든 열과 성을 다 담아 혼신의 힘을 다한 우리의 태도이다.

"네가 하는 일에 너 자신을 온전히 바쳐라."

이것이 성공을 위한 우리의 철학이고, 우리 기업 문화의 핵심이기도 하다.

사실 〈시리얼리티〉를 시작하기 전, 미국의 대표적인 대기업들을 상대로 일할 때도 나 자신의 방식을 고수하면 항상 성공을 거두었던 경험이 있었다. 직장 내에서 주로 발생하는 민감한 사회 심리적 문제들에 대처해 나가던 20대 때는 하버드에서 박사 학위를 받은 뒤 조직 심리학 분야에서 꾸준히 내 앞길을 개척해 나간다고 생각했다. 하지만 허구한 날 직장인들의 우울증이 어떠니 하는 주제에 매달리는 것은 확실히 내 적성과는 거리가 멀었다. 나는 무언가 다른 일을 열망했고, '맛집 기행'을 다니며 그 가능성을 발견했다.

하지만 때때로 기업가 정신은 단순한 투쟁 그 이상의 무언가일 수도 있다. 나는 내 꿈을 좇아 출판계로 뛰어들었고, 나처럼 맛집 기행을 좋아하는 사람들을 위한 잡지를 창간했다. 그제야 나는 샘솟는 아이디어와 집중력을 한껏 발휘할 수 있었다. 경리에서 편집장까지, 거의 모든 일을 혼자서 도맡다시피 했다. 이 잡지는 각계에서 좋은 평가를 받았을 뿐 아니라 열성 구독자들도 확보했다. 그러나 지나치게 시대를 앞서 나간 탓인지 도저히 수지를 맞출 수가 없었다. 결국 이 잡지는 3년 만에 폐간되고 말았다. 실로 가슴 아픈 일이 아닐 수 없었지만, 결과적으로는 그것이 내 인생에서 가장 소중한 경험으로 남게 되었다. 훗날 〈시리얼리티〉의 가능성을 저울질하던 투자자들은 내가 잡지사를 운영했다는 사실에서 새로운 사업을 성공으로 이끌 수 있는 자질을 발견했다고 한다.

"처음 사업을 하는 사람은 처음 자전거를 타는 사람과 같다. 그러나 당신은 이제 철인 3종 경기에 출전할 준비가 갖추어져 있다."

당시에는 물론 까마득히 몰랐던 일이지만, 나의 3종 경기가 처음 시작된 것은 월 스트리트의 어느 사무실에서였다. 나른한 오후 시간에 한 동료와 회의를 하고 있었는데, 이 친구가 이야기를 하다 말고 갑자기 탁자 밑에서 시리얼 봉지를 꺼내는 것이었다. 지금 뭐하는 거냐고 물었더니 그는 이렇게 대답했다.

"아, 요즘 이게 유행이야. 자네도 우리 직원용 주방에 가보면 무슨 소리인지 이해가 갈걸."

회의를 마치고 나왔는데 그날따라 길거리에서 유모차를 밀고 가는 젊은 어머니가 두 명이나 눈에 띄었다. 둘 다 한 손에는 기저귀 가방, 다른 한 손에는 시리얼 봉지를 들고 있었다. 바로 그 직후에 릭이 공항에서 또 한 장면을 우연히 목격했다. 한 부모가 햄버거 가게에서 줄을 서서 차례를 기다리는 동안 아이에게는 시리얼을 먹이는 모습이었다. 그 밖에도 친구들에게서 시리얼 관련 이야기를 수없이 들었다. 그때 우리는 우리에게 엄청난 사업 아이디어가 떠오르려는 사실을 알아차렸다.

릭과 내가 제일 먼저 한 일은 사람들에게 자기가 제일 좋아하는 시리얼을 언제, 어디서든 먹을 수 있게 하는 사업의 타당성을 검토하는 일이었다. 저축한 돈을 모두 털고 친구와 친척들에게 손까지 벌려가며 마련한 돈으로 리서치 회사를 고용해 시장 조사에 착수했다. 그 결과 몇 가지 재미있는 사실이 드러났다. (1) 시리얼은 식료품 가게에서 세 번째로 많이 팔리는 상품이다. (2) 미국인의 95%가 시리얼을 즐겨 먹는다. (3) 시리얼을 만드는 업체들은 집 바깥에서도 간편하게 먹을 수 있는 새로운 포장을 개발하기 위해 엄청난 돈을 쏟아 붓고 있지만 아직 만족할 만한 대안이 없는 상태이다.

이 같은 사실을 파악하게 된 릭과 나는 이를 토대로 〈시리얼리티〉라는 브랜드를 만들고 강력한 비즈니스 모델을 개발한 다음, 운영 자금을 모으기 시작했다. 2년에 걸쳐 머리칼이 빠질 만큼 숱한 장애물과 좌절을 겪은 끝에, 이윽고 우리의 아이디어에 자금과 조언을 투자하겠다는 사람이 나타났다. 그 밖에도 몇몇 투자자를 끌어들이고, 음식점 경영 전문 컨설턴트도 고용했다. 드디어 우리는 경주에 뛰어들 준비를 마친 것이다.

〈세인펠드(Seinfeld)〉와 마사 스튜어트에게서 영감을 얻은 릭은 일반 가정의 주방과 비슷한 분위기의 음식점을 설계했다. '시리얼 전문가(CereologistTM)'라고 불리는 종업원들에게는 잠옷 비슷한 제복을 입혔고, 유명 브랜드 시리얼은 물론 맛있고 재미있는 토핑과 그 밖에 수많은 종류의 특수 시리얼을 모두 구비하여 고객들이 하루 종일 자신이 원하는 시리얼을 먹을 수 있도록했다. 그렇게 해서 애리조나 주립 대학에 첫 번째 매장을 연 것이 2003년 8월의 일이다.

애초의 계획은 이 1호점을 가급적 널리 알리지 않는다는 것이었다. 여기를 일종의 실험실로 삼아 우리 시스템의 장단점을 면밀히 분석한 후에 매장을 늘려가고 싶었기 때문이다. 하지만 6개월이 지나는 동안 가맹점 문의가 빗발치는가 하면 우리와 비슷한 시리얼 카페를 차리는 사람들까지 나타나는 것을 보고, 우리는 우리 아이디어를 법적으로 보호해야 할 필요성을 절감했다. 정말로 독창적인 무언가를 개발해 낸 사람들이 그러하듯, 우리도 미국 최고의 지적 재산권 전문 변호사들을 고용하고 이 사업 아이디어가 우리 소유임을 명확하게 선포하는 보도 자료를 만들었다. 이 자료의 제목은 이렇게 뽑았다.

"미국인의 95%가 시리얼을 좋아한다. 57%가 섹스를 좋아한다. 우리는 시리얼을 선택했다."

사실 이것이 핵심이고, 이렇게 해서 하나의 브랜드가 탄생한 셈이다.

최초의 〈시리얼리티〉 카페가 문을 연 지 3년이 지난 지금까지도 가맹점의 수는 점점 늘어나고 있다. 우리 고유의 독창적인 레스토랑 체인 역시 확장되고 있다. 업계 최고의 파트너들과 대형 프랜차이즈 계약을 맺었으며, 자체 브랜드의 특수 시리얼을 개발해 여러 기업에 납품하고 있다. 온라인 쇼핑몰도 개설했고, 각지의 영화사와 회계 회사 등에서 출장 연회 이벤트도 열고 있다. 우리는 어느 유력한 기업을 상대로 우리 가게의 고객이든 아니든 상관없이 '언제나 토요일 아침'이라는 정신을 상기할 만큼 혁신적인 제품이라면 종류를 가리지 않고 〈시리얼리티〉 브랜드 사용 허가 계약을 체결하기도 했다. 릭과 나는 이것을 '현실을 바라보

는 다면 전략'이라고 부른다. 물론 이것은 고정 관념에서 벗어나
야 한다는 점을 강조하는 또 하나의 표현일 뿐이다.

〈시리얼리티〉는 단순히 시리얼을 먹을 수 있는 장소가 아니다. 시리얼에
대한 새로운 사고방식이며, 패스트푸드의 새로운 선택이다. 이제 바야흐
로 이런 아이디어가 먹히는 시대가 온 것이다.

2
한쪽 문이 닫히면
다른 문이 열린다

•

희망에 사는 사람은
음악이 없어도 춤춘다.
– 영국 속담

마음이
시키는 대로

위대한 일을 하는 유일한 방법은
자신이 하는 일을 사랑하는 것이다.
- 스티브 잡스

창 밖을 바라보니 수백 명의 인파가 거리로 쏟아져 나와 있었다. 유리창 너머로 내 모습이 보이기 시작하자 그들 가운데 몇몇은 총으로 내 가슴을 겨누기도 했다. 호텔 직원이 잽싸게 나를 에워 싸고는 방탄유리가 설치된 아래층 로비로 나를 안내했다.

때때로 그런 상황에 처할 때마다 나는 가족을 생각하게 된다. 그러고는 뭔가 좀 우스꽝스러운 기분이 들곤 한다. 지난 11일 동안도 그랬다. 딱히 달리 생각할 것도 별로 없었다. 바깥에 나갈 수도 없고, 시간을 보낼 텔레비전이나 인터넷도 없었다. 내가 가진 것이라고는 책 한 권이 고작이었다.

이번 할로윈은 꼭 집에서 보내겠다고 약속한 마당에 정작 이런 사태가 벌어지면, 아이들에게 어떻게 설명해야 할까? 아직 직업의 세계를 제대로 알지 못하는 고집 센 10대 아들에게, 좀더 많은 시간을 함께하지 못하는 이유를 어떻게 설명할 것인가?

나는 집으로 돌아오자 땅바닥에 입을 맞추었다. 그리고 곧장 가족 회의를 열었다.

그것은 내 인생에서 아주 중요한 순간이었다. 6년 동안 대학을 다니고 10년에 걸쳐 전문적인 분야에서 차근차근 성공의 계단을 올라간 시간들, 그것이 내 가족에게는 그다지 행복한 시간이 아니었던 것이다. 고집 센 아들 녀석이 스티브 잡스에 대한 독후감을 쓴 적이 있다. 왜 우리 아빠는 그 사람처럼 컴퓨터 분야에서 일하지 않는 것일까? 잘 나가는 사람들은 다 컴퓨터 전문가가 아닌가? 아들의 간절한 바람에도 불구하고 나에게는 그럴 기회가 없었다. 서른일곱의 나이가 될 때까지 오직 휴스턴에서 지구 물리학자로 일해 온 사람이 웬 컴퓨터? 컴퓨터를 살 수 있는 경제적 여력은커녕 달마다 날아드는 청구서를 감당하기에도 바빴다. 그렇다면 이제 나와 우리 가족은 어떻게 할 것인가?

마침내 우리는 그 가족 회의에서 우리의 삶을 송두리째 바꿔놓을 엄청나게 획기적인 결론을 내리고야 말았다. 나는 과감하게 직장을 그만두고 이삿짐 트럭에 짐을 쑤셔 넣은 다음, 캘리포니아의 실리콘 밸리를 향해 출발한 것이다. 일자리가 보장된 것도 아니었고 하버드 경영 대학원 출신의 분석 같은 것도 없었다. 그저 우리의 마음이 시키는 대로 길을 떠난 것이다.

이삿짐 트럭을 몰고 가면서 나는 컴퓨터 업계의 회의 내용이 담긴 테이프를 들었다. 그래야 실리콘 밸리에 도착하면 그들과 비슷한 말투를 흉내낼 수 있을 테니까. 그러기 위해서는 스티브 잡스나 빌 게이츠와 관계된 거라면 뭐든 읽어둬야 했고, 무턱대고 컴퓨터 회사를 찾아가 지구 물리학자를 한번 고용해 보지 않겠냐고 설득해야 했다. 결코 쉬운 일은 아니겠지만 말이다.

궁하면 통한다던가. 우리는 스티브 잡스의 특별한 고용 철학을 알게 되었다. 그것은 무엇인가 틀을 깨는 사람을 좋아한다는 사실이었다. 그래서 다른 회사라면 거들떠보지도 않을 사람들을 고용한다는 사실도 아울러 알게 되었다. 중동 지역에서 고고학자로 활동하던 조애너 호프만은 최초의 매킨토시 마케팅 전문가가 되었다. 스티브는 또한 전세계의 내로라 하는 무대를 돌며 공연 활동을 펼치던 '나르는 카라마조프의 형제'를 만든 랜디 넬슨을 고용해 컴퓨터 프로그래밍을 가르치는 일을 맡겼다. 랜디는 현재 〈픽사〉 사내 대학 학장으로 재직 중이다.

나는 오로지 열정 하나만을 무기로 스티브가 〈애플〉에서 해고당한 뒤에 설립한 회사 〈NeXT〉에 채용되었고, 졸지에 세상에서 가장 '쿨'한 아빠가 되었다. 나는 침을 튀겨가며 스티브 이야기를 아이들에게 들려주었고, 아이들은 『그린치는 어떻게 크리스마스를 훔쳤나』를 읽어줄 때만큼이나 열심히 귀를 기울였다.

〈NeXT〉 컴퓨터로 만들어진 최초의 인터넷 브라우저 소프트웨어가 스티브 앞에서 시연될 때, 나도 그 자리에 함께 있었다. 우리는 컴퓨터 업계의 가장 골치 아픈 문제, 즉 세계에서 가장 강력한 운영 체계(유닉스)를 일반 사용자들도 쓸 수 있을 만큼 단순하게 만드는 문제에 매달려 있었다. 그러나 정작 우리 자신은 그것이 〈애플〉의 르네상스를 앞당길 원동력이 되리라고는 생각조차 하지 못했다. 그냥 마음이 시키는 대로 달려갈 따름이었다.

하지만 나는 또 다른 고민에 맞닥뜨렸다. 실리콘 밸리는 그 나름의 방식으로 사람의 삶을 소진시켰다. 더 많은 시간을 가족과 함께하기 위해서는 그곳을 벗어나야만 했다. 물론 그런 일은 벌어지지 않았다. 고집 센 우리 아들 돈, 이 녀석이 또 한 번 우리 가족의 변화를 초래할 사고를 저지른 것이다. 그는 사용자들이 디지털 사진을 공유할 수 있는 웹사이트를 만들고 〈Smugmug. com〉이라는 인터넷 회사를 차렸다. 더 큰 사고는 아들 녀석이 나를 고용한 것이다.

이렇게 해서 우리는 다시 한 번 마음이 시키는 대로 호랑이 굴을 향해 돌진해 들어갔다. 당시 우리는 인터넷과 디지털 사진에 흠뻑 빠져 있었다. 각자 자기 인생 최고의 순간들이 담긴 소중한 사진들을 마우스 클릭 한 번으로 불러낼 수 있다니, 그 얼마나 환상적인가? 많은 사람들이 옷장의 구두 상자 속에 그 소중한 사진들을 처박아놓고 1년 내내 한 번도 꺼내보지 않는 형국이었다. 거기에 비하면 온라인상의 사진은 열 배 이상 더 큰 가치를 가진다는 것이 우리의 믿음이었다.

그러나 막상 호랑이 굴에 들어가자 여러 가지 문제점들이 드러나기 시작했다. 굳이 하버드 경영 대학원을 나온 사람이 아니라도 문제가 무엇인지 금방 알 수 있었다. 무엇보다도 세계 최고의 기업들이 인터넷 사진 공유 서비스를 이미 제공하고 있었고, 더구나 그 서비스를 공짜로 제공하고 있었으며, 그렇게 할 만한 충분한 이유가 있었다. 그런 서비스를 통해 더 많은 카메라를 판매할 수 있고 더 많은 광고를 유치할 수 있으니 말이다. 당신 같으면 믿을 만한 업체들이 공짜로 제공하는 서비스를 놔두고 생전 이름도 들어보지 못한 회사에 당신의 소중한 사진을 맡기겠는가?

하지만 우리에게는 그 모든 문제점을 뛰어넘을 수 있는 강력한 무기가 있었다. 다름아닌 '열정'이었다. 사업에서 가장 중요한 것은 바로 이 열정이라는 우리의 믿음을 다시 한 번 확인하는 순간이기도 했다. 〈애플〉이, 〈할리-데이비슨〉이, 〈스타벅스〉가 그토록 번성하는 것도 바로 이 열정 때문이라는 사실은 누구나 안다. 우리의 경쟁자가 〈마이크로소프트〉와 〈소니〉, 〈캐논〉과 〈코닥〉, 〈야후〉와 〈HP〉라는 사실을 생각하면 숨이 막히는 기분이었으나 우리는 열정 하나로 도전장을 냈던 것이다.

다른 각도로 생각해 보자. 정말로 자기 아기의 사진을 소중하게 생각하는 사람 중, 그 사진이 광고와 함께 나란히 실리는 것을 좋아할 사람이 몇이나 될까? 광고를 오려서 앨범 속에 간직하는 사람도 그리 많지는 않을 것이다. 유명 기업들은 사용자의 앨범에 광고를 끼워 넣거나 혹은 방문자의 전자우편 주소를 묻는 행위를 포기할 수 없다. 그래야 나중에 그들에게 스팸 메일을 보낼수 있으니까. 우리의 마음은 광고와 스팸이 없는 앨범으로 우리를 이끌었다. 열정에 한 표.

유명 기업들은 사용자가 자기네 로고를 숨기는 것을 용납하지 않는다. 집에서 앨범을 만드는 사람은 아무도 업체의 로고를 앨범에 집어넣지 않는다. 열정에 또 한 표.

유명 기업들은 애틀랜타에 사는 어머니가 당신의 사진을 고해상도로 다운로드 받아 집에서 인쇄하는 것을 용납하지 않는다. 열정에 또 한 표.

풀 스크린 슬라이드 쇼도 지원되지 않는다. 열정에 또 한 표. 그 밖에도 열정에 손을 들어줄 이유들은 얼마든지 있다.

〈SmugMug.com〉은 생긴 지 3년 만에 5만여 가정이 자기네의 소중한 사진을 믿고 맡기는 업체가 되었다. 어지간한 도시 인구와 맞먹는 숫자이다. 그동안에 사라진 것은 유명 기업의 사진 공유 사이트들이다.

우리는 전혀 부채를 동원하지 않고 그 같은 실적을 거두었다. 그것은 우리가 맡은 사진들에 대한 막중한 책임감 때문이다. 좋아하는 일을 함께하면서 느끼는 희열, 뭔가 중요한 사명을 띠고 열심히 노력할 때 생기는 유대감, 고맙다는 인사 한마디, 이런 것들만 가지고도 보수는 충분했다.

그 과정 속에서 우리의 열정은 가족의 다른 구성원들에게까지 전염되었다. 앞길이 창창한 직업을 포기하기도 했고, 처음에 두 명이던 맥어스킬이라는 성(姓)을 가진 〈SmugMug.com〉의 직원은 일곱 명으로 늘어났다. 더불어 가족과 함께할 시간이 부족한 실리콘 밸리의 문제점도 해결해 주었다. 우리는 새로 등록된 사진들을 가지고 오랜 시간에 걸쳐 함께 일하는 것이 그렇게 즐거울 수가 없었다. 〈SmugMug.com〉의 다른 직원들도 가족이 되었고, 심지어는 우리의 고객들조차 스스로를 가족의 일원이라고 생각했다. 우리도 그들의 결혼식 사진, 새로 태어난 아기의 사진, 평화 봉사단에서 활동하는 사진, 운동 경기에 몰두하는 사진, 자동차를 수리하는 사진, 개와 여행을 담은 사진들을 보며 환희를 느끼게되었다. 이런 일이 가능하다는 사실이 기적처럼 느껴질 뿐이었다.

나는 스티브 잡스가 내 모교인 스탠포드 대학에서 졸업식 연설을 할 계획이라는 소식을 듣고 숨이 막히는 줄 알았다. 그가 대학교 졸업식에 참석한 적이 있었던가? 내가 알기로는 없었다.

하지만 그는 그 자리에서 자신의 믿음이 담긴, 아주 강력한 메시지를 토해냈다.

"여러분의 일은 여러분 인생의 많은 부분을 채울 것입니다. 그 속에서 만족감을 느낄 수 있는 유일한 방법은 여러분이 훌륭한 일이라고 믿는 일을 하는 것이고, 훌륭한 일을 하는 유일한 방법은 여러분이 하는 일을 사랑하는 것입니다."

우리 가족이 꿈을 이룰 수 있었던 비결도 바로 거기에 있다.

부자지간인 크리스와 돈은 첨단 산업의 전설과도 같은 존재이다. 크리스는 〈NeXT〉에서 일한 경력 외에도 인터넷 비즈니스 최초의 성공 사례 가운데 하나인 온라인 서점 〈Fatbrain.com〉을 만들었다. 이들 가족의 차고에서 출발한 〈Fatbrain.com〉은 1억 달러짜리 상장 회사로 성장한 끝에 2000년 〈반스 앤 노블〉에 인수되었다.

돈은 실리콘 밸리에서 가장 큰 성공을 거둔 초창기 인터넷 서비스 제공 업체 〈베스트 인터넷〉에서 일한 경력을 가지고 있다. 〈핫메일〉, 〈이베이〉, 〈Fatbrain.com〉 등을 고객으로 두었던 〈베스트 인터넷〉은 훗날 〈베리오〉에 인수되었으며, 돈은 그 회사에서 네트워크 디자인 일을 하다가 지금의 패밀리 비즈니스를 시작했다.

맥어스킬 부자가 2002년에 〈SmugMug.com〉을 설립한 이유는 광고에 시달리지 않고 깔끔하게 사진을 공유할 수 있는 웹사이트를 찾을 수 없었기 때문이다. '좋은 공유는 중력의 중심'이라는 것이 그들의 믿음이다. 이 회사는 고객들이 디지털 사진을 올릴 수 있을 뿐만 아니라 직접 사진을 인쇄하거나 합리적인 가격의 인화 서비스도 받을 수 있도록 했다.

봉지 아줌마의
승리

고등학교를 졸업할 무렵, 나는 내가 세상을 다 안다고 생각했다. 그래서 아버지가 나더러 치과 위생사 공부를 하라고 하셨을 때, 나는 하루 종일 사람들 입 냄새나 맡으며 살고 싶지는 않다고 뚝 떨어지게 말씀드렸다. 그러면서 내 꿈은 애틀랜타의 모델 학교에 들어가는 거라고 덧붙였다. 하지만 그 꿈은 결국 무산되고 말았다.

나는 모델 학교에 진학하는 대신 고등학교 때 사귀던 남자친구와 결혼하기로 마음먹었다. 어머니는 다시 한 번 생각해 보라고 했지만, 나는 내가 부모님보다 더 지혜로운 판단을 내릴 수 있다고 믿었다. 완벽한 아내, 완벽한 엄마가 될 자신이 있었고, 내 남자친구는 완벽한 남편, 완벽한 아빠가 되리라 믿어 의심치 않았다.

그러나 인생은 내 꿈대로 되지 않았다. 내 삶은 빠른 속도로 변해갔고, 동화 같은 꿈은 무참히 무너졌다. 내가 결혼한 지 일곱 달 만에 아버지가 세상을 떠났고, 4년 후에는 어머니도 그 뒤를 따랐다. 나는 스물세 살의 나이에 세 살이 채 안 된 아들 둘을 키워야 했고, 열여섯 살 된 남동생을 돌봐야 했다.

나는 나 자신이 완벽한 아내가 아니며 내가 결혼한 남자 역시 완벽한 남편이 아니라는 사실을 깨달아야 했다. 그렇게 거의 20년이라는 세월을 진공 속에서 흘려 보냈다. 때로는 집안일에 묶여 꼼짝도 못할 때가 있었고, 완벽한 엄마가 되고 싶다는 바람은 헛된 공상에 지나지 않는 것처럼 보였다. 몸은 살아 있되, 정말로 살아 있다고 말하기는 힘든 시절이었다.

이윽고 결혼 생활마저 파국에 이르렀고, 나는 돈을 벌어야 한다는 절박한 현실과 마주쳤다. 은행원으로 일한 경험이 있기는 했지만 — 그나마 코앞에서 무장 강도와 맞닥뜨린 사건이 나의 이직을 부추겼다 — 과연 내가 할 수 있는 일이 무엇이란 말인가? 나에게는 직장을 구하는 데 필요한 학력도, 재능도 갖춰져 있지 않았다. 유일한 기술이라고는 요리밖에 없었다.

나는 어렸을 때 할머니의 주방에서 많은 시간을 보냈다. 물론 그 당시에는 내가 무언가를 배우고 있다는 생각은 한 번도 해본 적이 없다. 그저 요란한 웃음소리와 함께 할머니가 무언가를 젓고 따르고 섞고 반죽하는 것을 지켜보며 시간을 보냈을 뿐이다. 그러나 그 사이에 나는 알게 모르게 남부 특유의 각종 요리를 만드는 섬세한 기술을 손에 익혔다. 아시다시피 남부의 요리는 요리 학교에서 가르치는 기술과 달리 대대로 전해 내려오는 비법이 큰 비중을 차지한다. 굳이 말하자면 손끝이 아니라 마음속 깊은 곳에서 우러나오는 요리라고나 할까. 남부에서는 그것이 사랑을 표현하는 방법이기도 하다.

어느 날 나는 단돈 2백 달러를 주머니에 넣고 쇼핑에 나섰다. 36달러를 주고 아이스박스를 하나 장만하고, 50달러로 음식 재료를 구입한 다음, 나머지는 점심식사 배달업 허가를 따는 데 투자했다. 그때부터 나는 크고 작은 회사를 찾아가 직원들에게 점심식사를 팔아도 되는지 물어보며 조지아 주 사바나 거리를 헤매고 다녔다. 그렇게 해서 〈봉지 아줌마〉가 탄생하게 되었다. 물론 그렇게 되기까지는 두 아들, 제이미와 바비의 역할이 컸다.

매일같이 새벽 5시에 일어나 2백 50인분의 식사를 준비했고, 배달은 잘생긴 내 아들 둘이 맡았다. 꽤 짭짤한 수입이 들어오기까지는 그리 오랜 시간이 걸리지 않았다. 굳이 광고를 할 필요가 없으니 그것만으로도 돈을 버는 거나 다름없었다. 광고 대신 맛있고 믿을 만한 음식이라는 입소문이 최고의 광고였다.

이내 고객들 사이에서 음식점을 하나 차리는 게 어떠냐는 소리들이 나오기 시작했다. 용기를 얻은 나는 그동안 모은 것을 모두 털어 부근의 호텔에 장소를 임대했다. 예전처럼 〈봉지 아줌마〉 사업을 계속 유지하는 한편, 〈아줌마〉라는 새로운 음식점을 차렸다.

그로부터 5년 동안 나는 이 2개의 사업을 유지하기 위해 하루 24시간 일을 했다. 내 인생에서 가장 힘들었던 5년이었지만, 사람들이 우리 음식을 먹기 위해 줄을 서서 차례를 기다리는 모습을 볼 때마다 큰 힘을 얻었다. 그 와중에도 나는 남부 아줌마 특유의 기질을 발휘해 손님 모두를 정성껏 대하기 위해 최선을 다했다. 기다리는 손님들에게 신선한 치즈 비스킷을 나눠주는 것은 이때부터 우리의 전통으로 굳어졌다.

그러다 보니 치즈 비스킷을 점점 더 많이 준비해야 하는 상황이 이어졌다. 믿기 힘든 일이었지만 우리에게는 더 넓은 공간이 필요했다. 고심 끝에 호텔 카페를 닫고 〈봉지 아줌마〉를 우리 집 주방으로 옮긴 다음, 교구 판매점으로 사용되던 가게를 음식점으로 개조하기 시작했다. 두 아들과 나는 〈아줌마와 아들들〉이라는 이름의 음식점을 열기까지 1년 남짓한 기간 동안 사력을 다했다. 그 시절도 힘들기는 마찬가지였다. 얼마 되지도 않는 주차비가 없어서 쩔쩔맨 적도 있었다. 이윽고 가게가 문을 열었을 무렵에는 빚더미에 올라앉은 상태였다. 우리 회계사는 걱정을 태산같이 했지만 나는 일단 음식점 문만 열고 나면 금방 빚을 갚을 수 있다고 큰소리를 쳤다. 너무나 감사하게도, 그런 나의 바람은 그대로 맞아떨어졌다.

지금은 사바나 번화가의 더 큰 가게로 옮겼다. 나는 여전히 어렸을 때 즐겨 먹던 음식을 만들고 있으며, 남부 특유의 음식 맛과

버터, 소금, 설탕, 핫소스 등 전통적인 특산물을 맛보기 위해 각지에서 몰려드는 손님들을 반갑게 맞이하고 있다. 가게를 운영하는 틈틈이 몇 권의 요리책을 쓰고, 텔레비전 요리 프로그램을 진행하기도 했다.

누군가 나더러 확실한 생존 본능을 가지고 있다고 말한 적이 있다. 확실히 그런 것 같다. 사업을 하는 사람이라면 누구나 그럴 것이다. 지난 몇 년 동안 나는 적지 않은 굴곡을 겪으면서도 끝내 살아남았지만, 제이미와 바비의 도움이 없었다면 견뎌내지 못했을지도 모른다. 아무튼, 단돈 2백 달러가 우리를 여기까지 데려오리라고는 상상조차 하지 못했다. 우리 모두는 삶의 도전을 기꺼이 받아들여야 한다. 바로 나 자신이 그 산 증인 아니겠는가. 한쪽 문이 닫히면 반드시 다른 문이 열리게 되어 있다!

조지아 주 사바나를 여행하는 사람이라면 누구든 파울라 딘이 운영하는 〈아줌마와 아들들〉을 찾지 않을 수 없다. 요즘도 파울라와 그녀의 두 아들은 종종 가게에 나와 단골 손님은 물론, 관광객들에게 맛있는 남부 전통 음식을 대접한다.

파울라는 음식점말고도 여러 가지 분야에서 활동하고 있다. 모두 다섯 권의 요리책을 썼는데, 가장 유명한 것은 『아줌마와 아들들, 사바나 시골 요리』이다. 지난해에는 《파울라 딘과 함께하는 요리》라는 격월간지를 창간하기도 했다.

그 밖에도 파울라는 〈푸드 네트워크〉를 통해 매일 두 차례 방송되는 〈파울라의 홈 쿠킹〉이라는 프로그램을 진행하고 있다. 본인에게서 직접 요리를 배우고 싶은 사람들을 위해 〈엉클 부바의 오이스터 하우스〉에서 요리 교실도 운영하고 있다. '열정' 하나가 이 모든 것의 불쏘시개가 되어준 것이다.

돌고 도는
버스 바퀴

높은 기대치는 모든 성공의 열쇠이다.
– 헨리 포드

〈헴프힐 브러더스 코치 컴퍼니〉에서 일하는 우리는 버스에 대해 모르는 게 없다. 헴프힐 일가의 선교사 격인 우리 두 사람은 버스를 타고 2백만 마일이 넘는 거리를 달리곤 했다. 그러다 보면 버스에 설치된 캐비닛 등 각종 장비에 부딪히고 긁히고 멍든 상처가 부지기수이다. 버스가 갑자기 서버리면 길가에서 끈질기게 기다려보기도 했지만, 결국은 더 이상 인내심을 발휘하지 못하고 독한 디젤 매연을 들이마시며 고속도로를 터덜터덜 걸어 내려오기도 했다. 에어컨이 신통치 않아 찜통 같은 더위에 숨을 헐떡거리기도 했고, 캐나다의 혹독한 겨울 날씨에 난방 장치가 제대로 가동되지 않아 얼어붙은 버스 유리창에 모르고 얼굴을 댔다가 피부가 홀랑 벗겨진 경우도 있었다.

우리는 10대 시절부터 아버지가 운영하던 버스 임대 회사에서 일을 했기 때문에 평소에도 버스를 타면 그냥 단순한 승객이 아니었다. 이 버스의 상태는 어떠하며 유지 보수는 어떻게 하는지 따위를 따져보곤 했다. 그렇게 해서 40년 동안 버스와 인연을 맺어왔으니, 우리는 '버스(BUS)'라는 단어를 빼고는 절대 '비즈니스(BUSiness)'를 논할 수 없는 처지였다.

관광버스가 우리 삶의 일부였던 것은 분명한 사실이지만, 아버지가 일찍부터 의도적으로 버스 산업의 선구자가 되기로 마음먹었던 것은 아니다. 아버지는 그전부터 남달리 파란만장한 삶을 살아왔다. 성직자에, 작곡가로도 활동했으며, 〈헴프힐〉의 중견 멤버이기도 했다. 버스에 대해서 말하자면, 1962년형 플렉시블이라는 우리 그룹의 버스를 어떻게든 굴러가도록 관리하는 것이 아버지의 최대 관심사 가운데 하나였다. 그러다가 1974년에 어떻게 하다 보니 경제적으로 위기에 처한 어느 그룹의 버스를 사들이게 되었다. 깨끗하게 수리한 다음 되팔았는데, 수표가 결제되기를 기다리는 동안 그 버스가 도난을 당하고 말았다. 판사는 버스를 원래 주인에게 돌려주라는 판결을 내렸고, 이런 우여곡절을 거치고 나니 아버지는 본의 아니게 버스 임대 사업을 시작하게 되었다. 덩달아 우리까지 음악 활동과는 별개의 새로운 일거리를 갖게 된 것이다.

그 후 여러 해에 걸쳐 아버지는 버스와 운전 기사를 조금씩 늘려 나갔고, 그 사이에 우리 두 사람도 버스 임대 사업에 더욱 깊숙이 관여하게 되었다. 물론 우리는 제대로 된 교육을 받은 적이 없었지만 세차를 하거나 새로운 디자인을 구상하는 일이 그렇게 재미있을 수가 없었다. 좋은 아이디어가 떠오르면 그 아이디어를 현실로 바꿔놓기 위해 시간 가는 줄 모르고 일하기도 했다. 그렇게 해서 우리는 개인적인 경험을 통해 관광버스의 특성을 훤히 꿰뚫게 된 것이다. 시간이 갈수록 버스에 대한 우리의 열정은 점점 커진 반면, 아버지는 그렇지 않았다. 1980년, 아버지는 이만하면 할 만큼 했다고 생각했는지 사업권을 팔기로 결정했다.

그때 조엘과 나는 스무 살과 스물한 살이었다. 버스를 운전해 본 경험은 별로 없었지만 동업자가 되기에는 충분한 나이라는 생각에 전세 버스 회사를 시작하기로 마음먹었다. 우리에게는 아주 자연스럽고 당연한 결정이었다. 우리는 아주 어렸을 때부터 같은 방을 썼기 때문에 우리가 가진 돈과 재능을 합치면 더 큰 성과를 얻어낼 수 있다고 생각했다. 그런 생각 때문에 우리는 가진 돈을 합쳐서 스테레오를 샀고, 그 다음에는 자동차를 샀다. 그런 우리가 이제 사업을 함께하게 된 것이다.

아버지는 우리에게 5백 달러를 빌려주셨고, 은행에서 5만 달러 대출을 받을 때는 보증을 서주셨다. 아버지는 또 버스 두 대를 우리에게 팔기도 했다. 1965년식 '이글스' 버스였는데, 우리말고는 사겠다고 나서는 사람이 아무도 없었기 때문이다. 우리는 사업을 시작한 후에도 〈헴프힐〉 공연을 중단하지 않았다. 밤에는 노래를 부르고 낮에는 미국 각지의 호텔 방을 사무실 삼아 버스 전세 회사를 운영했다. 우리는 젊었고, 성공을 갈구했으며, 잃을 것은 아무것도 없었다.

그렇게 버스 두 대에 뒷마당 작업실로 시작한 우리 회사는 테네시 주 내슈빌 외곽의 10에이커에 달하는 부지에 80대의 버스와 2만 8천 평방피트의 사무용 건물을 가진 회사로 성장했다. 조만간 1만 5천 평방피트를 더 확장할 계획이다. 우리는 당시로서는 천문학적인 액수인 3만 5천 달러에 처음으로 버스를 한 대 팔았다. 지금은 1백만 달러가 넘는 버스도 그리 드물지 않지만 말이다.

내일 당장 누가 우리 사무실로 불쑥 걸어 들어올지, 어디서 전화가 걸려올지 아무도 모른다. 대통령 비서실에서 '달리는 백악관'으로 활용할 버스를 만들어 달라고 의뢰해 올 수도 있고, 초특급 할리우드 스타가 선탠용 침대와 스타인웨이 피아노, 안전한 아기 침대가 설치된 호화판 버스를 요구할지도 모른다. 유력 방송사에서 최첨단 장비가 설치된 버스를 여러 대 대량 구입하여 전국을 돌아다니면서 우리가 매일 텔레비전에서 보는 프로그램을 제작하게 될지도 모른다. 우리는 또 영화배우 에드 맥마혼의 전화를 받기도 했다. 에드 같은 연예인도 이따금 버스가 필요한 경우가 있는 모양이다. 우리 버스는 특급 호텔의 객실과 맞먹는 각종 편의 시설을 갖추고 있기 때문에 길 위에서도 집보다 더 안락한 시간을 보낼 수 있다.

형제이자 동업자인 우리는 그야말로 맨주먹으로 출발했다 해도 과언이 아니다. 그리고 25년이라는 세월이 흐르는 동안 우리는 기독교의 가치와 윤리에 토대를 둔 튼튼한 회사를 일궈냈다. 이러한 원칙 덕분에 그다지 안정적이지만은 않은 환경 속에서도 흔들림 없이 사업을 꾸려갈 수 있었다. 가진 것이라고는 낡아빠진 장비밖에 없던 무렵에도 우리는 확고부동한 서비스 정신을 무기로 다른 경쟁 업체들과 맞설 수 있었다. 우리는 또한 가족을 무엇보다 중요하게 생각했다. 우리가 생각하는 가족은 단순히 같은 유전자를 지닌 혈족만이 아니다. 우리는 우리 회사 직원들까지도 확대 가족의 일원으로 간주한다. 그들 역시 〈헴프힐 브러더스 코치 컴퍼니〉의 가족으로 헌신하는 것은 물론이다. 그들 한 사람 한 사람은 자신이 만들어내는 제품이나 부품에 커다란 자부심과 긍지를 가지고 있다.

우리가 성공을 향해 달려온 길은 결코 순탄하지만은 않았다. 젊었을 때는 사람들의 믿음을 얻기가 힘들었고, 때로는 경제적으로나 감정적으로 어려운 시기를 견뎌내야 했다. 우리는 절대 무리한 욕심을 부리면 안 된다는 사실을 배웠다. 자연스러운 흐름에 몸을 맡기고 둘이 머리를 맞대면 어려운 결정도 보다 쉽게 내릴 수 있다는 점도 깨달았다. 우리의 사업은 달리는 버스와도 같다. 관성이 생기면 옳은 쪽으로 굴러가게 마련이다. 우리가 할 일은 길을 닦고 바퀴가 계속 굴러가도록 유도하는 것뿐이다.

〈헴프힐 브러더스 코치 컴퍼니〉는 테네시 주 내슈빌에 있다. 트렌트와 조엘은 단순히 고객의 욕구를 만족시키는 차원이 아니라 그 기대를 뛰어넘어야 한다는 믿음을 가지고 있다. 그들의 고객 명단에는 내로라 하는 연예인과 배우, 정치인과 스포츠 스타가 총망라되어 있다. 주문 제작으로 생산되는 헴프힐 형제의 버스는 '달리는 호텔'이라 해도 지나친 말이 아니다.

〈헴프힐 브러더스 코치 컴퍼니〉는 맞춤형 버스 제작뿐만 아니라 버스 임대도 한다. 하루만 빌릴 수도 있고 40주를 빌려 미국을 한 바퀴 돌 수도 있다. 운전 기사는 안전을 가장 중요하게 생각하는 최고의 전문가들로 이루어져 있다. 트렌트와 조엘은 그 기사들이야말로 회사 성공에 가장 핵심적인 열쇠를 쥔 사람들이라고 믿는다.

정직과 성실, 혁신적인 아이디어로 무장한 헴프힐 형제는 디자인뿐만 아니라 서비스 측면에서도 이 업계의 새로운 모델과 기준을 제시하고 있다.

공정한
사업가

"오늘은 뭘 드릴까요?" 열 살배기인 우리 딸 에린이 줄지어 차례를 기다리던 손님들에게 웃으며 물었다. 맨 앞줄의 한 여자 손님이 우리의 야심작 '시골장 계피 빵'을 주문하면서 에린에게 말했다.

"난 늘 계피 빵을 사러 장터에 온단다."

그러고는 주위를 둘러보며 작은 목소리로 이렇게 묻는 것이었다.

"그런데 너희 엄마는 네가 여기서 일하는 걸 알고 계시니?"

안타까운 일이지만 여기저기 떠돌아다니며 장사하는 사람들에 대한 일반인들의 인식이 크게 잘못되어 있는 경우가 많다.

"닭들을 닭장에 넣고 아이들이 얼씬거리지 못하게 해. 유목민들이 온다!"

뭐 대충 이런 식이다. 그러나 정작 장터에서 일하는 사람들 중에는 여행을 좋아하고 사람 만나는 것을 좋아하는 사람들이 많다. 자신이 몸담은 마을뿐만 아니라 방방곡곡을 돌며 일하는 것을 좋아하는, 진정한 기업가 정신을 가진 이들이 많은 것이다. 누구에게나 그렇듯 우리에게도 고향이 있다. 이따금 코스타리카의 별장(전에는 〈터퍼웨어〉 창업자의 소유였다)에서 지낼 때도 더러 있지만 집은 캘리포니아 시에라네바다의 조그만 산간 마을에 있다.

이동식 음식 서비스 회사 〈시골장 계피 빵〉을 운영하고 있는 우리 가족의 생활 방식은 조금 유별나다고 할 수 있다. 대부분의 사람들이 생각하는 전통적인, 혹은 '정상적인' 삶과는 조금 거리가 있다. 안전지대에서 좀처럼 나오려 하지 않는 사람들의 눈에는 우리가 비정상적으로 보이는 것도 무리가 아니지만, 그런 삶이 우리 성격에 맞을 뿐 아니라 우리의 세 딸에게도 아주 긍정적인 영향을 미쳤다.

다른 사업가들과 마찬가지로 우리 역시 우리 형편에 맞고 우리가 선택한 시장에 맞는 소소한 물건을 파는 것으로 장사를 시작했다. 다행히도 우리의 사업은 꽤 성공적이었다. 내 남편 엘던은 동전을 넣으면 작동하는 오락 기계를 발명하고 제작하는 일을 했다. 그러니 장터를 찾아다니며 그런 기계를 설치하는 사업을 시작한 것은 어떻게 보면 당연한 일이었다. 그 다음에는 2미터도 넘는 거대한 모형 오렌지에서 오렌지 주스가 나오는 기계를 만들어 '방금 짠 오렌지 주스'를 팔았다. 또 그 다음에는 장터를 찾은 손님들에게 유모차와 휠체어를 빌려주는 사업을 시작했는데, 그 사업은 미국에서 가장 큰 규모로 성장하기도 했다.

그러던 우리가 다른 모든 사업을 접고 지난 20여 년 동안 단 한 가지 제품에만 몰두하게 되었다. 다른 어디서도 맛볼 수 없는, 손님이 지켜보는 앞에서 따끈따끈하게 구워져 나오는 〈시골 장 계피 빵〉이 그것이다. 이 빵이 성공을 거두자 지금은 다른 제빵 업체들도 이 개념을 도입하고 있다. 우리의 이동식 빵집은 반죽부터 빵이 구워져 나오는 전과정을 지켜볼 수 있도록 설계되어 있다. 갓 구운 향긋한 빵과 계피 냄새가 장터에 모인 사람들의 발길을 끌어들인다. 요즘은 공항이나 쇼핑센터 같은 곳에서도 계피 빵을 파는 곳이 많지만, 그 근원을 따지면 우리가 '원조'라고 할 수 있다. 우리 회사가 '원조'라는 말 대신에 '향수를 불러일으키는' 특별한 계피 빵이라는 선전 문구를 내건 것도 그런 이유 때문이다.

조그만 이동식 빵집으로 시작한 우리 '가족 회사'는 현재 여러 대의 트레일러를 이용해 연간 50회 이상의 각종 행사에 참여하고 있다. 우리가 이용하는 화장실과 샤워실, 주방 등이 갖춰진 레크리에이션 차량은 어떤 주택보다 안락한 생활이 가능하다.

물론 지금도 여전히 우리를 뜨내기 유목민으로 취급하는 사람들이 있다. 해마다 5월부터 10월까지는 사방을 떠돌아다니기 때문에 우리 아이들이 고생을 하는 것도 사실이다. 우리는 캘리포니아와 코스타리카를 비롯한 여러 공동체에서 나름대로 베푸는 삶을 살아갈 정도의 재력을 가지고 있다. 하지만 우리는 오래 전부터 친구 사이로 지내온 '장터 가족'들을 저버릴 수 없다. 우리 딸들도 아주 어릴 때부터 그 가족의 자녀들과 소꿉친구로 지내왔다. 우리는 또 가는 곳마다 신상품과 맛있는 음식, 다양한 볼거리를 제공한다. 장소를 임대하고 세금을 내는 등 현지 경제에 이바지하는 바도 적지 않다.

사업가는 독립적인 사고를 할 줄 알아야 한다. 자신의 믿음과 생활 방식을 사업과 결부시켜 언제 어디서나 자기 자신의 모습을 잃지 않고 살아갈 수 있어야 한다. 우리 가족이 일을 할 때는 다같이 열심히 일하고 놀 때는 열심히 노는 삶을 꾸려가는 것도 우리의 이런 철학과 지금까지 해온 일 덕분이다. 5월부터 10월까지 일을 하기 때문에 우리 딸들이 학교에 다닐 때는 각종 스포츠 행사에 적극적으로 참여할 수 있었다. 아이들이 소풍을 가거나 무도회가 있을 때는 늘 참석했고, 할로윈 축제 때는 음식 부스를 제공했으며, 배구팀은 우리 아이들이 졸업을 한 다음에도 우리 계피 빵 트레일러를 이용해 기금을 모으곤 했다.

우리의 세 딸—다라, 에린, 리언은 장터에서 자라고 일하며 삶을 살아가는 데 필요한 여러 가지 경험을 쌓았다. 그만큼 자신감도 있고 독립심도 강하다. 사람들과 어울려 일하는 방법을 터득

했고, 비상 사태에 대처할 줄도 안다. 열두 살의 나이에 '과일 아이스 바' 장사를 하며 사업 감각을 키웠고, 직업 윤리에서 자금 관리에 이르는 모든 분야의 경험을 쌓았다. 재료 주문과 식품 안전 관리도 빠뜨릴 수 없다. 또 아이들은 자신의 일에 책임을 질 줄 알고, 사업을 더욱 성장시키기 위해서는 위험을 감수해야 한다는 사실도 배웠으며, 고된 노동 끝에 맛보는 경제적 보상을 즐길 줄도 안다.

우리가 선택한 길은 그 밖에도 여러 가지 측면에서 우리 딸들의 교육에 영향을 미쳤다. 장터에서, 또한 여행을 하면서 직접적인 경험을 통해 지리와 수학, 역사와 정치, 생태계와 농업, 미술에 이르기까지 참으로 다양한 분야의 지식을 쌓았다. 세계 여행도 빠뜨릴 수 없다. 우리의 생활 방식은 카트만두에서 팀북투에 이르기까지 전세계 구석구석을 여행할 수 있는 시간적 · 경제적 여유를 가져다 주었다. 아이들이 그런 여행을 통해 얻는 삶의 교훈은 실로 그 가치를 헤아리기 힘들 정도이다. 아마존에서 수영을 배우고, 아프리카 부족들의 문화를 직접 눈으로 목격했다. 우리가 장터에서 만난 친구와 그 가족들이 스위스와 아르헨티나, 페루와 짐바브웨, 멕시코 등지에 퍼져 있는 까닭에, 그들을 찾아다니며 다양한 문화를 배우고 새로운 친구를 사귈 수 있었다.

우리가 우리의 유목민 같은 생활을 사랑하는 것은 말할 필요도 없다. 이제 우리는 우리 사업의 미래를 우리 딸들과 그 가족에게 물려주고 있으며, 이는 다른 '장터 가족'도 대부분 마찬가지이다. 우리의 '관습을 벗어난 생활 방식'이 가져다 주는 온갖 보상과 시련에 대처할 준비가 이미 되어 있기 때문이다.

이 글의 서두에서 에린이 받은 질문에 대답하자면, 물론 나는 우리 딸들이 어디에서 일하는지 안다. 그런 그들이 얼마나 자랑스러운지 모른다.

고맙습니다,
웨인 씨

우리 아버지는 늘 변화의 한복판에 서 있었다. 아버지는 오래 전에 보다 나은 삶을 찾아 자신의 고향인 중국을 떠났다. 홍콩과 일본을 여행하던 시절에는 틈만 나면 친구들을 끌어들이기도 했다.

1960년대 후반에는 미국보다 남미에서 취업 비자를 받기가 쉬웠다. 그래서 아버지는 브라질로 건너가 중국 음식점을 차리기로 결정했고, 덕분에 어린 시절의 나와 우리 다섯 형제들은 그곳을 우리 고향이라고 생각했다. 1976년, 남미의 화폐 가치가 10분의 1로 폭락했는데 다행히 아버지는 이 격변기가 닥치기 1년 전에 그곳을 떠났다.

1970년대로 접어들자 브라질에서 미국으로 이민하는 아시아 사람들의 수가 크게 늘어났다. 이것이 아버지에게 커다란 기회로 다가왔다. 아버지가 캘리포니아 뉴포트 비치의 발보아 섬에 있는 음식점을 9만 달러에 사들인 직후, 부동산 가격이 급등하기 시작한 것이다.

우리 형제들이 영어를 배우고 새로운 사람들을 만나는 등 문화 충격과 씨름하는 동안, 아버지는 사업의 토대를 다지기 위해 열심히 노력했다. 이윽고 1972년, 우리의 삶을 완전히 뒤바꿔놓을 특별한 사건이 우리 집 문을 노크했다.

영화배우 존 웨인의 아내의 홍보를 전담하던 글로리아 지그너라는 젊은 여자가 있었는데, 그녀가 자기 남편의 생일 파티를 우리 음식점에서 열기로 한 것이다. 그러고는 존 웨인이 이 파티에 참석해 줄 수 있겠냐고 그의 아내에게 부탁했다. 존 웨인이 우리 음식점에 온다는 소문이 퍼지자 언론에서는 전혀 엉뚱한 기사를 써대기 시작했다. 덕분에 우리 아버지의 사업이 큰 덕을 본 것은 말할 필요도 없다.

존 웨인이 우리 음식점에서 식사를 할 예정이라는 소문은 이내 그가 자신의 생일 파티를 우리 음식점에서 연다는 쪽으로 부풀려졌다. 그때부터 사람들은 누구 할 것 없이 우리 음식점을 존 웨인과 연결하여 생각하게 되었다. 스타 한 사람의 힘이 어느 정도인지를 새삼 실감하게 된 순간이었다. 졸지에 우리 음식점은 유명한 사교장이 되어버렸다. 생일을 맞은 손님들은 주방장을 따로 불러내 "존 웨인에게 생일 축하 노래를 불러준 바로 그 사람"이라며 자기들에게도 노래를 해 달라고 부탁했다. 급기야 사람들이 나더러 "우와, 너희 아빠가 존 웨인과 친구라며?" 하고 부러워하는 사태까지 벌어졌다.

아버지의 사업이 번창하자 우리의 삶도 자리를 잡았다. 우리 형제들은 캘리포니아 남부의 바다를, 바닷가에서의 생활 방식을 사랑하게 되었다. 파도타기는 우리의 일상 가운데 하나가 되었고, 파도타기를 즐기며 많은 친구들을 만나기도 했다.

우리가 점점 나이를 먹자, 아버지는 우리 형제들에게 새로운 제안을 했다. 힘든 음식점 일은 이제 그만두고 대학에 진학하는 게 어떻겠냐고 물어보신 것이다. 그래서 우리는 각자 대학에 진학하게 되었고, 나는 샌디에이고 주립 대학에 들어가 공학을 공부했다. 국경 근처에서 지내다 보니 파티에 참석할 일도 많았고 바다의 파도도 훨씬 좋았다.

얼마 후 나는 전공을 재무 쪽으로 바꾸었고, 우리 가족 중에서 처음으로 번듯한 직장에 취직하게 되었다. 그렇게 몇 군데 대기업을 옮겨 다니며 직장 생활을 하다 보니, 우리 부모님이 누리던 자유와 유연한 삶의 방식이 그리워지기 시작했다. 조직에 얽매여 정해진 일정대로 움직이고, 생활 전체가 수많은 규정과 제한에 묶여 있는 삶은 전혀 행복하지 않았다.

뭔가 변화가 필요하다는 생각에 나는 비스마르크와 에드, 밍고 등 형제들과 상의한 끝에 음식점을 차리기로 마음먹었다. 1980

년대로 접어들어 크게 인기를 끌기 시작한 새로운 스타일의 음식점을 시도해 볼 생각이었다. 말하자면 한가롭고 느긋하지만 아주 젊고 세련된 분위기와 맛도 좋고 몸에도 좋은 새로운 패스트푸드를 결합시키는 것이었다. 우리가 새로운 메뉴를 개발하는 데는 파도타기를 즐기기 위해 멕시코를 자주 여행해 본 경험이 크게 작용했다. 생선구이 타코가 기본 아이디어였지만, 우리는 거기에다 우리 특유의 브라질 및 아시아의 맛을 가미할 생각이었다.

아버지의 사업에서 힌트를 얻은 우리는 유명 인사의 지원이 필요하다고 생각했다. 그래서 우리는 음식점의 위치를 정할 때 우리 나름의 존 웨인, 즉 파도타기 관계자들을 최대한 활용할 수 있는 곳을 선택했다. 캘리포니아의 유명한 파도타기 명소인 코스타메사의 오래된 피자 가게를 인수한 것도 그런 이유 때문이었다. 대규모 파도타기 관련 업체에서 1마일도 채 떨어지지 않은 곳이었다. 개업 1주일을 앞두고 우리는 드디어 메뉴를 확정했다. 〈와후 생선 타코〉가 탄생한 것이다.

파도타기의 중심부에 자리를 잡기는 했지만, 우리가 먼저 나서서 홍보 활동을 펼칠 수는 없었다. 파도타기의 세계에서는 생전 처음 가는 남의 영역에서 아무런 허락도 받지 않고 그냥 파도를 타면 큰 결례로 간주된다. 따라서 먼저 기존의 사람들과 인사를 나누고 관계를 쌓아야 했고, 그런 다음에야 자연스럽게 그들의 영역에 들어와도 좋다는 동의를 얻을 수 있었다.

1988년에 처음 매장을 연 이후 모든 것이 한순간에 이루어지지는 않았다. 열심히 일을 했지만 매출은 신통치 않았다. 그러던 어느 날 우리 형제 중에 한 명이 일한 적이 있는 〈뉴포트 서프 앤 스포츠〉의 마이크라는 사람이 나더러 왜 유니폼을 입지 않느냐고 물었다. 나는 당장 그들의 창고로 달려갔다. 그는 〈빌어봉〉 티셔츠와 모자, 반바지 등을 분홍색, 노란색, 초록색 등 눈에 확 띄는 색상으로 구비해 주었다. 이렇게 해서 우리는 유니폼을 갖추었다. 1주일 뒤, 〈퀵실버〉에 다니는 친구 하나가 왜 모두들 〈빌어봉〉 옷만 입느냐고 투덜대듯 물어왔다. 그 뒤로 〈빌어봉〉말고도 더 많은 파도타기 의류 업체들이 뒤를 이었다. 이어서 실내 장식과 페인트, 포스터와 스티커도 맞추었다. 마침내 우리 나름의 존 웨인 분위기가 완성된 것이다.

한 번은 마이크가 업계 관계자들을 초대한 행사장에 음식을 납품하지 않겠냐는 제안을 해왔다. 그래서 우리는 그 회사 주차장에서 생선 타코를 만들어 제공했다. 손님들은 하나같이 우리 타코의 기막힌 맛에 반해버렸다. 우리가 출장 서비스를 한다는 소문이 퍼지면서 〈와후 생선 타코〉는 단번에 우리 가게의 울타리를 뛰어넘었다. 존 웨인이 살아 돌아온다 해도 그렇게 자랑스럽지는 않았을 것이다.

이듬해 여름, 파도타기 특집을 준비하던 지역 신문사에서 광고를 싣지 않겠냐는 제안이 들어왔다. 그 당시만 해도 그럴 여력이 없는 상태였지만, 나는 2천 달러를 투자해 한 면을 통째로 사 들였다. 그러고는 마이크에게 연락해 그 광고에 〈빌어봉〉 로고 를 사용해도 괜찮겠냐고 물어보았다. 마이크는 선선히 동의해 주 었고, 그렇게 해서 〈와후 생선 타코〉는 '〈빌어봉〉 지정 공식 음식 점'이 되었다. 그 직후 〈퀵실버〉와 〈오닐〉을 비롯한 몇몇 업체들 이 그 뒤를 이었다. 가게 문을 연 지 1년이 채 되지 않아 우리는 7 개 파도타기 업체의 공식 음식점이 된 것이다. 이제는 존 웨인도 부럽지 않다는 생각이 들 정도였다.

광고가 나가고 나자 파도타기 업체들은 특급 파도타기 선수들 을 우리 가게로 데리고 왔다. 그 2주 동안 나는 수많은 '존 웨인' 이 우리 가게를 들락거리는 것을 지켜보았다. 꼬마들은 "우와, 저 사람이 바로 세계 챔피언이야!"라고 수군거렸다. 나는 세계적인 파도타기 선수들이 우리 가게를 찾는 것을 보고 성공을 직감했 다. 그렇게 해서 〈와후 생선 타코〉는 폭발적인 인기를 누리기 시 작했고, 1백 개가 넘는 파도타기 업체들이 우리를 공식 음식점으 로 지정했다.

그로부터 18년이 지난 지금도 신화는 계속되고 있다. 〈와후 생 선 타코〉 매장이 40개가 넘게 생길 만큼 크게 번창하는 것을 지 켜보며 에드와 밍고, 그리고 나는 많은 분들에게 감사드리지 않 을 수 없다. 먼저 일찌감치 미국으로 건너와 우리에게 근면의 정 신을 심어준 부모님, 아낌없이 우리를 지원하고 격려해 준 파도타기 업계 관계자들, 그리고 〈상하이 파인 가든〉에서 아주 특별한 생일 파티가 벌어졌던 1972년의 그날 저녁을 영원히 잊지 못할 것이다.

고맙습니다, 웨인 씨. 당신 덕분에 비롯된 신화는 지금도 활화산처럼 펄펄 살아 숨쉬고 있답니다.

윙 람은 형제 사이인 에드, 밍고와 함께 〈와후 생선 타코〉를 창업한 인물이다. 삼형제는 지금도 각종 의상과 포도주, 주방용품 등 〈와후 생선 타코〉의 상품들을 위한 온라인 매장을 개설하는 등 왕성한 활동을 벌이고 있다. 그들은 또한 〈와후 생선 타코〉의 명성을 이용한 자선 기금 조성에도 적극적이다.

사랑으로

우리는 형제다. 어느 날 우리 형제는 거창한 꿈과 원대한 희망을 품고 같은 날 각자 다니던 직장을 때려치웠다.

1998년의 일이었다. 그때까지 우리는 우리에게 주어진 길을 충실히 걸어왔다. 사립학교를 다녔고, 명문 대학을 졸업한 뒤에는 매디슨 가에 자리한 직장에 안착했다. 우리는 갓 대학을 졸업한 초년병들이 대부분 그러하듯, 뉴욕의 직장 근처에 거처를 구할 돈을 저축하기 위해 코네티컷의 부모님 댁에 얹혀살았다. 둘다 아주 괜찮은 회사에 일자리를 구했고, 각자 차근차근 승진의 사다리를 밟으며 무난하고 안정된 삶을 누리게 되었다. 그렇지만 우리는 그런 생활에서 뭔가가 빠져 있다는 느낌을 떨칠 수 없었다.

어린 시절의 우리는 다분히 극단적인 생활에 익숙했다. 부모님은 두 분 다 여행 작가, 특히 세계적인 휴양지를 주로 다니는 여행 작가였다. 그렇지만 그 자녀인 우리는 최대한 검소하게 살아가는 방법을 배워야 했다. 우리는 가족과 함께 자주 여행을 다녔다. 여름은 마사스 빈야드라는 섬에서 보낼 때가 많았다. 세상에서 가장 외지고 한적한 곳처럼 느껴지는 그 섬은 한번 다녀오고 나면 당장이라도 다시 돌아가고 싶어 좀이 쑤실 정도로 멋진 곳이었다. 거기만 가면 마치 고향으로 돌아온 듯 편안했다. 그곳은 아무 근심 걱정 없이 휴식을 취할 수 있는 우리의 오아시스였다.

어느덧 성인이 된 우리는 뉴욕 생활을 시작하게 되었다. 엄청나게 중요한 행사에라도 가는 사람처럼 정장을 차려 입고, 기차로 출근하는 시간을 쪼개 신문을 읽고, 항상 고객의 입장에서 그들을 만족시키기 위해 최선을 다해야 하는 생활이었다. 우리는 빈야드가 그리웠고 그곳에 두고 온 낡은 보트가 그리웠다. 그 전해 여름, 악착같이 일을 해서 모은 돈으로 마련한 보트였다. 뉴욕에서는 좀처럼 행복하다는 생각이 들지 않았다. 오히려 비참한 쪽에 가까웠다.

그해 1월, 우리는 부모님과 함께 서인도 제도로 휴가를 떠났다. 우리 둘 다 천국과도 같은 그 섬을 떠나 뉴욕으로 돌아갈 엄두가 나지 않았다. 한참 동안 신세 한탄을 하던 우리는 우리만의 사업을 해보는 게 어떠냐는 이야기를 꺼내게 되었다. 우리가 그토록 사랑하는 '좋은 삶'을 구현하는 어떤 제품, 어떤 브랜드를 만들고 싶었다. 그날 저녁을 먹다가 우리 인생에서 '더 좋은 것'을 표현하는 제품을 만들면 된다는 결론에 이르렀다. 최고급 실크를 이용한, 아주 특별한 넥타이를 만들면 어떨까? 우리가 그토록 사랑하는 빈야드를 연상케 하는 무늬나 색깔을 넣어서…… 그런 생각을 해본 사람들은 적지 않겠지만 실제로 행동에 옮긴 사람은 거의 없을 것이다. 우리는 드디어 우리가 무엇을 하고 싶은지를 알게 되었다는 뿌듯함과 자신감에 사로잡혔다. 이제 무엇을, 어떻게 시작하면 되는지만 결정하면 된다!

그날 밤 우리는 숙소의 지배인에게서 뉴욕 시 전화번호부를 빌려 넥타이 제조 업체를 몇 군데 찾아서 연락을 해보았다. 문득 정신을 차리고 보니 계절은 이미 여름으로 바뀌어 있었다. 우리 손에는 이미 몇 개의 샘플 넥타이가 들려 있었다! 우리가 보기에는 틀림없이 수요가 있을 것 같았다. 빈야드에서 직접 그 넥타이를 팔아보면 어느 정도 답이 나오지 않을까 싶었다. 어차피 손해 볼 것은 없었다. 우리의 시도가 완전히 실패로 돌아간다 해도 보트를 어딘가 처박아두고 다시 통근 열차에 올라 뉴욕으로 돌아가면 그만이니까.

사업에 필요한 자금은 신용 카드 현금 서비스로 충당할 계획이었다. 그래서 회사를 그만두기 전에, 그러니까 아직 확실한 직장과 신용이 있을 때 최대한 많은 신용 카드를 만들었다. 또 우리는 아직 의료 보험이 살아 있을 때 사랑니를 뽑았고, 자동차도 미리 임대했다. 이렇게 모든 준비를 마친 뒤, 우리는 5분 간격으로 사직서를 제출했다. 그러고는 통근 열차를 타고 집으로 돌아오는 길에, 식당 칸에서 건배를 했다. 그렇게 해서 바로 그날 〈빈야드 바인스〉가 탄생한 것이다.

사람들은 아무 경험도 없이 새로운 시장에 뛰어든 우리를 미쳤다고 했다. 돌아보면 그들의 말이 옳았을지도 모른다는 생각이 든다. 그때는 '비즈니스 캐주얼'이 한창 유행하던 1990년대 말이었고, 넥타이를 매면 유행에 뒤떨어진 사람처럼 보이던 시절이었다. 그러나 우리는 우리의 경험 부족을 하나의 기회로 생각했다. 우리가 좋아하는 제품을 시장에 내놓을 기회 말이다. 우리의 철학은 간단했다. 우리가 사랑하는 좋은 제품을 만들어라, 그러면 다른 사람들도 그 제품을 사랑하게 될 것이다. 우리라고 해서 전혀 실수를 하지 말라는 법은 없지만, 끊임없이 고객의 목소리에 귀를 기울이고 그들을 만족시키기 위해서라면 무엇이든 할 각오가 되어 있었다.

패션 산업과 소매 시장의 구조에 대해 아는 게 전혀 없다는 사실은 오히려 우리의 장점으로 작용했다. 다른 업체들이 신주처럼 모시는 갖가지 제약이나 절차를 따르지 않고도 제품을 생산할 수 있었기 때문이다. 우리는 다양한 색상의 넥타이를 만들었고, 제일 밑바닥부터 시작한다는 심정으로 마케팅에 나섰다. 몇몇 매장에 우리 제품의 위탁 판매를 의뢰하며 그들로서는 전혀 손해 볼 것이 없는 조건을 내세웠다.

"안 팔리면 한 푼도 안 받고 도로 가져가겠습니다."

빈야드에서의 첫해 여름, 우리 넥타이는 그야말로 날개 돋친 듯이 팔려 나갔다. 항구에서는 낡은 보트로, 마을에서는 녹슨 지프로, 찾는 사람이 있으면 어디든 물건을 실어 날랐다. 좀더 정확히 말하자면, 우리가 파는 것은 넥타이가 아니라 우리의 이야기, 우리의 생활 방식이었다. 원하는 사람에게는 우리 넥타이를 공짜로 준 경우도 부지기수였다. 그것을 목에 매는 순간, 그들은 〈빈야드 바인스〉의 홍보 대사가 되기 때문이었다. 우리는 또한 중간 상인들이 〈빈야드 바인스〉와 함께 일한 경험을 좋은 추억으로 간직할 수 있도록 최선을 다해 그들을 지원했다. 우리는 이전까지 한 번도 무언가를 팔아본 경험이 없었지만, 그저 옳다고 판단되는 일을 하기 위해, 품질 좋은 제품을 공급하기 위해, 그리고 약속을 지키고 보다 나은 서비스를 제공하기 위해 할 수 있는 일을 다하려고 노력했다.

눈 깜빡할 사이에 첫해 여름이 지나갔다. 길을 나선 우리는 뉴잉글랜드 각지를 돌아다니며 만나는 모든 사람들과 친분을 맺었다. 한 번에 한 군데씩 차근차근 거래처를 뚫었고, 선뜻 기회를 주겠다고 약속하는 소매점을 만나면 그렇게 고마울 수가 없었다.

우리 고객들이 보다 나은 삶을 살아가는 데 우리가 조금이나마 도움을 줄 수 있다는 사실은 정말 뿌듯한 일이 아닐 수 없다. 〈빈야드 바인스〉가 생긴 지 8년 만에 전세계의 고급 백화점과 전문 매장에 우리 제품이 거의 진출하게 되었다. 그 사이 남성용, 여성용, 아동용에 이르기까지 다양한 제품을 구비하게 되었을 뿐 아니라, 직원과 고객들로 이루어진 거대한 가족이 생겨났다. 우리에게는 이것이 다른 그 무엇보다 소중하고 가치 있는 일이 아닐 수 없다.

흔히 자기가 하는 일을 좋아하게 되면 성공을 거둘 수 있다고들 한다. 우리가 우리 일을 사랑하는 데는 의심의 여지가 없다. 일 자체가 재미있으니 더욱 열심히 일하게 되고, 덕분에 좋은 사람들도 많이 만났다. 우리는 또 고객들에게 단순한 하나의 상품을 제공하는 것이 아니라, 우리가 소중하게 생각하는 생활 방식을 공유할 수 있다는 사실을 사랑한다. 우리는 여전히 아메리칸 드림 속에서 살아가는 평범한 두 아저씨일 뿐이지만, 그것은 상상을 초월할 정도로 재미있고 신나는 일이다!

흔히 '넥타이 형제'라는 애칭으로 불리는 세프와 이언은 〈빈야드 바인스〉의 공동 설립자이자 최고 경영자이다. 1998년에 설립된 이 회사는 멋진 넥타이와 함께 남성용, 여성용, 아동용 고품격 스포츠 의류로 널리 알려져 있으며, 1백 명의 직원과 수천만 달러의 수익을 기록하고 있다.

머레이 형제는 2005년도에 '올해의 젊은 기업인상'을 수상하고 'Inc.500' 기업(202위)으로 선정되는 영예를 누렸다. 비영리 자선 활동도 열심히 수행하는 이 형제는 소아암 재단에서 시상하는 2005년도 '호프 상'과 해안 보전 협회에서 마련한 올해의 인물로 선정되기도 했다. 이들은 또 각종 언론 매체의 단골 손님이기도 한데, 특히 NBC의 〈투데이〉에 자주 등장한다. 여가 시간에는 네 척의 낚시 보트 가운데 하나, 혹은 35피트짜리 요트를 타고 바다로 나가는 것을 즐긴다. 가정적인 성품의 세프는 가능한 한 많은 시간을 가족과 함께 보내기 위해 애쓰는 편이고, 음악을 좋아하는 이언은 최근에 첫 번째 솔로 앨범을 내기도 했다.

3
우리는 녹슨 삶을
두려워한다

·

공기역학을 따지면 땅벌은 절대 날 수가 없다.
하지만 그런 사실을 알지 못한 땅벌은 오늘도 열심히 날아다닌다.

– 메리 케이 애쉬

오두막
지기들

안녕하세요! 내 이름은 토미입니다. 그래요, 나는 미시시피에서
가장 오래된 B&B(bed와 beer)인 〈색 업 인(Shack Up Inn)〉의 오
두막지기입니다. 〈색 업 인〉은 미시시피 주 클락스데일 외곽의
홉슨 농장에 있지요. 클락스데일은 미시시피 델타 블루스가 처음
탄생한 곳으로도 널리 알려진 곳입니다. 미국의 라디오에서 자주
나오는 로큰롤이 바로 이 블루스에서 비롯되었지요.

　이제부터 나는 우리 〈색 업 인〉이 이른바 '목화밭 숙박 산업'의
선두 주자로 떠오르게 된 놀라운 이야기를 들려드릴까 합니다.
아마도 〈힐튼〉이나 〈하이야트〉 같은 거대한 호텔 체인도 이 이야
기를 읽고 또 읽으며 아이디어를 얻어야 할지도 모릅니다. 거의
전인미답의 이 시장으로 진출하기 위해서는 말이에요.

아무래도 먼저 우리의 '사사(社史)'와 함께 몇몇 다른 오두막지기를 소개하는 것이 순서일 듯합니다.

모든 것은 제임스 버틀러와의 만남에서 비롯되었습니다. '지미 D'라고 불리는 그는 홉슨 농장의 농장주였지요. 그는 수십 년 동안 미시시피 삼각주 부근에서 수집한 각종 예술품을 이용해 12에이커에 이르는 자신의 농장을 장식했습니다. 그리고 그의 음악에 대한 열정을 이곳에 심기 시작했습니다. 지미 D는 크고 작은 정치 문제에도 대단한 식견을 가진 분이지만, 여기서는 그가 CIA(Clarksdale-Is-Awesome) 요원이라는 점 정도만 언급하고 넘어가기로 하겠습니다.

그 다음 오두막지기인 빌 탤벗을 우리는 '미스터 빌'이라고 부릅니다. 그는 1996년에 지미 D에게서 트랙터 보관용 낡은 헛간을 사들여 자신의 집으로 개조했습니다. 온갖 폐품을 재활용한 덕분에 총 수리 비용은 38달러 62센트가 들었습니다. (이 헛간은 훗날 〈색 업 인〉의 로비가 됩니다.) 머나먼 도시 더블린에서 건너온 미스터 빌은 카프리 섬의 슬롯머신에서 거금 26달러를 따서 그 돈을 모두 역외 금융(offshore banking)에 투자했지요. 지금은 부자가 되어 현직에서 물러난 미스터 빌은 요즘도 포레스트 검프 스타일의 복장으로 밭을 갈곤 합니다. 자신이 거둔 성공, 자신이 돌보고 있는 대지가 그렇게 만족스러울 수 없다는 표정으로 말입니다.

이어서 1997년에 3대 오두막지기인 나, 토미네이션이 이곳으로 들어오게 됩니다. 내슈빌에서 작곡가로 활동하던 나는 최신 히트곡 하나와 약간의 여윳돈을 가진 상태였지요. 나는 지미 D와 미스터 빌의 권유에 따라 어느 소작농의 낡은 오두막 한 채를 홉슨 농장으로 옮겨와 음악 작업실로 개조했습니다. 나는 우리 비즈니스 팀에 약간의 문화 의식을 불어넣었습니다. '성공은 여섯 팩 떨어져 있다' 시리즈로 노벨 피스(No-Bell-Piece) 상을 수상한 나는 이 낡은 오두막 시리즈를 만들자고 밥 빌라를 설득하고 있는 중입니다. 물론 그 시리즈가 완성되면 우리 농장의 자체 케이블 채널인 CAS(Cadillacs, Airstreams and Shacks)를 통해 방송될 수 있겠지요.

3백 평방피트 가량의 오두막은 스무 명 남짓한 사람들이 파티를 즐기기에는 딱 좋은 공간이었지만, 동성의 작곡가 두 사람이 함께 작업실로 사용하기에는 조금 부족했습니다. 그래서 또 하나의 오두막을 들여왔고, 바야흐로 〈색 업 인〉이라는 이름도 우리의 뿌리 깊은 남부 사투리 속에 당당히 한자리를 차지하게 되었습니다.

우리 세 사람이 옛날 목화밭에서 즐거운 시간을 보내고 있는데, 홉슨 지역을 찾아온 관광객들이 우연히 우리 오두막을 본 모양입니다. 그러면서 돈—진짜 돈!—을 낼 테니 우리 오두막에서 하룻밤 묵어갈 수 있냐고 하는 게 아니겠습니까! 어떻게 이런 놀라운 일이!

그렇게 되자 우리 역시 숙박 업소를 처음 시작하는 사람들이 겪게 되는 고민들을 피할 길이 없었습니다. 점심 시간을 이용해 화장실 청소는 누가 할 것이며 침대 시트는 누가 갈 것인가? 빨래는 누가 할 것이며, '문 파이'는 누가 구울 것인가? (혹시 모르시는 분들을 위해서, '문 파이'는 아주 맛있는 미국 남부 지방의 토속적인 음식입니다.) 맙소사, 특히 물류 문제는 정말 장난이 아니더군요. 모르긴 몰라도 힐튼이나 하이야트 같은 호텔 체인들도 초창기에는 우리와 비슷한 고민들을 겪었을 겁니다.

아무튼 우리 세 사람은 힘을 합쳐 갖가지 장애물에 대처해 나갔는데, 뜻하지 않게 또 한 채의 오두막이 생겼습니다. 우리가 할 일은 그걸 우리 구역 안으로 옮겨와서 설치하는 것뿐이었지요. 하지만 거기에는 아주 사소한 문제가 하나 있었습니다. 우리는 이미 우리가 가진 돈을 처음 오두막 두 채를 개조하는 데 모두 써 버린 다음이었던 겁니다. 그렇다고 해서 그까짓 돈 문제 때문에 막 모습을 드러내기 시작한 원대한 사업의 앞길을 가로막도록 내 버려둘 리 없었지요.

그러던 차에 짐 필드라는 콜로라도 출신의 건축가가 우리와 합류하게 되었습니다. 말하자면 '리츠'라는 이름을 붙인 우리의 애매모호한 사업 계획에서 어떤 희망을 발견했던 모양입니다. 이름만 들어도 대충 짐작이 가시겠지만 이 짐이라는 친구는 프랑스

귀족의 후예입니다. 물론 지금은 미시시피 삼각주의 토양 속에 깊이 뿌리를 내리고 있지만 말입니다. 이렇게 해서 우리의 네 번째 오두막지기가 된 짐은 쉴새없이 전세계를 돌아다니는 모험가 같은 인물이지만, 휴즈 헤프너(《플레이보이》지를 만든 사람-옮긴이)가 할리우드에서 그랬듯이 지금은 주로 자기 오두막에서 시간을 보냅니다.

짐의 자본이 들어오고 나자 우리는 세 채의 오두막을 관리하며 미친 듯이 문 파이를 만들어내야 했지요. 그러던 차에 또 한 번 전혀 예상하지 못했던 돌발 사태가 생깁니다. 오두막 세 채를 더 짓지 않겠냐는 제안이 들어온 겁니다. 믿어지십니까? 그 비용을 어떻게 감당해야 할까요? 은행권에서는 물에 잠긴 들판과 우리의 오두막을 보려고 사람들이 와서 돈을 내고 하룻밤을 묵어갈 거라는 사실을 믿어주지 않았습니다.

이 무렵에 마지막 오두막지기, 기 말베찌, 일명 AK47/지레이터 맨이 우리와 합류하게 됩니다. 세계적인 신발 기업을 거느린 박학다식한 인물이지요. 지레이터 맨은 예리한 마케팅 기법을 우리의 오두막으로 가져왔습니다. 미국인의 의식과 전세계 여론을 꿰뚫고 있는 그는 '맥색 업 인(McShack Up Inn)'이라 명명될 국제적 호텔 및 음식점 체인 사업을 성사시키기 위해 노력하고 있습니다. 이렇게 새로운 동업자가 영입됨으로써 우리는 세 채의 오두막을 추가로 구입해 깨끗이 수리했고, 마침내 여섯 채의 오두막이 완성된 것입니다.

진정한 의미의 기업가 정신으로 무장한 우리 다섯 명의 오두막지기는 두 가지 공통점을 가지고 있습니다. 하나는 서비스업에 대한 불타는 애정과 왜곡된 전망이고, 또 하나는 미시시피 델타 블루스에 대한 주체할 수 없는 열정입니다. 우리 다섯 명의 '삼나무 예언자들'은 〈색 업 인〉을 블루스의 고향으로 만들어 손님들을 즐겁게 하자는 임무를 스스로에게 부여했습니다. 블루스를 연주할 수 있는 현관 6개를 구비했고, 오두막마다 피아노나 기타를 비치했지요. 그 가운데 상당수는 손님들이 증정한 것들입니다.

《애틀랜타 저널 컨스티튜션》이라는 잡지에 우리 기사가 나가면서 이내 세계 각국의 언론사가 우리에게 관심을 기울이기 시작했고, 덕분에 사업도 폭발적으로 성장해 갔습니다. 불과 얼마 전까지만 해도 우리의 대출 요청을 거절하던 은행들도 이제는 적극적으로 우리를 돕겠다고 나서더군요. 우리는 지미 D와 그의 가족 소유로 되어 있던 조면기(繰綿機)를 사들였습니다. 물론 오래 전에 기계로서의 수명을 다한 고철 덩어리였지요. 거기에 5개의 곡물 저장실(객실)을 덧붙여 '조면기 여인숙'을 만들었습니다. 지금 5개의 저장실을 새로 추가하는 중인데, 그렇게 되면 머지않아 건물의 나머지 부분이 로비와 선물 가게로 변신할 겁니다.

이 모든 것이 정말 신나고 재미있는 과정이었습니다. 음악에 대한 열정과 재미있는 일을 해보자는 소박한 욕심으로 이 모든 일이 시작되었지만, 나중에는 마치 우리의 의지와는 무관하게 저절로 일이 굴러가는 느낌이더군요. 한 가지 명심할 것은 사업을 발전시킨 것은 우리였지만 우리 자신도 이 사업을 통해 크게 성장했다는 점입니다. 그런 과정 속에서 우리는 세계 각국에서 찾아온 매력적인 사람들을 여럿 만났고, 훌륭한 음악을 마음껏 들을 수 있었으며, 새로운 친구를 사귀기도 했습니다.

이따금 오두막을 둘러보며 방명록을 읽어볼 때마다 사람들이 이곳에서 다른 어디서도 맛보지 못한 심오한 경험을 얻고 갔다는 사실이 그저 놀랍기만 합니다. 우리가 그들에게 제공하는 것은 하룻밤 쉬어갈 호텔 방이 아닙니다. 우리 손님들은 하늘을 우러러 한 점 부끄럼이 없는 〈색 업 인〉에서 낡은 콜라 자판기를 냉장고로 쓰고 수십 년 묵은 미국 남부 문화의 유산을 체험하며, 길거리에서 주워온 가구들을 사용해 보기도 합니다. 인근 3개 군에서는 장례식용 부채를 우리보다 더 많이 소장하고 있는 데가 없습니다. 그러면서 자신들만의 특별한 추억들을 만들고 미시시피 델타의 문화 유산과 남부 특유의 정을 몸소 실감할 기회를 누리는 것이지요.

물론 선셋 스트립이나 매디슨 가를 생각한다면 힐튼이나 하이야트를 찾아야 하겠지요. 그러나 만약 자갈길과 목화밭과 문 파이를 경험하고 싶다면 〈색 업 인〉을 떠올리는 게 나을 겁니다. 우리는 전화번호부에 등록도 하지 않았고 도로 표지판도 없습니다.

그러니 우리를 찾아오시려면 정말 마음을 단단히 먹어야 할 겁니다. 바로 이것이 지레이터 맨의 마케팅 전략이었고, 지금까지는 이 전략이 아주 잘 들어맞고 있습니다.

머지않아 당신을 만날 수 있겠지요. 문 파이가 당신을 기다리고 있으니 말입니다!

새로운 방식의 문화와 블루스에 관심이 있다면 반드시 한 번쯤 가봐야 할 〈색 업 인〉은 아주 독특한 관광 명소로 자리를 잡았다.

새로운
물결

미래를 예측하는 최고의 방법은
미래를 만들어가는 것이다.
– 앨런 케이

인생은 모험이다. 우리는 1분 뒤 미래도 알기 어렵다. 그런데 만약 신통력이 있는 한 점쟁이가 1970년 고등학교를 막 졸업한 나를 앞에 앉혀놓고 이런 말을 했다면?

"너는 처음에 과학자가 될 거야. 그 다음에는 변호사가 되고, 또 그 다음에는 홍보 전문가가 될 거다."

만약 그랬다면 나는 고개를 흔들며 크게 웃어 젖혔을 것이다. 같은 해, 나는 고등학교를 마치고 대학에 들어갔으나 중도에 대학을 때려치우고 10단 변속 자전거에 몸을 실은 채 캐나다 전역을 여행했다. 그 다음에는 1년 동안 지나가는 차를 얻어 타며 사방을 돌아다녔다.

2년 만에 대학에 돌아온 나는 6년 만에 학위를 마쳤다. 그리고 그 2년 후에 또 하나의 학위를 땄으며, 그 다음에는 연방 정부 소속의 과학자로 취직해 아이다호의 오지에서 근무했고, 나중에는 변호사로도 일했다.

내가 홍보의 세계를 접하게 된 것이 바로 그 무렵이었다. '지아르디아 램브리아'라는 과거에는 들어보지도 못한 조그만 미생물 때문에 한바탕 앓은 경험을 한 뒤, 나는 내 생애 최초의 보도 자료를 쓰게 됐다. 연방 연구비를 받아 일련의 역학 조사를 진행한 끝에, 정부의 부적절한 수질 관리가 미국 서부 지역에 '지아르디아'로 인한 질병을 퍼뜨리고 있다는 사실을 발견한 것이다. 나는 이 같은 사실을 널리 알리고 사람들에게 위험성을 경고하기 위해 한 편의 기사와 함께 보도 자료를 작성했다. 이 자료의 첫 문장은 "물을 마시지 마십시오!"였다.

그후 어떤 일이 벌어졌을까?

아이다호 새먼의 지역 신문(발행 부수 2천 7백 부)이 내 기사를 실었다. 이어서 〈연합통신〉에서 나를 인터뷰하러 왔다. 그후 내 기사는 미국 각지의 신문에 게재되어 이 질병의 실체와 강물이나 계곡물을 그냥 마시면 어떤 위험이 초래될 수 있는지를 알렸다. 언론에서는 이 병에 '배낭지기 질환(backpacker's disease)'이라는 이름을 붙였다. 시냇물이나 계곡물을 그냥 마시면 위험하다는 사실이 비교적 널리 알려지게 되었다.

비록 10년이라는 세월이 걸리기는 했지만 미국 정부는 급수 체계를 개선하는 조치를 통과시키게 되었다. 그 결과 미국 전역의 시골 구석에 사는 사람들도 보다 안전한 물을 마실 수 있게 되었다. 그러고 나서 몇 가지 사건이 그 뒤를 이었다.

우디 앨런이 희곡을 한 편 썼는데, 그 작품의 제목이 〈물을 마시지 마십시오〉였다.

어느 유명 맥주 회사는 아주 잘생긴 라틴계 대학생 두 명을 모델로 내세운 광고를 만들었는데, 그 광고 속에 한 학생이 이렇게 말하는 장면이 나온다.

"미국에서 맥주를 마시는 건 괜찮지만 물은 마시면 안 돼."

나는 내가 쓴 보도 자료 하나가 미국의 동쪽 끝에서 서쪽 끝까지 사람들의 의식에 조그만 물결을 일으켰다는 것이 흐뭇했다.

나는 이런 짜릿한 기분을 더욱 본격적으로 맛보고 싶은 마음에, 사람들이 자신의 뜻을 널리 퍼뜨리는 것을 돕는 뉴스 서비스를 구상하게 되었다. 그렇게 해서 〈이미디어팩스(Imediafax)〉라는 사업이 탄생되었다. 간단히 말하면 어떤 한 사람을 위한 보도 자료를 작성해서 각기 그 특성에 맞는 언론사로 보내는 것이 이 사업의 핵심이다. 누구나 자기 홍보를 할 수 있게 돕자는 취지였다.

이것은 실로 매력적인 사업이 아닐 수 없다. 무엇보다도 세상에서 가장 창의적이고 슬기로운 사람들과 일을 하게 된다. 단순히 돈을 버는 차원을 훌쩍 뛰어넘는 일이기도 하다. 한 사람의 생각이 다른 사람들에게 효과적으로 전달될 때 어떤 일이 벌어지는

지를 피부로 실감하는 작업이기 때문이다.

나는 비로소 나의 존재 이유를 깨닫게 되었다. 그것은 사람들이 저마다 가진 창의성과 그 노력의 결과물을 많은 사람들과 공유할 수 있게 돕는 일이란 깨달음이었다. 그것이 나의 존재 이유이자 내 삶의 역할이란 생각이 들었다.

다른 사람들에게 큰 혜택을 줄 수 있는 좋은 일들을 널리 퍼뜨리는 것은 정말 즐거운 일이 아닐 수 없다. 사실 사람의 진정한 만족은 자기가 뿌린 씨앗의 열매를 자기 눈으로 직접 확인하는 데서부터 비롯된다. 내가 만든 보도 자료가 주요 언론사에서 크게 다뤄지거나 전국적인 반향을 불러일으키는 경우가 바로 그것이었다. 어떤 것은 실로 광범위한 일반 대중의 관심을 유도하기도 했고, 어떤 것은 특수한 업종의 사람들에게 국한되기도 했다. 그리고 그 가운데 상당수는 생각보다 큰 재정적 이득이 따라오기도 했다.

내가 하는 사업은 결코 하루아침에 이루어지는 일이 아니다. 단어 하나하나, 보도 자료 한 건 한 건이 꾸준히 축적되어야 한다. 이 같은 사업이 수많은 사람들의 협력을 이끌어내는 것은 실로 놀라운 일이지만, 현실은 그렇게 나타나고 있다.

오늘날까지도 나는 내 고객의 보도 자료를 한 건 한 건 발송할 때마다 커다란 연못에 돌멩이를 던지며 잔잔한 물결이 퍼져 나가는 것을 지켜보는 심정이 되곤 한다.

폴 J. 크루핀은 〈이미디어팩스 : 인터넷-미디어 팩스 서비스〉를 운영하는 〈다이렉트 콘택트 PR(Direct Contact PR)〉의 대표이다. 맞춤형 홍보 서비스 회사인 〈이미디어팩스〉는 해마다 수많은 발명가, 저술가, 출판사 등을 위해 1백만 건이 넘는 보도 자료를 발송한다. 크루핀은 지금까지 다양한 분야에서 경험을 쌓아왔지만 그중에서도 출판 업계에서 쌓은 실적이 가장 돋보인다는 평가를 받는다.

연방 정부 소속의 과학자와 변호사를 지낸 바 있는 크루핀은 홍보 업계의 살아 있는 전설로 불린다. 수많은 개인과 기업, 단체를 위해 일했으며 그들이 보다 효과적인 보도 자료를 쓸 수 있도록, 그리고 그 자료를 적재적소에 공급할 수 있게 해왔다. 크루핀은 또한 문안 작성에서부터 컨설팅, 보도 자료 배포와 관련된 모든 서비스를 제공하고 있다.

크루핀은 지금까지 25권의 저서를 발표한 저술가이기도 하다. 그 가운데 대표작으로는 『절대 쓰레기통으로 들어가지 않는 보도 자료(Trash Proof News Releases)』가 꼽힌다. 그의 웹사이트에서는 많은 기사와 함께 이 책을 무료로 다운 받을 수 있다.

반짝이는
눈동자로

당신의 꿈을 다른 누군가에게 보여주는 데는
많은 용기가 필요하다.
- 어마 봄벡

우리 부모님이 틈만 나면 내게 들려주신 이야기가 있다. 내가 태어나서 처음 눈을 떴을 때 두 눈동자가 파란 다이아몬드처럼 빛났다는 것이다.

나는 수없이 이 말을 들으면서 아주 다채롭고 창의적인 어린 시절을 보냈다. 아직도 눈에 선한 기억이 있다. 여러 가지 색깔의 찰흙을 가지고 멋진 장신구를 만들며 시간 가는 줄 모르고 놀았던 기억이다. 내 침실은 나의 첫 작업실이었고, 우리 부모님은 나의 첫 고객이었다. 그러다가 언제부터인가 아름답게 반짝거리는 장신구들을 더 잘 만들어서 사람들에게 파는 꿈을 꾸기 시작했다.

나는 세상에서 가장 독특하고 멋진 장신구를 만들겠다는 생각을 자주 하곤 했다. 생각에서 그친 게 아니라 늘 새로운 기법을 개발하는 일에 몰두했다. 10대 시절에 이미 나는 예쁜 천과 레이스로 조그만 콜라주 핀을 만들었다. 고장난 시계나 낡은 장신구, 그 밖에 뭔가 재미있는 물건을 보기만 하면 조그만 조각들을 떼어내 멋진 브로치로 만드는 일이 그렇게 재미있을 수가 없었다.

1990년대 초, 나는 유럽으로 건너가 패션 모델로 활동할 기회가 생겼다. 낮에는 이리저리 행사장을 쫓아다니고 해가 저물면 숙소에 틀어박혀 장신구를 만드는 일에 몰두했다. 틈틈이 파리의 벼룩시장과 골동품 가게를 찾아다니며 새로운 보물을 사냥하는 일도 잊지 않았다. 마음에 드는 물건을 발견하면 곧바로 사들고 와서 거기에다 내 손으로 직접 디자인한 십자가를 달아 행사장에서 선을 보이기도 했다. 그것들이 뜻밖에도 많은 사람들의 관심을 받게 되었다. 나에게서 장신구를 사간 스타일리스트와 메이크업 아티스트, 디자이너와 사진 작가들이 한둘이 아니었다.

미국으로 돌아온 뒤, 나는 아예 직업을 바꾸기로 마음먹었다. 모델다운 날씬한 몸매를 유지하기 위해 끼니를 걸러야 하는 일상이 지겨워졌고 창의력을 발휘할 여지도 별로 없는 것 같았다. 그래서 메이크업 아티스트로 무대 뒤에서 일을 하기 시작했는데, 나에게는 그게 카메라 앞에 서는 것보다 훨씬 적성에 맞았다. 그무렵 나는 알폰소라는 이름의 잘생긴 남자를 만나 사랑에 빠졌다. 역시 예술을 하는 사람이었고, 취향도 서로 비슷했다. 드디어 나의 창의력을 알아줄 짝을 만난 느낌이었다.

알폰소에게 푹 빠져 있는 동안에도 장신구에 대한 관심과 열정은 사그라지지 않았다. 나는 더 많은 시간을 그 일에 투자하고 싶어서 조그만 아파트를 구해 작업실을 차렸다. 내 머릿속에서는 늘 아름다운 장신구에 대한 생각이 떠나지 않았고, 일단 떠오른 아이디어는 어김없이 작품으로 이어졌다.

새로 자른 머리 스타일에 어울리는 핀이 보이지 않으면 직접 만들어서 사용했다. 여러 개를 한데 합쳐서 다양한 분위기를 연출하는 소형 클립을 만들기도 했고, 크리스털 나비를 비롯한 예쁜 곤충 모양의 장신구를 개발하기도 했다. 꽃으로 장식된 '만능 클립'을 만든 것도 그 무렵인데, 말 그대로 핸드백에서 말총머리에 이르기까지 아무데나 꽂기만 하면 잘 어울리는 클립이었다. 와이어와 크리스털 구슬을 이용해 눈부시게 반짝거리는 크리스털 머리띠를 만들기도 했다.

끊임없이 아이디어가 떠올라 며칠씩 밤을 꼬박 새며 작업에 몰두한 적도 많았다. 아침에 집을 나설 때 착용했던 장신구가 집으로 돌아올 때는 사라지고 없는 경우도 부지기수였다. 사람들이 내 작품을 보고는 자기한테 팔라고 졸라댄 덕분이었다.

그러던 어느 날 알폰소가 본격적으로 내 작품을 팔아보는 게 어떻겠냐는 말을 꺼냈다. 유행에 민감한 사람들 사이에서 큰 인기를 끌 게 분명하다는 것이었다. 나는 선뜻 마음이 내키지 않았다. 그렇게 큰 인기를 끌기에는 내 디자인이 너무 생소하게 느껴질 거라는 생각 때문이었다. 하지만 알폰소는 뜻을 굽히지 않았다. 예쁜 상자를 만들어서 내 작품들을 진열하더니, 그걸 들고 나가서 상당한 주문을 받아온 것이다. 그렇게 해서 우리는 〈타리나 타란티노 디자인〉이라는 조그만 회사를 차렸다.

1998년 8월, 어느 유명 잡지에 우리 회사에 대한 특집 기사가 실렸다. 그 직후에는 좁은 아파트를 벗어나 웨스트 할리우드의 조그만 작업실로 회사를 옮겼다. 밀려드는 주문량을 소화하기 위해 직원도 대여섯 명 채용했다. 배우와 연예인은 물론, 톱스타가 된 기분을 느껴보고 싶은 일반인들도 내가 만든 액세서리를 무척 마음에 들어했다.

1999년 10월, 알폰소와 나는 3년 동안의 약혼 기간을 끝내고 결혼식을 올렸다. 우리의 결혼식은 이제 부부로서, 또한 동업자로서 그동안 우리가 이룬 성과를 자축할 수 있는 좋은 기회였다. 케이크에서 테이블에 이르기까지, 결혼 파티의 구석구석이 우리의 디자인으로 장식되었다. 정말 아름다운 하루였고, 어디로 눈을 돌려도 아름다운 크리스털이 반짝거렸다.

지금 알폰소와 나 사이에는 클로에와 올리비아라는 보석 같은 두 딸이 생겼다. 그사이 회사의 성장과 보조를 맞추기 위해 두 번이나 사업장을 옮겼고, 로스앤젤레스 멜로즈 가에 큼직한 매장도 하나 마련했다. 〈타리나 타란티노 디자인〉이 성장하는 과정은 정말 멋진 여정이었다. 이 모든 것이 현실인지를 확인하기 위해 이따금 뺨을 꼬집어봐야 할 만큼 말이다. 어렸을 때 파란 눈동자를 반짝이며 꾸었던 꿈들이 현실로 바뀌었으니 나 같은 행운아가 또 있을까.

〈타리나 타란티노 디자인〉은 최근 창립 10주년을 맞았다. 스와로브스키 크리스털, 투명 합성수지, 나무, 준보석 등의 소재를 이용한 헤어 액세서리와 벨트 버클 등의 다양한 장신구가 이 회사의 주력 제품이다.

타리나는 부사장 겸 디자이너, 그녀의 남편인 알폰소는 대표 겸 크리에이티브 디렉터로 일한다. 로스앤젤레스 멜로즈 가의 매장 외에 이탈리아 밀라노에도 부티크를 열었다.

꿈은 먼 곳에 있지 않다. 자기 손안에 있다. 자기만이 가진 재능을 찾아내는 것에서부터 꿈은 이루어지기 시작한다.

엄마, 이것 봐요,
손이 없어요!

"아무도 당신 신발 끈을 대신 매주지 않아. 이제 당신도 남은 인생을 어떻게 살아갈지 생각해 보는 게 좋을 거야."

1993년, 그러니까 내 손에 장애가 생긴 지 2년이 지났을 무렵에 내 남편 론이 나에게 던진 말이다. 그 충격적인 한마디가 '손과의 전쟁'을 치르던 나에게 하나의 전환점이 되었다. 하지만 이제 와서 돌이켜 보니 전환점이 되었다는 얘기이지 정작 그런 충고를 처음 들었을 때만 하더라도 나는 절망에 빠져 있었다. 나 자신의 미래를 그려보기는커녕 남의 도움 없이 신발 끈을 묶는 것조차 상상할 수 없는 시절이었던 것이다.

나는 서른여섯 살 때부터 드 퀘르벵(de Quervain)이라는 병에 시달렸다. 이것은 손의 힘이 점차 약해지면서 통증이 뒤따르는 질병(사실 엄밀히 말해서 병은 아니지만 의료계 사람들은 그냥 그렇게 부른다)이다. 발병 원인은 여러 가지가 있다. 예를 들어 높은 곳에서 떨어지면서 손에 심한 상처를 입는 경우에 생길 수 있다. 이른바 손목굴 증후군(carpal tunnel syndrome)이라 해서 반복성 손부상과 비슷한 증세를 유발하지만 주로 양쪽 엄지에 가장 많은 영향을 미친다. 불에 타는 듯한 통증이나 마비감이 찾아오고, 손이 쑤시거나 손아귀에 힘을 주지 못하는 증상이 흔하다. 나 역시 이 모든 증세를 한꺼번에 겪었다. 양쪽 손을 쓰지 못한다는 것은 엄청난 고통이었다.

내가 이 병에 걸린 것은 어느 소프트웨어 회사에서 회계부장으로 일하던 1991년의 일이다. 그 무렵만 해도 드 퀘르벵이란 병에 대해 잘 몰랐던 때였고, 법적인 보호 조치도 마련되지 못했다. 하다못해 단순한 건초염 증상으로 더 이상 타이핑을 할 수 없는 직원에 대한 보호 조치가 아예 없던 시절이었다. 나는 통증을 견디다 못해 같은 부서 직원들에게 타이핑 작업을 부탁했는데, 그 때문에 '팀플레이'를 하지 않는다는 이유로 회사에서 쫓겨나는 신세가 되었다. 지금 생각하면 그때 일자리를 잃은 것이 나에게 일어날 수 있는 최상의 일이었다. 내 담당 의사는 곧바로 나를 장애인으로 등록할 수 있도록 해주었다.

열네 살 때부터 꾸준히 일을 해온 나는(처음에는 방과 후에 시간제로, 졸업한 다음에는 정규직으로 일했다) 더 이상 일을 할 수 없다는 사실이 한편으로는 가벼운 흥분으로, 다른 한편으로는 커다란 두려움으로 다가왔다. 가벼운 흥분을 느낀 이유는 드디어 내 손이 휴식을 취할 수 있는 기회를 잡았다고 생각했기 때문이다. 푹 쉬면 나아질 거라는 희망도 있었다. 하지만 나는 아주 오래 전부터 일을 해왔고 많든 적든 일정한 수입에 의존하며 살아가는 데 익숙한 사람이었다. 일을 하면서 삶의 보람을 느끼기도 했다.

나는 의사의 충고에 따라 수술과 약물 치료, 물리 치료 등으로 2년의 세월을 보냈다. 수술은 실패였다. 수술한 오른손은 상태가 오히려 더 나빠졌다. 그 2년 동안 있었던 몇 안 되는 좋은 일 가운데 하나는 내가 그토록 사랑하던 샌프란시스코 자이언츠의 야구 경기를 80경기 가량 관람했다는 점이다.

남편 론에게서 충격적인 충고를 들었던 1993년, 나에게 이웃 사람이 어느 행사장에서 컴퓨터 음성 인식 장치를 보았다는 말을 했다. '드래곤딕테이트(DragonDictate)'라는 소프트웨어였다(요즘은 '내추럴리스피킹(NaturallySpeaking)'이라고 불린다). 그 이웃은 내가 이 신기술을 사용하면 일터로 돌아갈 수 있을지 모른다고 생각해, 고맙게도 나에게 알려주었던 것이다. 음성 인식 소프트웨어는 컴퓨터를 이용해 '말'을 '글'로 바꿔주는 역할을 한다. 아주 복잡하고 많은 부분이 베일에 싸인 기술이며, 처음에는 제대로 사용하기가 쉽지 않다.

나는 약간의 조사를 통해 '드래곤'을 개발한 소프트웨어 업체를 찾아냈다(원래는 〈스캔소프트〉라는 회사였지만 지금은 〈뉘앙스〉로 바뀌었다). 그 다음 그 제품에 대해 공부하기 시작했다. 나는 섬세하고 복잡한 소프트웨어에 기대를 가졌다가 정작 이 시스템을 가르치는 회사가 아무데도 없다는 사실에 크게 실망했다. 그 실망감이 나를 번쩍 눈뜨게 했다. 무언가 내가 할 수 있는 일이 꼭 있을 것만 같았다. 다시 한 번 꿈을 꾸기 시작했다. 이 사회의 일원으로 복귀하기 위해 나름대로 계획을 세운 것이 바로 그 무렵이었다.

그때만 해도 음성 인식 소프트웨어는 DOS상에서만 작동했고, 무려 5천 달러짜리 컴퓨터가 필요했다. 게다가 단어와 단어 사이를 일일이 떼서 발음해야 제대로 인식되는 시스템이었다. 그토록 결함투성이인 기술을 목격한 순간, 나 같은 사람들이 이 정교한 소프트웨어를 활용할 수 있도록 음성 인식 기술을 가르쳐주는 회사를 차려야 한다는 사실을 깨달았다. 그때까지 그런 회사가 하나도 없었기 때문이다.

처음에는 근로자 재해 보상 회사조차 회의적인 입장이었지만 결국에는 일터로 복귀하겠다는 내 계획을 승인해 주었다. 나는 '드래곤' 소프트웨어를 돌리기에 충분한 메모리를 가진 컴퓨터를 특별 주문했고, 우선 나 자신부터 그 소프트웨어 사용법을 익혔다. 이어서 맞춤형 훈련 프로그램과 사용 설명서까지 만들어놓고 1993년 10월에 드디어 내 회사를 차렸다.

우선 캘리포니아 산 마테오에 보증금이 없는 사무실을 임대했다. 그렇게 새로 설립한 회사에 〈제퍼-텍(Zephyr-TEC)〉이라는 이름을 붙였다. 지금도 어떻게 그런 이름을 떠올렸느냐고 묻는 사람들이 더러 있다. 회사 이름을 놓고 고민하고 있을 때, 남편이 아이들 이름을 따서 회사 이름을 짓는 사람들이 많다는 이야기를 꺼냈다. 하지만 우리는 아이가 없었고 '제퍼'라는 이름의 고양이가 한 마리 있을 뿐이었다. '제퍼'는 '부드러운 서풍(西風)'을 의미하는 그리스어이다. 그렇게 해서 나는 이 회사를 〈제퍼-텍〉이라 부르기로 결정했는데, TEC는 '훈련, 평가, 자문(Training, Evaluation, Consulting)'의 머릿글자를 딴 것이다. 이렇게 해서 장애를 입은 사람들이 음성으로 컴퓨터를 조작하는 방법을 가르치는 미국 최초의 회사가 탄생했다.

출발이 워낙 미미했던 탓에 1994년에야 처음으로 두 명의 직원을 채용했다(그 가운데 한 명인 페이지 필슨은 지금도 우리 회사에서 함께 일하고 있다). 그때는 이미 대부분의 직장인들이 일상적으로 컴퓨터를 사용하기 시작한 시절이었고, 1990년대 말부터 손목굴 증후군이 전염병처럼 유행했을 때 나는 이미 음성 인식 분야에서 어느 정도 자리를 굳힌 상태였다.

1993년부터 이 분야의 기술과 우리 회사, 그리고 내게 많은 변화가 일어났다. 내가 처음 이 일을 시작했을 때와 비교하면 눈부실 정도의 기술적 발전이 이뤄진 것이다. 우리 회사는 그동안 수천 명의 사람들을 컴퓨터 관련 업무로 복귀시켰으며, '손과의 전쟁'이 삶에 미치는 영향을 최소화하는 데 많은 도움을 주었다.

우리 회사의 훈련 프로그램을 통해 업무로 복귀한 이들 중에는 나보다 훨씬 심한 장애를 가진 사람들도 적지 않지만, 나 개인적으로도 그들의 변화를 지켜보며 이전보다 훨씬 윤택한 삶을 살게 되었다. 나 자신도 지금 계속해서 음성 인식 프로그램을 사용하고 있다. 이런 기술이 없었다면 내가 지금쯤 어떤 삶을 살고 있을까 하는 생각을 자주 하게 된다. 그러니 슬기로운 충고 한마디로 내 삶을 바꾸어놓은 론에게 감사하지 않을 수 없다. 론, 당신이 아니었다면 오늘의 나도 존재하지 못했을 거야!

캘리포니아에 본사를 둔 〈제퍼-텍〉은 미국에서 제일 큰 컴퓨터 음성 인식 소프트웨어 트레이닝 회사이다. 미국 곳곳에 몇 개의 지사를 둔 이 회사는 'eLearnSpeech™'이라는 온라인 1대 1 트레이닝 프로그램을 운영하고 있다. 음성 인식은 이제 장애인뿐만 아니라 타이핑보다는 음성으로 컴퓨터를 작동시키고 싶은 사람들을 고객으로 확보하고 있다.

최고 경영자이자 설립자인 레니 그리피스가 헌신적으로 남을 돕는 마음가짐을 가지고 있다는 사실은 이 회사에 취업한 직원들 가운데 상당수가 손을 제대로 쓰지 못하는 이들이었다는 점으로 미루어 짐작할 수 있다. 그리피스는 고도의 기술력이 필요한 이 업계의 대표 주자로 인정받고 있으며, 그녀의 회사는 여러 차례에 걸쳐 크고 작은 상을 수상하기도 했다.

동굴
수집가

우리의 경험을 거기에 들어간 비용을 받고 팔 수만 있다면
우리 모두는 백만장자가 될 것이다.

– 애비게일 반 뷰렌

얼마 전 나에게는 '주맥 두더지(Mother Lode Mole)'라는 또 하나
의 새로운 별명이 생겼다. 시에라네바다의 언덕배기에 있는 나의
동굴 비즈니스에 대한 특집 방송을 제작하던 샌프란시스코 베이
에어리어의 어느 텔레비전 기자가 붙여준 별명이다. '동굴 수집
가'라는 내 직업을 놓고 생각해 보면 그다지 기분 나쁜 별명은 아
니다. 또 다른 텔레비전 기자는 방송에서 나를 '자폐아처럼 창백
한 안색'을 가졌다고 표현했다. 솔직히 그런 이야기들은 나에게
전혀 문제될 것이 없다. 땅속에서의 내 삶, 자연이 선물해 준 멋
진 동굴들을 탐사하고 사람들에게 그 경이로움을 소개하는 내 직
업을 나는 진정으로 사랑하기 때문이다.

　최근에도 나는 어느 텔레비전 인터뷰를 통해 일반에게 공개된

4개의 동굴과 하나의 금광을 소개하며 "우표 수집보다 훨씬 낫다"고 말한 바 있다. 세상의 모든 우표 수집가들에게는 미안한 얘기일지 모르지만, 나에게는 '동굴 사업'이야말로 취미와 직업의 완벽한 결합이 아닐 수 없다.

한 사람의 삶을 송두리째 뒤바꿔놓는 사건은 아주 사소한 일이나 우연한 만남에서 비롯되는 경우가 많다. 나도 예외가 아니다. 열다섯 살 때 우연히 학교 도서관에서 본 『땅속의 어둠(The Darkness Beneath the Earth)』이라는 책이 내 시선을 사로잡았다. 그 책을 만난 다음부터 내 삶은 완전히 바뀌어버렸다. 그 책에 소개된 너무도 매혹적이고 신비로운 동굴의 세계에 푹 빠져버린 것이다.

나는 열일곱 살 때 처음으로 시에라네바다 남부에 있는 킹스캐년 국립공원에서 일을 하기 시작했다. 1956년과 1957년 여름 내내 '시더 그로브 빌리지'라는 마을에서 식료품과 휘발유를 팔던 나는 인근의 보이든 동굴과 처치 동굴에 흠뻑 빠져들었다. 보이든 동굴은 이미 개발되어 일반인에게 공개된 동굴이었고, 처치 동굴은 아직 사람의 발길이 제대로 닿지 않아 공개되지 않은 동굴이었다. 나는 보이든 동굴에서 안내원으로 일하던 어떤 사람을 알게 되어 함께 이 두 동굴을 탐사하는 일에 매달렸다. 나는 틈만 나면 이 두 동굴을 탐사해 숨겨진 매력을 발견하는 일에 정성을 기울였다. 밤늦도록, 때로는 이른 새벽부터 동굴 속을 헤매고 다녔다. 그 결과 나는 책에서 읽은 것처럼 이 어둡고 신비로운 세계의 노련한 탐험가가 된 것이다.

그후 공군에서 복무를 마치고 제대한 뒤 컴퓨터 및 반도체 분야의 일을 시작했다. 하지만, 그때도 조금만 여유가 생기면 동굴탐사에 몰두하곤 했다. 그러던 1972년 어느 날, 나는 보이든 동굴을 다시 한 번 샅샅이 훑고 나와 피크닉 벤치에서 시원한 맥주를 한잔 마시고 있었다. 그때 그 동굴의 소유자가 내 옆으로 다가왔다. 무슨 좋지 않은 일이라도 있었는지 도도히 흘러가는 킹스 강을 바라보며 이렇게 투덜거리는 것이었다.

"관광객이고 동굴이고 계곡이고 이제 다 지긋지긋해! 누가 25센트만 주면 모조리 다 팔아버리고 싶어!"

나는 마침 탁자 위에 놓여 있던 25센트짜리 동전을 집어서 그에게 던져주었다. 그는 나를 힐끔 쳐다보더니 "음, 진지하게 한번 얘기해 볼까?"라고 말했다. 나는 이 동굴을 사야 한다는 사실을 직감했다. 설령 그것이 안정적인 직장은 물론, 내가 가진 모든 것을 팔아야 한다고 해도 말이다. 나는 즉각 흥정에 들어갔다. 나의 전재산이랄 수 있는 수영장이 딸린 집과 조그만 경비행기를 팔아야 했고, 안정되고 안락한 삶을 포기하도록 아내를 설득해야 했다. 하지만 나는 그 모든 것을 희생하더라도 이번 기회를 놓쳐서는 안 된다고 생각했다.

마침내 동굴을 사들여 자영업의 길로 들어서고 나니 배울 게 너무 많았다. 1972년 독립기념일 연휴 기간에 보이든 동굴을 인수했는데, 마침 그때가 여름철 중에서도 가장 성수기였다. 나는 발전 설비를 비롯한 각종 장비를 작동하는 방법, 휴가철을 맞아 떼지어 몰려드는 관광객들을 대하는 방법을 속성으로 익혀야 했다. 이윽고 첫날 하루 일과가 모두 끝나자, 나는 아름다운 동굴을 관광객들에게 보여준 대가로 묵직한 돈 통을 들고 집으로 돌아갈 수 있었다. 하루 종일 즐거운 시간을 보내고 돈까지 벌었으니 나로서는 이보다 더 좋을 수 없었다.

이렇게 첫 출발이 좋다 보니 더욱 자신감이 생겼다. 1977년의 모닝 동굴을 시작으로 1980년에는 캘리포니아 동굴, 2000년에는 블랙 캐즘 동굴을 계속해서 사들였다. 모두 시에라네바다에 위치한 동굴들이었다. 동굴만으로는 무언가 부족한 느낌이 들어서 2001년에는 수터 금광을 임대했다. 불과 얼마 전에 폐광된 현대식 금광이었는데, 속에는 채굴 장비들까지 고스란히 남아 있었다. 이렇게 되니 관광객들에게 종유석이 즐비한 자연 동굴의 아름다움과 사람의 힘으로 만들어진 미로 같은 금광을 비교해서 보여줄 수 있게 되었다.

동굴 사업 초창기에는 호기심 어린 관광객들에게서 이런 질문을 많이 받았다.

"이 동굴은 어디로 이어지지요?"

"동굴 속의 다른 길로 접어들면 어디로 통하나요?"

"이 동굴은 구석구석까지 완전히 탐사가 끝난 겁니까?"

동굴 안에서 '출입 금지' 팻말이 붙은 구역이 나올 때마다 관광객들은 그런 질문을 던지곤 했다. 나는 그런 그들을 지켜보며 세상에는 어둡고 좁은 공간에 대한 두려움을 정복하려는 욕구를 가진 사람들, 경험은 없지만 자세만은 모험가가 되기에 부족함이 없는 사람들이 의외로 많다는 사실을 알게 되었다.

캘리포니아 동굴을 사들인 1980년, 나는 일반 관광객을 대상으로 '천연 동굴' 탐사 프로그램을 개발했다. 이 프로그램이 대성공을 거두고 나자 확신을 얻은 나는 이어서 모닝 동굴을 무대로 또 하나의 탐사 프로그램을 만들었다. 이번에는 1백 65피트에 달하는 로프 하강을 포함시켜 또 한 번 세간의 이목을 집중시켰다. 일반 관광객들을 대상으로 전문 산악인들이나 시도하던 로프 하강 프로그램을 만든 것은 처음 있는 일이었다. 이것은 단순히 놀이공원 차원의 프로그램이 아니라 동굴 탐사 전문가나 산악인들이 사용하는 것과 똑같은 장비, 똑같은 기술을 이용하는 진짜 모험이었다. 잘 훈련된 인력과 믿을 만한 장비를 충분히 동원하면 누구나 진정한 모험을 즐길 수 있을 것이라는 판단이었다. 내 예상은 빗나가지 않았다. 이 프로그램이 언론의 집중적인 조명을 받으면서 관광객의 수는 더욱 늘어났다.

나는 많은 사람들에게 다양한 모험을 경험할 기회를 제공하는 것이 그렇게 즐거울 수가 없었다. 해마다 수천 명의 관광객들이 멋진 자연 경관 속의 가벼운 산책에서부터 진흙투성이 오솔길을 헤쳐 나가거나 깊은 지하 호수에서 물살을 가르는 모험을 즐기고 있다. 특히 로프 하강을 통해 믿을 수 없을 만큼 아름다운 지하 세계를 둘러보는 프로그램은 뼛속까지 짜릿한 모험이 아닐 수 없다. 평범한 사람들이 결코 평범하지 않은, 좀처럼 상상조차 해보지 못했을 모험을 즐기는 모습은 나에게 더할 나위 없이 큰 만족감을 가져다 준다.

동굴 수집가로서 세계 곳곳을 둘러볼 기회를 누리는 즐거움도 빼놓을 수 없다. 다른 동굴들을 탐사하는 것은 물론, 동굴 개발이나 관리가 필요한 세계 각지에서 강연과 자문 요청이 들어온다. 덕분에 전미동굴협회 회장을 지내기도 했고, 국제동굴관광협회의 초대 부회장을 역임하기도 했다. 내가 1977년에 설립한 〈시에라네바다 레크리에이션 회사〉는 내가 가진 5개 동굴의 환경적 · 역사적 보존에 심혈을 기울이고 있으며, 그 가운데 하나는 '미국의 자연 명물'로, 또 하나는 캘리포니아 주 역사 유물로 선정되기도 했다.

나는 내가 하는 일에 커다란 자부심을 가지고 있지만 그보다 더 중요한 것은 내가 하는 일을 철저하게 즐긴다는 점이다. 이 모든 것이 내 인생을 송두리째 바꿔놓은 한 권의 책에서 비롯되었다. 여러분에게도 그런 기회가 있었으면 하는 마음 간절하다.

한 권의 책은 때때로 한 사람의 인생을, 운명을 통째로 바꾼다. 스티븐 페어차일드에게 인생 최대의 발견은 보이든 동굴이 아니라 『땅속의 어둠』이라는 책 한 권이었다. 『땅속의 어둠』이 어둠으로 내몰지 않고 그로 하여금 빛으로, 꿈으로 바꾸게 하는 성공의 지도가 되어주었던 것이다. 그 다음은 열정과 실천, 그리고 결단이다.

4
살아가라, 한 번도
넘어지지 않은 것처럼

•

우리는 우리가 꾸는 모든 꿈을 이룰 수 있다.
끝까지 포기하지 않을 용기만 있다면 말이다.

– 월트 디즈니

오만과
편견

나는 기업가가 되기를 꿈꾼 적이 없다. 나의 꿈은 신문사를 차리는 것이었다.

1974년, 워터게이트 사건이 터지자 그 내막을 알고 싶어한 시애틀 차이나타운의 이민자들이 샌프란시스코에서 발행되는 중국어 신문을 사기 위해 가게 앞에 길게 줄을 지었다. 당시의 중국 이민자들은 주로 소문에 의존해 세상 물정을 파악했다. 나는 그들에게 제대로 된 정보와 사실을 전해주고 싶었다. 그러기 위해서는 신문사를 차리는 것이 가장 좋은 방법일 듯했다.

부모와 친구들의 반대, 남편의 회의적인 시선에도 불구하고 나는 마케팅 캠페인을 시작했다. 새로운 중국어 신문이 나온다는 사실을 알리는 전단을 차이나타운 곳곳에 배포한 것이다. 길거리에서 만나는 사람마다 붙잡고 새로운 신문이 발행될 거라고 얘기했다. 사람들은 나를 미친 여자로 취급했다. 어떤 남자는 나를 한쪽 구석으로 끌고 가더니 이렇게 말했다.

"신문을 발행할 거라고 계속 떠들고 다니더군. 종이를 구하지 못하면 어떻게 할 건가?"

실패할지도 모른다는 걱정 따위는 없었다. 미국에서 창간되는 신문 5개 가운데 4개 회사는 자금난 때문에 문을 닫는다는 통계에도 전혀 신경 쓰지 않았다. 그전까지 뭔가를 팔아본 경험이라고는 3주 동안 어느 옷 가게에서 임시직으로 일한 게 전부였지만, 그게 내 계획을 포기할 이유는 되지 못했다.

'왜 나 아닌 다른 누군가가 내 운명을 결정해야 하지?'

나는 그렇게 자문했다. 기운이 빠질 때마다 신문 한 부를 사기 위해 길게 줄지어 차례를 기다리는 사람들을 떠올렸다. 그들에게 등을 돌릴 수는 없지 않은가. 누군가가 나에게 등을 돌리면, 그 사람은 나에게가 아니라 내가 속한 집단 전체에 등을 돌리는 것이라고 생각하기로 했다. 나를 그냥 '나'로 보는 것이 아니라 '우리'의 차원으로 개념을 확장한 것이다.

그러나 바로 그 '우리'는 내가 예상했던 것보다 조금 더 이른 시간에 시련과 마주쳤다. 판매 전략을 세우기 위해 고민하던 나는 차이나타운에서 가장 오래되고 큰 성공을 거둔 음식점을 목표로 정했다. 그 음식점이라면 우리 신문에 광고를 실을 여유가 있을 거라고 생각했던 것이다. 그 음식점의 사장인 콴 씨는 정직하게 사업을 하는 사람으로 소문난 인물이었다. 나는 자신만만하게 〈타이 퉁〉 음식점을 찾아가 사장을 만나러 왔다고 말했다. 여직원은 나를 신기한 듯이 위아래로 훑어보았다. 청바지에 운동화를 신은 젊은 여자가 감히 사장을 만나겠다고 하니 놀란 모양이었다. 그러나 그녀는 이것저것 캐묻지 않고 콴 씨를 데리고 와주었다. 나에게 부족한 것은 사업상 필요한 반듯한 옷차림뿐만이 아니었다. 나는 사업상의 예절과도 거리가 멀었던 것이다. 지금 생각하면 하다못해 실내 장식이 아주 훌륭하다거나 사업이 번창하는 것을 축하한다는 정도의 인사라도 먼저 건네는 게 예의였겠지만, 그 당시 내 머릿속에는 오로지 광고를 따내야 한다는 생각밖에 없었다.

"콴 씨, 나는 아순타 느그라고 해요. 중국어 신문인《시애틀 차이니스 포스트》를 창간할 계획인데요, 사장님이 이 음식점 광고를 좀 실어주셨으면 합니다."

콴 씨는 나의 뻔뻔스러운 태도에 홀린 사람처럼 나를 테이블로 데려갔다.

"아순타 씨, 나는 30년 동안 한 번도 광고를 하지 않았소. 그러고도 장사를 잘해 왔지."

그가 진지한 표정으로 말했다.

"그런 내가 왜 이제 와서 광고를 해야 하지? 그것도 당신의 신문에? 나를 설득할 수 있겠소?"

나는 우리 신문에 광고를 하면 어떤 이점이 있는지를 설명했지만, 크게 설득력은 없었다. 10분이 넘도록 열심히 떠들었는데도 콴 씨는 꿈쩍도 하지 않았다. 아무래도 내가 생각했던 것처럼 간단한 일이 아닌 모양이었다. 콴 씨는 광고를 낼 마음이 없었고, 나한테 그 마음을 정직하게 드러낸다고 해서 문제될 것도 전혀 없었다. 그는 차이나타운에서 지난 50년 동안 그런 신문이 발행된 적이 한 번도 없다고 말했다. 만약 그가 내 신문에 광고를 내면 사람들은 그의 사업이 내리막길을 걷고 있다고 생각할 것이란 말도 했다. 더 이상 어떻게 설득을 해야 좋을지 알 수가 없었다.

"안 돼, 나는 당신의 신문에 광고를 싣지 않을 거요."

콴 씨가 결론적으로 단호하게 말했다.

나는 좌절감에 사로잡힌 채 그 음식점을 나설 수밖에 없었다. 바로 그 순간 무언가가 나를 멈춰 세웠다. 그것은 어린 시절, 귀에 못이 박히도록 듣고 자란 "안 돼"라는 말이었다.

어린 시절의 나는 꿈을 꾸는 것조차 허용되지 않았다. 내 인생은 이미 정해진 계획에 따라 운명적으로 이어질 뿐이었고, 그 정해진 길을 벗어날 가능성은 어디에도 없었다. 오로지 온 가족을 위해 요리와 빨래에 매달려야 했고, 그러다가 나이를 먹으면 결혼을 해야 했다. 그 이상도, 이하도 없었다. 남동생 둘은 모든 것을 다 가질 수 있었고 집 안에서는 손가락 하나 까딱할 필요도 없었다. 남동생들은 떠받들리며 자랐지만 나는 그렇지 못했다.

여자아이들은 자기 자신을 위해 무언가를 만드는 것이 허락되지 않았고, 의사나 변호사나 사업가 같은 직업은 상상조차 할 수 없었다. 그저 고분고분하고 순종적인 여자가 되는 것이 최선이었다. 유난히 소심하고 수줍음이 많던 나는 단 한 번도 이런 분위기에 의문을 품어보지 않았고 규칙을 어긴 적도 없었다. 내가 아는 유일한 역할 모델은 가정주부, 비서, 그리고 교사가 전부였다. 비록 나는 누구보다도 우리 어머니를 사랑했지만 한 가지만은 확실했다. 절대 어머니 같은 삶을 살고 싶지는 않다는 것이었다. 가정주부인 어머니의 삶은 아침에 해가 떠서 저녁에 지는 것만큼이나 판에 박은 듯한 삶의 연속이었다. 가슴을 뛰게 하는 흥분이나 변화 같은 것은 찾아볼 수 없었다. 무역업을 하는 아버지는 절대 나의 역할 모델이 될 수 없었다. 아버지에게 사업에 대한 질문을 던지는 것은 있을 수 없는 일이었고, 만약 그런 질문을 했다가는 엄청난 비웃음만 되돌아올 뿐이었다.

그럼에도 불구하고 맏딸인 나는 독립심을 키워야 한다는 생각을 했다. 그토록 전통적이고 구속적인 문화 속에 가둬두기에는 나의 몸과 영혼이 너무나 자유롭고 열정적이었기 때문이다. 그래서 나는 탈출구를 모색하기 시작했다. 틈만 나면 홍콩의 〈미국 문화 교류 도서관〉에서 문학 작품을 읽었다. 펄 벽 같은 자유로운 영혼을 가진 미국 작가들을 동경했고, 나도 그런 미국으로 건너

가야겠다고 마음먹었다.

나에 대한 우리 부모님의 기대 수준은 아주 낮았지만 그래도 교육열만큼은 누구에게도 뒤지지 않았다. 덕분에 나와 두 남동생은 홍콩에서 제일 좋은 가톨릭 학교에 다닐 수 있었다. 하지만 스스로를 불행하다고 생각하는 마음가짐 때문에 고등학교 때는 그리 우수한 성적을 거두지 못했다. 그런 내가 보란 듯이 국가고시에 합격하자 다들 눈이 휘둥그레졌다. 내가 그토록 영특한 아이라는 게 부모님을 비롯한 모든 사람들에게 큰 충격을 안겨준 모양이었다. 나는 상위 10% 안에 드는 성적으로 대학에 진학할 자격을 얻었다. 그렇게 되자 나를 바라보는 부모님과 친구들의 시선이 달라졌다. 그중에서도 가장 크게 달라진 것은 바로 나 자신이었다. 미국이야말로 새로운 삶을 시작할 최선의 선택이라는 확신을 가진 나는 한껏 용기를 내어 부모님에게 그런 뜻을 말씀드렸다. 그러나 두 분은 생각해 볼 필요도 없다는 듯 "안 돼"라고 대답했다.

"말도 안 되는 소리는 아예 꺼내지도 말아라."

그후 6개월 동안 나는 태어나서 처음으로 고집불통의 반항아 노릇을 했다. 말도 하지 않았고, 내 안에 분출되는 그 어떤 감정도 겉으로 표현하지 않았다. 부모님이 내 꿈을 이루는 데 걸림돌이 된다고 생각했고, 이번 기회에 그런 내 생각을 분명히 밝혀야 한다고 마음을 다잡았다. 결국 부모님도 내 마음을 돌릴 수 없다는 사실을 알게 되자 1년 동안 미국에서 대학을 다닐 수 있는 학비를 마련해 주셨다. 그 다음부터는 나 스스로 알아서 해결해야 했다. 그렇게 해서 나는 열여덟의 나이에 홍콩에서 오리건 주 포틀랜드로 떠나는 비행기에 몸을 실을 수 있었다.

그렇게 어린 시절을 떠올리다 보니 자연스럽게 내가 지금 와 있는 곳은 중국이 아니라 꿈과 가능성의 나라 미국이라는 사실을 상기하게 되었다. 이곳에서까지 "안 돼"라는 대답을 듣고 물러설 수는 없다는 오기가 생겼고, 신문을 사기 위해 줄지어 늘어선 사람들의 얼굴도 떠올랐다.

"콴 씨, 광고에 대해서는 잊어버리세요. 더 이상 광고 이야기는 꺼내지 않을게요."

나는 전략을 바꾸어 그렇게 말했다.

"그래요?"

대번에 그의 얼굴에 안도의 빛이 감돌았다.

"사장님도 이 지역에 중국어 신문이 생기는 건 보고 싶을 거예요. 그렇지 않아요?"

"그야 그렇지."

그가 대답했다.

"그럼 〈타이 퉁〉 음식점 이름으로 《시애틀 차이니스 포스트》의 창간을 기쁘게 생각한다는 내용의 축하 메시지를 실어주세요."

"그건 광고가 아닌가?"

"아니죠, 전혀 아니죠."

"그러면 반 면에 얼마지?"

"1백 75달러예요."

콴 씨는 주머니에 손을 넣더니 현찰로 1백 75달러를 꺼내 탁자 위에 놓았다. 내가 처음으로 광고를 따낸 순간이었다.

그때부터 나는 차이나타운의 모든 가게를 돌아다니며 이렇게 떠들고 다녔다.

"콴 씨가 광고를 싣기로 했는데 당신은 어떠세요? 그런데 그분은 현찰을 주시더군요."

그렇게 골목마다 광고를 따러 다니느라 신발이 다섯 켤레 가량은 닳아버렸지만, 덕분에 정말 놀라운 성과를 거두었다. 창간호의 광고비로 4천 달러를 모았고, 수백 명의 구독자를 확보한 것이다.

만약 당신의 꿈을 믿는다면 절대로, 무슨 일이 있어도 포기하지 말라. "안 돼"라는 말은 "지금은 안 돼", 혹은 "나중에는 될지도 몰라"라는 뜻일 수도 있다. 비즈니스의 세계에서 "안 돼"는 결코 마지막이 아니다. 진짜 재미있는 일이 벌어지는 것은 그 다음부터니까.

아순타 느그는 중국어로 발행되는 《시애틀 차이니스 포스트》와 영어로 발행되는 그 자매지 《노스웨스트 아시안 위클리》의 설립자 겸 발행인이다. 두 매체 모두 시애틀과 그 인근 도시의 아시아 공동체를 독자 대상으로 한다.

《시애틀 차이니스 포스트》는 미국에서 발행되는 수많은 아시아 언어권의 매체 중에서도 비교적 초창기 성공 사례에 속한다. 이는 미국 인구 중에서 가장 빠른 성장세를 보이는 인종이 아시아 및 태평양 출신이라는 인구 통계에 입각한 것이기도 하다.

1마일에
35분

1990년대 초반, 나는 스물일곱 살의 나이에 미국에서 가장 유명한 환경 관련 용품 소매점 가운데 하나인 〈어스 제너럴(Earth General)〉을 만들었다. 덕분에 《뉴욕 타임스》 1면을 장식하기도 했고, 《마드모아젤》이라는 잡지에서는 마이클 델, 줄리아 로버츠, 브레드 피트, 마이클 조던 등 쟁쟁한 인물들과 함께 '서른 살 미만의 유망주들' 가운데 한 명으로 선정되기도 했다.

사업이 번창하자 나는 그 누구에게도 자문을 구하지 않고 가게를 하나 더 열기로 마음먹었다. 그때만 해도 조금 오만했던 것 같다. 어차피 성공할 테니 귀찮은 과정은 건너뛰자고 생각했으니 말이다. 순전히 내 힘만으로 지금의 매장을 성공시키지 않았던가. 지금 돌이켜보면, 나는 첫 번째 매장이 그토록 큰 성공을 거둔 이유를 제대로 파악하지 못했다. 나에게 남다른 사업가적 기질이 있는 것은 사실이었지만, 몇 가지 아주 기본적인 토대를 갖추지 못했던 것이다.

채 1년이 안 되어 사업은 부도가 났고, 이혼까지 하게 되었다. 삶 전체가 송두리째 무너져 내리는 느낌이었다. 7년 남짓한 기간 동안 우리 어머니를 포함한 투자자들의 돈 1백만 달러를 날린 것이다. 거울에 비친 내 모습을 똑바로 쳐다보기도 싫은 나날이 이어졌다. 한때 하늘 높은 줄 모르고 부풀었던 나의 자부심은 바닥에 떨어졌다. 그때 나에게 유일하게 기쁨과 평화를 가져다 준 것이 바로 달리기였다. 한 주에 서너 번씩 달리기를 계속한 끝에 1마일을 7분에 주파할 정도가 되었다. 하지만 달리기를 빼면 하는 일이라곤 아무것도 없는 삶이 이어졌다.

그러던 어느 날이었다. 브루클린의 집 근처를 걷고 있는데, 갑자기 골목에서 자동차가 한 대 튀어나오더니 그대로 나를 들이받고 말았다. 허공에 치솟았다가 머리부터 땅에 떨어진 나는 두개골이 골절되는 큰 부상을 입었다. 몇 주 동안 의식을 잃고 병원에 누워 있는 신세가 되었다. 의사들은 내가 목숨을 건질 수 있을지 장담할 수 없다고 했다. 설령 살아난다 하더라도 두 번 다시 두 다리로 걷기는 힘들 거라고 했다.

나는 3주 만에 겨우 의식을 찾았지만 사고 당시를 전혀 기억하지 못했다. 사고 당시뿐만 아니라 아무것도 기억나는 것이 없었다. 하루는 부모님 댁에 가족과 친구들이 다 모인 것을 보고 나는 속으로 '우와, 파티가 벌어질 모양이군. 그런데 무슨 파티지?'라고 생각했다. 알고 보니 그 파티는 나를 위한 것이었다. 내가 살아난 것을 축하하기 위한 파티였다. 그때부터 나는 조금씩 과거의 기억을 되찾기 시작했다.

그후 몇 달 동안 나는 상상하기조차 끔찍한 지옥을 경험했다. 청각과 시각을 거의 잃었고, 의사들은 두 번 다시 걸을 수 없을 거라고 했다. 달리기는 꿈도 꾸지 말라고 했다.

사고가 나기 전부터 나는 몇몇 친구들과 함께 서로를 돕고 격려하는 모임을 가져왔다. 의사의 비관적인 진단이 떨어진 직후, 나는 그 모임에 나가 이렇게 말했다.

"약간 무모한 목표를 세웠어. 오늘부터 90일 이내에 센트럴 파크에서 5마일을 달리는 게 내 목표야."

친구들은 어이가 없다는 듯 서로를 바라보았지만, 이내 이렇게 나를 격려했다.

"좋아, 우리도 도와줄게."

그렇게 해서 나는 훈련을 시작했다. 엄청난 좌절감이 밀려들었고, 그때마다 나의 희망과 신념은 극한의 시험에 처했다. 그때마다 나는 의사들의 말이 틀렸다는 사실을 입증해야 한다는 생각, 다시 일어설 수 있다는 것을 나 자신에게 증명해 보여야 한다는 생각으로 이를 악물었다. 내가 쓰러지거나 포기하고 싶은 유혹에 시달릴 때면 친구들이 나를 격려했다.

그런 경험을 통해 나는 팀이라는 것이 얼마나 소중한지, 나를 격려하고 지지해 줄 튼튼한 구조를 만드는 것이 얼마나 중요한지를 뼈저리게 깨달았다. 내가 사업에서 실패한 이유는 너무 오만했기 때문이었고, 모든 것은 내 탓이라는 것을 실감했다. 내가 발휘할 수 있는 힘은 나를 둘러싼 팀의 힘을 뛰어넘을 수 없다는 것도 깨달았다. 그들은 나에게 너무나 소중한 교훈을 일깨워주었다.

2002년 12월 28일, 90일짜리 목표를 세운 지 87일째 되던 날, 나는 스물두 명의 친구와 가족을 데리고 센트럴 파크로 나갔다. 그리고 다 함께 5마일을 달렸다. 내가 두 번 다시 걸을 수 없을 거라던 의사의 진단이 떨어진 지 6개월이 될 무렵이었다.

결승점을 통과하는 순간, 나는 뚜렷한 전망과 확고부동한 결심이 어떤 힘을 발휘하는지를 깨달았다. 그리고 그보다 더욱 중요한 것은 바로 팀의 존재였다. 무언가를 향해 서로 마음을 합치고 그것이 우리 가슴속에 깊숙이 뿌리를 내리면 세상에 이루지 못할 일은 아무것도 없다는 확신을 가지게 되었다.

그후 회복기를 거쳐 사업을 다시 시작하는 과정 속에서도 나는 그 같은 확신을 그대로 간직했다. 그 결과 사고를 당한 지 2년 만에 아주 튼튼하고 실속 있는 회사를 2개나 가지게 되었다. 그중 한 회사를 통해 다른 사업가에게 내 경험을 알려주고 있다. 많은 사람들은 그 끔찍한 사고가 나의 인생을 영원히 바꿔놓았다고들

한다. 맞는 말이다. 그런 면에서 나는 엄청난 행운아가 아닐 수
없다.

스테판 도어링은 주로 사업가들에게 '90일 드림 팀'이라는 프로그램을
통해 새로운 돌파구를 열어가도록 돕는 〈베스트 코치스〉의 설립자 겸
대표이다. 도어링은 거의 25년에 걸친 비즈니스 경험을 토대로, 수많은
사업가들이 사업상의 야심과 개인적 삶의 목표를 달성할 수 있게 해준다.
도어링은 일찍이 열일곱 살의 나이에 첫 번째 사업을 시작함으로써 자
신의 재능을 유감없이 드러냈다. 〈도어링 하우스페인트〉라는 이 회사는
"우리가 대학으로 가는 길을 개척할 수 있도록 도와주세요"라는 모토를
내걸었다. 뉴욕 페이스 대학에서 경영 대학원을 졸업하고 〈시티그룹〉 부
사장 자리에까지 올랐던 도어링은 모두 4개의 회사를 창업했다. 〈어스
제너럴〉은 환경과 관련된 3천 종 이상의 제품을 한자리에서 쇼핑할 수
있는 미국 최대 규모의 환경 전문 소매점이었고, 〈벤처메이트〉는 아직
상장하기 이전의 개인 기업들이 인터넷을 통해 주식을 거래하는 혁신적
인 비즈니스를 선보였다. 투자자들이 보다 손쉽게 개인 기업에 투자할
수 있도록 하자는 취지였다.

캔디맨은
할 수 있다

젤리 빈 먹는 모습을 보면
그 사람이 어떤 사람인지 알 수 있다.
– 로널드 레이건

나는 열세 살 때부터 캘리포니아 주 오클랜드에 있던 우리 가족 소유의 조그만 사탕 공장에서 아버지와 함께 일을 하기 시작했다. 아버지는 공장의 거의 모든 일을 도맡아하다시피 했기 때문에 그 밑에서 배울 게 참 많았다. 그러다가 나는 1960년부터 정식 직원이 되었다. 새벽 5시 30분에 공장으로 나가 보일러를 켜놓아야 7시에 출근하는 직원들이 작업을 진행할 수 있었다. 당시 주급으로 68달러를 받았는데, 아버지와 할아버지, 증조할아버지의 뒤를 이어 '캔디맨'이 된 게 그렇게 자랑스러울 수가 없었다.

우리 증조할아버지 구스타프 괴리츠는 1866년에 독일에서 미국으로 건너온 뒤, 일리노이 주 벨레빌에 조그만 가게를 마련하여 사탕을 만들어 팔기 시작했다. 그런 증조할아버지에게서 사탕 만드는 기술을 배운 할아버지는 1921년에 오리건 주 포틀랜드에 사탕 공장을 차려 독립했다. 할아버지의 주력 제품은 '캔디 콘'이라 불리는 고깔 모양의 사탕이었는데, 포틀랜드는 습도가 높은 지역이어서 그런 사탕을 만들기에 적합하지 않았다. 그래서 할아버지는 만(灣)을 사이에 두고 샌프란시스코와 마주보는 오클랜드로 회사를 옮겼다.

할아버지에게는 알로이스 괴리츠라는 외동딸이 있었는데, 그가 바로 나의 어머니이다. 어머니는 나의 아버지, 어니 로우랜드와 결혼했고, 아버지 역시 사탕 만드는 일에 뛰어들게 되었다. 아버지는 정말 재주가 뛰어난 기술자였다. 아무리 고장이 심한 기계라도 아버지의 손을 거치면 멀쩡하게 돌아가곤 했다. 어머니는 회계를 맡았고, 나에게는 아주 지혜로운 조언자이기도 했다.

1950~1960년대는 '캔디 콘' 같은 계절 상품으로 돈을 벌기가 아주 어려운 시절이었다. 어떨 때는 손해를 보는 경우까지 생겼다. 할로윈이 다가오기 6개월 전부터 사탕을 만들기 시작해야 되는데, 그러다 보니 재료 값을 제때 지불하기가 쉽지 않았다. 다행히도 알 사로니 같은 납품 업체 사람들과 좋은 관계를 유지한 덕분에 우리한테는 돈을 떼일 염려가 없다며 외상으로 설탕을 들여올 수 있었다.

우리 가족은 고급스러운 제품을 보다 나은 가격으로 팔기 위해서는 시설을 확장해야 한다는 결론을 내렸다. 회사가 살아남기 위해서는 피할 수 없는 선택이었다. 정말로 경기가 좋지 않을 때는 회사가 망하고 나면 무엇을 해서 가족들을 먹여 살려야 되나 하는 걱정까지 했다. 아무리 생각해도 다른 일자리를 찾을 수 있을 것 같지가 않았다. 기껏해야 고등학교 졸업장, 그리고 대학교 1학년을 마친 것이 내 학력의 전부였다. 어쩌면 그래서 더욱 사업을 성장시키는 데 열과 성을 다했던 것인지도 모른다. 우리는 새로운 캔디를 개발하겠다는 목표를 세웠고, 유럽의 캔디 기술자를 한 사람 고용했다. 그렇게 해서 '더치 민트'라는 캔디가 탄생했는데, 이것은 오늘날까지도 우리의 주력 상품으로 굳건히 자리를 지키고 있다. 생산 라인을 꾸준히 확장한 끝에 미국에서는 처음으로 구미 베어를 생산하게 되었고, 젤리 빈도 만들기 시작했다.

1960년대 초에 어디선가 중소기업 경영과 관련된 각종 상담을 해주는 전문가들이 있다는 기사를 읽고 SCORE(Service Corps Of Retired Executives)를 통해 활동하던 맥대니얼이라는 사업가를 만나게 되었다. 우리 부모님과 나는 2년 동안 매주 토요일마다 그분에게서 우리 회사를 더욱 효율적으로 운영하는 방법을 교육받았다. 몇 달이 지나자 그는 포화 상태에 다다른 우리의 1만 평방피트짜리 공장을 확장해 생산량을 늘리는 게 좋겠다고 제안했다. 맥대니얼 씨가 그렇게 우리를 도와주며 받는 대가라고는 점심때 우리가 대접하는 참치 샌드위치 하나가 전부였다.

중소기업청에서 90%짜리 대출 보증을 받고 맥대니얼 씨에게 이끌려 〈뱅크 오브 아메리카〉 샌프란시스코 지점을 찾아간 우리는 대출 담당자를 만나 우리 재무 서류를 보여주고 사정을 설명했다. 그랬더니 그 직원은 대뜸 우리더러 도저히 전망이 보이지 않으니 자산을 모두 팔아치우고 사업을 정리하라고 했다. 우리는 큰 충격을 받고 돌아왔지만, 다행히도 같은 날 오후 평소에 우리가 거래하던 〈뱅크 오브 아메리카〉 지점의 지점장이 새 공장 건물을 지을 수 있도록 대출을 승인해 주었다.

그러던 어느 날, 출근길의 차 안에서 로널드 레이건이 캘리포니아 주지사로 출마한다는 라디오 뉴스를 들었다. 나는 대번에 그의 정치관에 매료되었고, 이런 사람이라면 세상을 바꿀 수도 있겠다는 생각을 했다. 그때부터 나는 로널드 레이건의 추종자 겸 지지자가 되었다. 물론 그때만 해도 그것이 우리의 인생에 어떤 의미를 갖는지 전혀 알지 못했다.

그 당시 나의 좋은 친구이자 스승인 러셀 앨버스는 어느 과자류 소매 체인의 대표를 맡고 있었는데, 그가 로스앤젤레스의 어느 정치 만찬회에서 로널드 레이건과 인사를 하게 되었다. 그 자리에서 그는 지인을 통해 레이건이 평소 즐겨 피우던 파이프 담배를 끊기 위해 젤리 빈을 먹기로 결심했다는 이야기를 들었다. 그래서 러셀은 단순한 호의의 표시로 우리 회사에서 나오는 고급 젤리 빈을 레이건에게 보내주기 시작했다. 그게 1966년의 일이니 '젤리 벨리'라는 이름의 젤리 빈이 출시되기 10년 전인 셈이다.

레이건이 캘리포니아 주지사로 당선되자 러스는 우리더러 직접 새크라멘토로 젤리 빈을 보내는 게 어떻겠냐고 제안했다. 물론 우리는 그가 주지사로 재임하는 내내, 그리고 그후에도 계속 젤리를 보내기로 했다. 얼마 지나지 않아 주지사 레이건에게서 감사의 편지가 한 통 날아왔다. 국회 의사당에서 벌어진 회의 때 의원들에게 우리 젤리 빈을 대접했다는 것이었다. 그 편지는 지금도 캘리포니아의 우리 투어 센터에 전시되어 있다.

1976년 여름, 우리가 고급 캔디를 만든다는 사실을 알고 있던 로스앤젤레스의 어느 유통 업자에게서 전화가 걸려왔다. 그는 창의력이 아주 뛰어난 사람이었고, 자연 그대로의 재료를 이용해 젤리 빈을 만들면 어떻겠느냐는 아이디어를 가지고 있었다. 그렇게 해서 우리는 여덟 가지 맛의 젤리 빈을 생산하기 시작했고, 거기에 '젤리 벨리'라는 이름을 붙였다. 그 당시 우리가 생산하던 젤리 빈은 여러 가지 맛을 섞은 것이었는데, 이 '젤리 벨리'는 각각의 맛을 따로 만들어낸 제품이었다. 금세 주문이 밀려들기 시작했다.

그때부터 우리는 레이건 주지사에게 보내던 젤리 빈을 기존 제품에서 '젤리 벨리'로 바꾸었다. 그랬더니 정말이지 상상도 못했던 일이 벌어졌다. 1980년, 대통령 선거에 출마한 로널드 레이건의 모습이 《타임》지에 실렸는데, 그 사진을 통해 그의 호텔 객실 탁자 위에 놓여 있던 우리 '젤리 벨리'가 만천하에 알려진 것이다. 미국 전역의 언론이 그가 젤리 빈을 먹는다는 사실에 주목했고, 그 와중에 《산 호세 머큐리 뉴스》는 그 젤리 빈이 우리 캘리포니아 공장에서 생산된 것이라는 사실을 보도했다.

1981년 1월, 온갖 언론 매체가 우리 이야기를 알고 싶어 안달을 했다. 나는 이틀 동안 사무실에 앉아 어떻게 할 것인가를 고민했지만, 달리 방법이 없었다. 며칠에 걸쳐 전세계에서 몰려든 기자들을 상대로 아침 8시부터 저녁 7시까지 인터뷰를 해야 했다. 그 다음부터 우리 젤리 빈을 찾는 사람들의 전화가 불타나게 걸려온 것은 말할 필요도 없다.

그 직후에 대통령 취임 준비 위원회에서 전화가 걸려왔다. 워싱턴에서 벌어질 대통령 취임 파티에 빨간색과 흰색, 파란색이 섞인 젤리 빈을 납품할 수 있겠느냐는 것이었다. 마침 그해 여름에 블루베리 맛 '젤리 벨리'를 출시한 우리로서는 원래 있던 빨간색(체리)과 흰색(코코넛)에 파란색을 덧붙이는 것은 전혀 문제될 것이 없었다. 그렇게 해서 우리는 3.5톤의 '젤리 벨리'를 워싱턴으로 보냈다. 대통령 취임식에 캔디를 보낸 것도 영광스러운 일이지만, 그보다 더욱 놀라운 일은 우리가 그 취임식에 초대를 받았다는 사실이었다. 한달음에 워싱턴으로 달려간 아내와 나는 공식 취임서에 '젤리 벨리'의 사진이 담겨 있는 것을 보고 또 한 번 놀랐다.

시간이 지나자 미국 전체가 레이건 대통령이 좋아하는 젤리 빈을 먹고 싶어하는 것처럼 보였다. 주문이 1년치도 넘게 쌓인 것이다. 우리는 레이건 대통령이 고위 공직자들에게 '젤리 벨리'를 선물한다는 언론 보도를 보고 그렇게 기쁠 수가 없었다. 하루는 뉴스를 보고 있는데, 레이건 대통령이 우주 왕복선 〈챌린지〉호의 승무원들에게 깜짝 선물을 보냈다는 보도가 나왔다. 선물 포장 속에는 '젤리 벨리'가 들어 있었고, 덕분에 우리 젤리가 우주로 나가게 된 것이다!

요즘 우리는 '캔디 콘'과 '더치 민트', '젤리 벨리', 그리고 가장 최근의 히트 상품인 '스포츠 빈(탄수화물과 전해질, 비타민 등이 함유된 젤리 빈. 운동 선수는 물론 주말에 각종 스포츠를 즐기는 일반인들에게도 최적의 제품)'을 생산하고 있다. 그 밖에 다른 캔디까지 다 합치면 제품의 수가 1백 종 가량 된다. 우리는 캘리포니아와 일리노이에 공장을 두고 있으며 6백 명이 넘는 직원을 두고 있다.

우리의 대출 신청을 거절한 샌프란시스코의 그 은행원 이름을 알면 '젤리 벨리'를 한 통 보내주고 싶다. 요즘 같으면 그가 뭐라고 했을까?

허만 G. 로랜드는 〈젤리 벨리 캔디 컴퍼니〉의 대표 이사이다. 그보다 더 중요한 것은 그가 4대에 걸친 캔디맨이라는 점이다.

'젤리 벨리'는 세계에서 가장 높은 인기를 누리는 젤리 빈으로 자타가 공인하는 제품이다. 요즘도 로랜드는 캘리포니아와 일리노이의 공장을 비롯해, 회사의 경영 전반을 진두 지휘한다.

캘리포니아의 공장 견학과 일리노이의 창고 견학은 남녀노소 모두에게 큰 인기를 끌고 있다. 2005년에는 페어필드의 베이 에어리어에 있는 캘리포니아 공장이 《리더스 다이제스트》에 의해 '미국의 명소'로 선정되기도 했다. 방문자 센터와 선물 가게를 비롯해 생산 과정을 둘러볼 수 있는 시설이 갖춰진 캘리포니아 공장에는 해마다 50만 명에 달하는 방문자들의 발길이 끊이지 않는다.

로랜드는 지금도 집안에서 대대로 전해 내려온 비법에 따라 사탕을 만들고 있다. 그의 할아버지가 살아 있었으면 얼마나 자랑스러워했을까.

지켜야 할
약속

지금까지 걸어온 내 인생을 되돌아보면 참으로 여러 갈림길을 지나왔다는 생각이 든다. 그때마다 나는 가만히 서 있는 쪽보다는 미지의 새로운 세계로 나를 이끌어갈 방향을 선택해 왔다. 그 덕분에 무수한 장애물과 시련에도 불구하고 너무나 큰 감사와 축복 속에서 새로운 지평을 발견할 수 있었다. 그래서 이제는 내가 선택한 길이 내 인생을 어떻게 여기까지 이끌어왔는지를 생생하고 경이롭게 바라볼 수 있게 되었다.

어린 시절의 내 기억은 온통 가족들과 어울린 것들뿐이다. 부모님은 고등학생 시절부터 연애를 하다가 일찍 결혼을 해서 뉴저지에 자리를 잡았다. 우리 집안은 친척이 아주 많은 편이었고, 그 덕분에 나는 외할아버지와 외할머니, 여러 사촌들에 둘러싸여 많은 시간을 함께 보냈다.

안토네티라는 우리 성씨에는 이탈리아의 유산과 강한 자부심이 담겨 있었다. 우리 아버지는 1954년에 로마에서 미국으로 건너왔는데, 그때 그의 주머니에는 할머니가 싸주신 약간의 말린 소시지말고는 아무것도 없었다. 아버지는 오로지 열심히 일하면 언젠가 아메리칸 드림을 이룰 수 있을 것이라는 꿈을 품고 미국 땅에 첫발을 디뎠다.

아버지는 성공의 사다리를 한 칸 한 칸 오르기 위해 고군분투했다. 그야말로 몸이 부서지는 줄도 모르고 열심히 일을 했다. 아버지의 목표는 자신이 한 번도 가져보지 못한 것을 가족들에게 안겨주는 것이었지만, 그런 아버지의 꿈은 우리에게서 아버지를 앗아가고 그의 기력을 소진시키는 괴물이 되어버렸다. 아버지는 일 때문에 집을 비우는 날이 많았을 뿐만 아니라 조금 안정이 될 만하면 또다시 이사를 가야 하는 상황이 되풀이되었다. 일터에서 돌아온 아버지는 늘 파김치가 되도록 지쳐 있었다.

어머니의 삶도 고단하기는 마찬가지였다. 남다른 미술적 재능을 타고난 어머니는 가족을 위해 헌신하는 삶을 살았지만 아버지가 너무 자주 집을 비우는 바람에 점점 외로움과 우울함에 빠지기 시작했다. 급기야는 고통을 달래기 위해 무언가에 의지하지 않으면 안 되는 습관이 생겼다. 중독 증세는 한때 아름답고 사랑스럽던 한 여인을 완전히 딴판으로 만들어버렸다. 집은 누구에게

나 안전하고 편안한 곳이어야 하는데 우리에게는 그러하질 못했다. 나와 오빠가 우리 집에서 그런 편안한 느낌을 받았던 것은 아주 짧은 기간에 불과했다. 결국 부모님은 우리 가족에게 더욱 치명적인 영향을 미칠 선택을 하고 말았다. 이 같은 상황은 우리 남매의 존재를 그 뿌리부터 뒤흔들어놓았고, 어떻게든 스스로의 힘으로 모든 일에 대처해야 한다는 것을 일깨워주었다. 그래서 나는 어려서부터 내가 어른이 되어 가정을 꾸리게 되면 그야말로 '정상적인' 삶을 살고 싶다는 생각을 많이 했다. 내가 갈구하는 것은 안정과 인정, 그리고 사랑이었다.

사태가 더 이상 나빠질 수 없을 것처럼 느껴지던 무렵, 다시 생각하기조차 싫은 끔찍한 일이 일어났다. 어머니가 자살을 하고 만 것이다. 이 사건 역시 내 인생의 결정적인 갈림길 가운데 하나였다. 어머니는 자신의 인생을 마감하는 쪽을 선택했지만, 그것이 열일곱 살밖에 안 된 나에게는 새로운 인생을 열어준 셈이었다.

어머니의 죽음은 감당하기 힘든 충격이었지만, 그것은 또한 지금까지의 나 자신을 떨쳐버려야 한다는 것을 알려주었다. 더 이상 인생이 나에게 다가와 손을 내밀어주기를 기다리고 있을 수만은 없었다. 어떻게든 살아 나가기 위해 발버둥을 쳐야 했다. 비록 나 자신이 어디를 향하고 있는지는 몰라도 이미 내 인생이 바닥을 쳤다는 느낌은 확실했다.

내 인생의 등대였던 외할머니는 동시에 나침반이기도 했다. 나는 할머니의 목소리를 가슴 깊이 간직한 채 집을 떠났다.

"너에게는 강인한 정신력이 있다. 약해지지만 않으면 멋진 삶을 살 수 있어. 설령 네 인생이 나락까지 떨어진다 해도 거기에서도 무언가를 배우기 위해 노력해라."

나는 할머니의 그 말씀을 항상 마음속에 새겼다. 어디서, 어떤 상황이 닥치더라도 약해지지 않으려고 노력했고, 슬픈 기억으로 얼룩진 내 인생 앞에 굴복하지 않으려고 이를 악물었다. 아버지에 대한 기억은 미국이라는 나라가 무조건 나의 성공을 보장해주지 않는다는 사실, 절대로 한 가지 직업에 만족하면 안 된다는 사실을 일깨워주었다. 그래서 밤과 낮, 주말과 평일을 가리지 않고 달렸다. 여러 가지 일에 매달렸고, 내 인생을 앞으로 끌고 나아가는 일이라면 무엇이든 마다하지 않았다.

이윽고 스물여섯의 나이에 나는 '정상적인' 가정을 꾸리고 싶다는 꿈을 이루었다. 아니, 꿈을 이루었다고 생각했다. 좋은 집안에서 자란 남자와 결혼을 했고, 이내 아기를 갖는 축복까지 받았다. 아기가 내 뱃속에서 점점 자라는 것을 느낄 때마다 인생의 가장 짜릿한 환희를 맛보는 기분이었다. 드디어 나는 어린 시절부터 꿈꿔온 완벽한 삶을 누릴 준비가 끝났다고 생각했다.

훌륭한 엄마가 되기로 마음먹은 나는 배움의 길로 접어들었다. 틈나는 대로 책을 읽고 각종 강좌를 찾아다녔으며, 지혜로운 사람을 만날 때마다 조언을 구했다. 우리 집은 우리 가족이 행복하게 살아갈 수 있는 가장 이상적인 곳이어야 했다. 갓 태어난 아들에게는 데이비드라는 이름을 붙였고, 비록 잠시나마 '삶이란 이토록 황홀한 것이로구나' 하는 생각에 빠졌다.

데이비드가 태어난 순간에 내가 느낀 기쁨은 일찍이 내가 경험해 본 가장 완벽한 축복이었다. 내 인생에서 그때보다 나 자신이 하느님과 가깝다고 느낀 적이 없었다. 그러나 갓 태어난 데이비드를 병원에서 집으로 데리고 온 뒤, 아기의 울음소리는 이내 고통스러운 비명 소리로 바뀌었다. 조그만 뾰루지 같은 것이 데이비드의 온몸을 뒤덮고 있었다. 갑자기 내 눈앞이 캄캄해지기 시작했다. 내 인생이 두려움과 절망의 암울한 시절로 되돌아가는 느낌이었다.

고통스러워하는 데이비드를 지켜보며 나는 망연자실했다. 몇 달 동안 수많은 의사와 간호사와 각종 전문가들을 찾아다녔지만, 그 누구도 속 시원한 답을 들려주지 않았다. 육체적·정신적으로 완전히 지쳐버린 나는 더 이상 어디에도 희망을 걸 데가 없다는 생각이 들었다. 하느님과 가장 가깝게 있다는 믿음과 이제부터 영원하리라 생각했던 행복이 내 인생의 가장 끔찍한 고통으로 뒤바뀌어버렸다. 데이비드를 간호하는 일말고는 아무것도 할 수 없었고, 결국 결혼 생활도 파탄을 맞고 말았다. 너무나도 절망적인 또 하나의 갈림길이었다. 하지만 그 와중에도 외할머니의 말씀이 뇌리를 떠나지 않았다.

'설령 네 인생이 나락까지 떨어진다 해도 거기에서도 무언가를 배우기 위해 노력해라.'

내 인생 최고의 선물인 데이비드를 잃는 슬픔에서 무엇을 배울 수 있을지는 확실치 않았지만, 그래서 오히려 더 큰소리로 하느님과 나 자신을 향해 이렇게 약속했다.

"데이비드를 데려가시지만 않는다면 무엇이든 하겠습니다. 무엇을 해야 할지는 모르겠지만, 저는 제 목숨이라도 바칠 수 있습니다."

그때부터 나는 가능한 한 모든 것을 꼼꼼하게 기록하기 시작했다. 그 과정에서 데이비드가 매주 화요일마다 유난히 상태가 안 좋아진다는 사실을 알게 되었다. 화요일이라면 내가 집 안 청소를 하는 날이었다. 도저히 말이 안 된다고 생각하면서도 나는 도서관으로 달려가 온갖 자료를 뒤지기 시작했다. 그 결과 나는 오랜 세월을 두고 조금씩 우리 집에 독성 물질이 축적되어 왔다는 결론을 내렸다. 겁에 질린 나는 세제를 비롯해 조금이라도 독성이 있을지 모른다고 생각되는 모든 것을 내다 버렸다. 그러고는 창문을 활짝 열고 주저앉아 울음을 터뜨렸다. 나 자신이 제정신인지조차 알 수 없는 지경이었지만, 정말이지 몇 달 만에 처음으로 내가 무언가를 할 수 있을지도 모른다는 희망을 느꼈다.

데이비드는 그날 하루를 멀쩡하게 잘 보냈다. 그 다음날, 그 다음날도 마찬가지였다. 한 주가 무사히 지나갔지만, 그 사이 싱크대에는 씻지 않은 그릇들이 수북이 쌓였고, 온 집안이 빨랫감으로 가득 찼다. 그래도 나에게는 오로지 데이비드가 아프지 않다는 사실이 중요할 뿐이었다.

문득 정신을 차리고 둘러보니 온 집안이 아수라장이었다. 이제는 우리 집과 내 인생을 추슬러야 할 시간이었다. 나는 내 인생에서 언제나 변함없이 가장 든직한 후원자가 되어준 사람, 외할머니에게 도움을 청했다. 외할머니는 당신이 젊었을 때만 해도 기계가 아니라 사람이 물건을 만들었다고 했다. 그러면서 아주 손쉽게 비누를 만드는 방법을 알려주셨다. 물론 가장 중요한 재료는 바로 '사랑'이었다.

나는 할머니가 알려주신 방법으로 비누를 만들어 쓰기 시작했고, 친구와 주변 사람들에게 그 같은 사실을 전하기 시작했다. 소문이 퍼지면서 내가 만드는 비누의 양이 점점 늘어났다. 게다가 시간이 흐를수록 나는 이 비누를 더욱 다양한 용도로 활용할 수 있다는 사실을 알게 되었다. 빨래뿐만 아니라 대부분의 집 안 청소를 그 비누로 해결할 수 있게 된 것이다.

이 대목에서 나는 또 한 번 인생의 갈림길을 만났다. 하느님과 나 자신에게 한 약속을 떠올리면 내가 알게 된 것을 다른 사람들에게도 알려야 하는 책임을 외면할 수 없었던 것이다. 현대 사회는 '상큼한 향기'니 '놀라운 세척력'이니 하는 문구를 동원해 여성들로 하여금 무분별하게 각종 세제를 사용하도록 부추기고 있다. 그것이 과연 안전한지, 장기적으로 우리의 건강에 어떤 영향을 미칠지는 생각하지 않고 말이다. 나 자신이 호되게 당해보았으니, 다른 사람들에게도 그럴 가능성은 얼마든지 있지 않은가.

나는 오로지 믿음과 약속만을 가지고 야채 비누를 만들기 시작했다. 나도 모르는 사이에 수십억 달러 규모의 세제 산업에 뛰어든 것이다. 언제, 어떤 자리에서도 오늘날의 모든 가정은 세제와 관련해 새로운 선택을 하지 않으면 안 된다고 외칠 자신이 있었다. 내가 선택한 이 갈림길이 내 인생을 어디로 끌고 갈지는 아무도 모르는 노릇이었다. 내 가족과 친구들, 나 자신에게 어떤 질문이 돌아올지 모르지만, 그 모든 것은 믿음이라는 한마디로 해결될 수 있는 것들이었다. 나는 이미 모든 것을 돌려줄 수 있을 만큼 충분한 보상을 받았다는 믿음 말이다.

나의 길은 아직도 계속되고 있다. 끊임없이 새로운 시련과 과제를 내 앞에 펼쳐 보이고 있다. 하지만 하루가 저물 때마다 나는 내 약속에, 내 목적에, 그리고 내 아들에 대한 결심을 떠올린다. 그리고 사람들이 가족을 위해 보다 나은 선택을 할 수 있도록 도와야 한다는 사명을 떠올린다. 우리 주변의 모든 것, 모든 사람을 위해 지금보다 나은 선택으로 이어지는 '환경 친화적'인 생활 방식이 반드시 있을 것이다. 그것을 위해 내 인생을 바치는 것이야말로 나의 책임이자 사명이라고 믿는다. 나는 지금까지 아주 진지한 태도로 나의 인생 길을 걸어왔으며, 한 걸음 한 걸음 앞으로 내딛을 때마다 커다란 감사를 느낀다.

아밀리아 안토네티는 지금은 아주 건강한 소년으로 성장한 데이비드의 어머니이자 〈아밀리아 비누〉의 설립자 겸 〈AMA 프로덕션〉의 대표이다. 아들에 대한 사랑, 할머니에게서 물려받은 지혜, 그리고 최고의 재료들을 한데 섞어서 만드는 아밀리아의 비누는 비독성, 저자극성, 생물 분해성 세제이다. 이 비누는 〈허드슨 베이 컴퍼니〉와 〈리넨 앤 싱즈〉를 비롯한 미국 전역의 상점에서 판매되고 있다.

각종 연구는 아밀리아의 제품들이 현재 대다수의 미국인들이 사용하는 화학 제품보다 결코 떨어지지 않는 효능을 보인다고 보고한다. 타고난 사업 감각과 모성 본능, 그리고 굴곡 많은 인생에서 배운 교훈으로 무장한 아밀리아는 가격 경쟁력도 다른 브랜드에 비해 뒤지지 않는 제품을 선보이며 치열한 경쟁이 벌어지고 있는 미국 세제 업계에서 성공적인 활동을 펼쳐 보이고 있다.

'보다 나은 선택을 한 엄마'로 알려진 안토네티는 〈오프라 윈프리 쇼〉와 CBS의 〈더 얼리 쇼〉를 비롯한 각종 텔레비전 프로그램에 출연했으며, 사업가뿐만 아니라 어머니들 사이에서도 널리 알려진 강연가이기도 하다. 안토네티의 사업은 현재 수백만 달러의 가치를 가진 것으로 평가된다. 비록 세제 업계의 거물들과 비교하면 구멍가게 수준이지만, 하느님과 자기 자신에게 어떻게든 사람들을 도와 보다 쉽고 믿음직한 길을 찾아 나서겠다고 약속했던 홀엄마에게는 결코 나쁘지 않은 성과이다. 무엇보다 그녀는 약속을 지켰다.

코는
알고 있다

우리는 현재 상태에 머물러 있는 한
우리가 되려는 그 무엇이 될 수 없다.
– 오프라 윈프리

나에게도 더없이 건강했던 시절이 있었다. 20대 초반까지는 뉴욕에서 식품학 박사 과정까지 밟고 있었다. 식품학은 음식의 사회적·문화적·역사적 특성을 연구하는 학문으로, 나는 박사 학위를 받은 뒤 음식점의 역사와 식사의 인간주의적 요소를 연구하는 학자의 길을 걸을 작정이었다.

그러나 운명의 여신은 나의 희망과는 달리 전혀 다른 모습으로 다가왔다. 내 나이 스물다섯, 역사적인 2001년 9월 11일을 이틀 앞둔 날, 나는 갑자기 쓰러져 혼수상태에 빠지고 말았다. 3주 반에 걸친 긴 잠에서 깨어나 보니, 그 사이에 세상은 아수라장이 되어 있었다. 나 역시 앞이 보이지 않고 몸을 움직일 수 없는 상태였지만, 그래도 죽지 않고 살아난 것이 다행이었다. 세균성 수막

염이 나의 병명이었다.

때로는 삶의 목표가 아주 빠른 속도로 변하곤 한다. 혼수상태에서 깨어난 나는 내가 갓난아기 상태로 돌아가 있는 것을 발견했다. 목욕하기, 옷 입기, 밥 먹기 같은 가장 기초적인 일을 해내는 방법부터 새로 배워야 했다. 그중에서도 먹는 일이 가장 힘들었다. 그래서 넉 달 동안 튜브를 통해 영양분을 공급받게 되었다. 그러다 보니 휠체어에 앉아 병원 안을 돌아다닐 때마다 다른 사람들이 먹는 음식 냄새에 그렇게 민감해질 수가 없었다. 멀찌감치 지나가기만 해도 그 사람이 무엇을 먹고 있는지 알아맞힐 수 있을 만큼 후각이 예민해진 것이다. 이윽고 나도 뭔가를 먹을 수 있는 상태가 되자 병원 직원들은 나에게 밍밍한 시금치 수프를 먹였다. 도저히 목구멍에 넘어가지가 않아서 다 뱉어버렸다. 병원 생활도 지겨워 죽겠는데 이제 먹는 걸 가지고 사람을 죽이려 하다니!

나는 음식을 정말 좋아한다. 어려서부터 나는 우리 '사프타'(히브리어로 '할머니'라는 뜻이다)와 함께 요리를 하며 즐거운 시간을 보내곤 했다. 내가 요리를 통해 창의력을 발휘할 수 있게 된 것은 순전히 우리 사프타 덕분이었다. 나한테는 론이라는 일란성 쌍둥이 동생이 있는데, 우리는 어렸을 때 집안일을 서로 나누어 하곤 했다. 한 사람이 청소를 하면 나머지 한 사람은 요리를 하는 식이었다. 내가 요리 당번이 되면 우리는 늘 과식을 하곤 했다.

나는 고등학교 때부터 나의 장래를 놓고 음식점 주변을 기웃거리기 시작했다. 학교가 끝나면 다양한 직업 훈련을 받을 수 있는 교육 프로그램에 참여했다. 당초엔 고등학교를 졸업하고 요리 학교에 들어갈 계획이었지만, 마지막 순간에 생각이 바뀌어서 샌프란시스코 주립대학에서 호텔 경영학을 전공했다. 졸업 후에 처음 가진 직장이 〈밀레니엄 레스토랑〉이었는데, 여기서 일하는 동안 포도주의 매력에 흠뻑 빠져들었다.

경력이 쌓일수록 포도주에 대한 애착도 커져갔다. 그래서 다비스의 캘리포니아 대학에서 포도주 감별법을 공부했고, 마스터 소믈리에가 되기 위한 첫 번째 과정도 이수했다. 〈마스터 소믈리에 협회〉는 전세계의 포도주 전문가를 교육시키는 조직이다.

하지만 이제는 모든 상황이 달라졌고 나는 더 이상 내가 하고 싶어했던 일을 할 수 없게 되었다는 사실을 받아들여야 했다. 나는 극심한 절망감을 딛기 위해 몸부림쳤다. 그 처절한 몸부림 속에서 아주 가느다란, 그러나 너무도 선명한 희망의 불빛 하나를 발견했다. 그것은 내 코가 아직 건재하다는 사실이었다. 나는 내 코 하나만을 믿고 와인 바 사업 쪽을 구상하기 시작했다.

2004년, 나는 내가 가진 모든 것을 걸고 캘리포니아 주 얼바인에 〈심포지엄〉이라는 이름의 와인 바를 개업했다. 우리는 포도주에서 속물 근성을 제거하는 일에 중점을 두었다. 세속적인 쾌락을 위해 디자인된 지극히 현대적이고 산업적인 곳에서, 우리는 '스리섬(Threesomes)'이라는 이름으로 세 가지 맛의 포도주를 제공했다.

우리 가게가 다른 곳과 다른 점은 손님들이 포도주의 다양한 요소들을 경험함으로써 학습 효과를 누릴 수 있다는 점이었다. 손님들은 미각, 그리고 후각을 이용하는 방법을 배운다. 〈심포지엄〉에서는 포도주 외에 손님들의 미각을 돋우기 위해 치즈와 초콜릿 등의 음식도 제공했다. 그 같은 음식들이 포도주의 미묘한 맛의 차이를 느끼게 해주기 때문이었다. 나는 손님들에게 포도주 맛을 음미하는 방법을 가르쳐주며 혼자서 미소를 짓곤 했다. 비평가들이 한결같이 포도주 맛을 음미할 때는 눈을 감는 게 좋다고 강조하던 것이 떠올랐기 때문이다. 시력을 잃은 나야말로 포도주 음미의 적격자인 셈이다.

새로운 사업을 성공적으로 이끌어가기란 결코 쉬운 일이 아니다. 사실 때로는 사업을 하는 것과 마비된 내 몸의 한계를 극복하는 것 중에서 어느쪽이 더 힘든지 헷갈릴 때가 있다. 지금도 나는 계속 물리 치료를 받고 있다. 사람들은 외모를 다듬기 위해 체육관에 가지만, 나는 걸음마를 배우기 위해 체육관을 찾는다. 그동안 휠체어에서 보행기로, 네 발 지팡이에서 그냥 지팡이로 발전했다. 이제는 지팡이도 몸을 의지하기보다 장애물을 감지하기 위해 이용하는 단계까지 왔다. 하지만 뇌 수술로 인한 균형 감각 문제는 여전히 남아 있다.

내가 기나긴 회복 과정을 거치는 동안 변함없이 나를 사랑하고 지지해 준 부모님에게 감사의 뜻을 전하지 않을 수 없다. 의사인 어머니가 아니었다면 지금의 나는 존재하지 못했을 것이다. 아버지는 나의 개인 코치 역할을 마다하지 않으셨다. 늘 내가 한 걸음 더 내디딜 수 있도록 힘과 용기를 주셨고, 특히 내가 고객층도 확인되지 않은 새로운 비즈니스에 모든 걸 걸겠다고 결심했을 때 나의 든든한 버팀목이 되어주셨다. 아버지는 나를 끝까지 믿어주셨고, 그런 아버지를 회계 담당 동업자로 삼을 수 있었던 것이 그렇게 감사할 수가 없다. 덕분에 누군가가 내 코를 베어가지 않을까 걱정할 필요가 없었기 때문이다.

〈심포지엄〉은 사람들이 포도주를 마시며 대화와 오락을 즐겼던 고대 그리스-로마 시절의 파티에서 유래된 말이다. 그의 매장에 딱 들어맞는 이름이 아닐 수 없다. 이 바에서는 미국과 프랑스, 호주산 포도주를 맛볼 수 있다.

카츠는 사업이 번창함에 따라 세계 각지에 〈심포지엄〉을 개업할 계획을 세우고 있다. 그러면 자기가 직접 세계를 돌아다니며 적당한 포도주를 선택할 생각이라고 한다. 그의 사업은 Entrepreneur.com을 비롯한 여러 매체와 간행물에 소개된 바 있다. 전신 마비에 실명까지 겹쳤지만 '살아 있는 코' 하나만으로 사업을 일으켜 멋진 희망의 길을 걸어가고 있는 것이다.

진흙탕에
머리부터 다이빙하기

중요한 것은 쓰러지느냐 마느냐가 아니다.
다시 일어나느냐 아니냐다.
– 빈스 롬바르디

1984년 8월, 그때까지만 해도 나는 감사할 일이 참 많은 사람 가운데 하나였다. 미주리 대학의 관리자라는 좋은 직업이 있었고, 아주 특별한 가족과 함께 멋진 삶을 누리는 행복한 사람이었다. 25년이 넘는 세월 동안 교육계에 몸담아온 나는 이 분야에서 잔뼈가 굵었고, 누구보다 편안하게 일할 수 있었다. 물론, 장차 퇴직할 때까지 그 일을 계속할 생각이었다.

그때까지도 나는 내가 서 있는 판을 뒤엎고 새로운 일을 해보겠다는 생각은 한 번도 해본 적이 없었다. 적어도 운명과도 같은 어느 가을날을 맞기 전까지는 말이다. 동료 가운데 한 사람이 내 사무실로 찾아와 녹음 테이프 2개를 주고 갔다. 짐 론이라는, 이름도 처음 들어보는 사람의 강연이 담긴 테이프였다. 그 테이프

속에 어떤 도움이 될 만한 메시지가 담겨 있을 거라고는 전혀 기대하지 않았지만, 그걸 집으로 가져와서 아내와 함께 들어보았다. 그러자 놀라운 일이 벌어졌다. 그의 강연을 듣고 나니 내 인생의 목표를 다시 한 번 검토해 봐야 한다는 생각을 떨칠 수가 없었던 것이다. 경제적으로는 아무런 문제가 없었고 은퇴할 때까지 지금 하는 일을 계속할 계획이었지만, 왠지 내가 가진 잠재력을 온전히 발휘하지 못한 채 인생을 끝낼 것만 같은 생각이 들었다. 하지만 교육학 박사 학위를 가지고 평생을 학계에 몸담아온 내가, 달리 무슨 일을 할 수 있단 말인가?

그날 이후 나는 18개월 동안 깊은 고민에 빠져들었다. 그 고민은 계속해서 무겁게 내 가슴을 짓눌렀고, 시간이 갈수록 초조한 마음만 점점 커졌다. 더 이상 내 삶에 만족할 수가 없었다. 학교를 그만두고 새로운 일을 하면서 마음껏 날개를 펼쳐보고 싶었지만, 어디서부터 시작해야 할지 감이 잡히지 않았다.

1986년 1월 어느 날이었다. 아내와 함께 대학 시절 룸메이트였던 친구를 만나러 애틀랜타에 가게 되었다. 나는 친구에게 내가 느끼고 있는 좌절감과 고민을 털어놓고, 나에게 보다 큰 만족을 줄 수 있는 일이 반드시 있을 것 같다는 말을 덧붙였다. 그랬더니 그는 나더러 자기네 부동산 회사에 들어와 조지아 주에서 프랜차이즈를 파는 일을 해보라고 권하는 것이었다. 지금까지 한 번도 무언가를 팔아본 적이 없는 나에게 말이다. 그러면서 그는 내가 올린 수익은 50대 50으로 나누되, 비용은 내가 부담하는 조건을 제시했다. 그리고 만약 내가 이 일에 자질이 있다고 판명되면 덴버의 한 구역을 맡도록 주선하겠다고 제안했다.

상당히 매력적인 제안이기는 했지만 현실과는 너무 동떨어진 이야기라는 느낌이 들었다. 그 제안을 따르기 위해서는 26년 동안 일한 퇴직금을 현금으로 바꾸고 집도 팔아서 우리 자식과 손자들이 살고 있는 곳에서 1천 마일도 더 떨어진 곳으로 이사를 가야 했다. 확실히 쉰을 넘긴 나이에 그런 결단을 내리기란 쉬운 일이 아니었다. 자칫하면 평생 모아온 재산을 고스란히 날릴 위험까지 감수해야 했다.

1986년 3월 10일, 나는 결단을 내렸다. 미주리를 떠나 조지아주 오거스타로 향한 것이다. 부동산 프랜차이즈 영업이라는 새로운 인생 길을 개척하기 위해서.

흔히들 성공적인 모험담에는 반드시 어떤 결정적인 순간이 따르게 마련이라고 한다. 성공과 실패의 갈림길로 작용하는 극적인 순간 말이다. 내 경우에는 정확히 열흘 만에 그런 순간이 찾아왔다.

한 주하고도 반이 지날 때까지는 그야말로 악몽의 연속이었다. 부동산 관련 자격증은 고사하고 그 업계의 가장 기본적인 용어조차 아는 게 없었다. FSBO가 뭔지 어떻게 알았겠는가?(For Sale By Owner를 줄인 것으로, 집주인이 중개인을 통하지 않고 직접 내놓은 물건을 의미한다-옮긴이) 물론 내가 비현실적인 기대를 품고 새로운 직업에 발을 들여놓은 것은 아니었다. 부동산 일을 제대로 이해하기까지는 어느 정도 시간이 걸릴 거라고 생각했지만, 그때까지는 나의 대인 관계에 의지해 그럭저럭 버틸 수 있을 거라고 기대했다. 그런 내 기대가 산산이 무너지기까지는 오랜 시간이 걸리지 않았다. 그 한 주 동안 나는 평생 동안 들은 것보다 더 많은 "노"라는 대답을 들어야 했다. 한 번 퇴짜를 맞을 때마다 회의는 점점 깊어졌다. 설상가상으로 하루 일과가 끝나고 내가 돌아갈 곳은 다 쓰러져 가는 트레일러 파크였다. 도대체 내가 무엇 때문에 좋은 집과 직장을 때려치우고 이처럼 사서 고생을 한단 말인가? 밤낮을 가리지 않고 그런 회의가 머리를 떠나지 않았다.

새로운 인생을 시작한 지 열흘째 되던 날, 나는 정말 낙심천만이었다. 그날 아침, 하늘은 내 머리칼보다도 더 잿빛이었고 스산한 빗방울까지 뿌리는 날씨였다. 내 울적한 기분과 딱 맞아떨어지는 날씨가 아닐 수 없었다.

그날도 행여 약속 시간에 늦을까 봐 자료를 챙겨 서둘러 트레일러 현관을 박차고 나왔다. 쇠로 된 계단에 첫발을 내딛는 순간, 비에 젖은 계단이 너무 미끄러워서 밑창이 반들반들한 내 구두가 그만 미끄러지고 말았다. 안간힘을 다해 두 팔을 휘저어봤지만 다음 순간 이미 나는 계단 아래의 진흙 웅덩이를 향해 곤두박질치고 있었다. 결국 진흙탕 속에 그대로 얼굴부터 처박히고 만 것이다. 새로 장만한 양복은 엉망진창이 되었고, 순간적으로 내 머릿속에는 그토록 안락한 삶을 팽개치고 이 낯선 곳의 진흙탕 속에서 허우적거리는 내가 과연 제정신인가 하는 생각이 들었다. 그 모든 것을 팽개친 이유가 도대체 뭐란 말인가? 나이 50에, 그토록 고생해서 이룬 모든 성과를 헌신짝처럼 버린 결과가 고작 이거란 말인가.

걷잡을 수 없는 좌절감이 밀려왔다.

'난 미친 게 틀림없어! 그렇게 좋은 직장을 제 발로 걷어차다니! 그러고는 가는 곳마다 문전 박대나 당하고 다니고! 도대체 이유가 뭐지? 도대체 뭘 원하는 거야?'

만약 그날 아침이 다가올 미래에 대한 징조였다면, 나의 미래는 정말이지 참담함 그 자체였다.

그때라도 마음만 먹으면 짐을 싸서 미주리로 돌아갈 수도 있었다. 아마 그때 내가 선택할 수 있는 가장 손쉬운 길이 그거였을 것이다. 하지만 그 순간 머리에 스치는 무수한 회의와 의문을 뚫고 무언가 새로운 감정이 하나 솟구쳤다. 분노였다. 너무나 화가 나서 견딜 수가 없었다. 정녕 인생이 이렇게 사정없이 강펀치를 휘둘러댄다면, 두 발로 버티고 서서 고스란히 한번 맞아주겠다는 오기가 생겼다. 앞으로 고꾸라진 내 등짝에 빗줄기가 쏟아지는 와중에, 나는 거대한 자유가 나를 휘감는 것을 느꼈다. 지금까지 이렇게 버텨왔으니, 더 이상 나빠질 것도 없었다. 내가 가진 잠재력이 어느 정도인지는 알고 죽어야 하지 않겠는가. 이미 진흙탕에 고꾸라진 나에게는 더 이상 내려갈 곳도 없었다. 유일한 길은 다시 일어서는 것뿐이었다. 나는 몸을 추슬러 일어나서 샤워를 하고 새 옷으로 갈아입었다. 그러고는 비록 늦었지만 다시금 내 운명과 맞서기 위해 길을 나섰다.

나는 약속 장소로 가는 도중에 그만 길을 잃어버리고 말았다. 낯선 도시의 미로 같은 도로를 헤매노라니 점점 목적지를 찾아갈 자신이 없어졌다. 조그만 건물 앞에 한 남자가 서 있는 것을 발견한 나는 차를 세우고 그 사람에게 길을 물어보았다. 그는 나더러 자기 사무실로 들어와 전화를 걸어보라고 했다. 그 사람과 잠시 이야기를 나누다 보니, 우연찮게도 그와 그의 아내가 둘 다 부동산 중개인이라는 것을 알게 되었다. 공통의 관심사를 가진 덕분에 우리는 그 뒤로도 서로 연락을 주고받았고, 몇 달 후에 나는 그들을 통해 최초의 실적을 올릴 수 있었다.

그로부터 2년이 채 안 되어 나는 RE/MAX 3개 구역을 맡는 공동 소유자가 되었다. 이것은 내가 상상했던 것을 훨씬 뛰어넘는, 그야말로 기적과도 같은 성과였다. 안전하고 편안한 둥지와도 같던 미주리를 떠나던 무렵만 해도 나는 이렇게 빠른 기간 동안 이렇게 큰 성공을 거둘 거라고는 상상도 하지 못했다.

돌아보면 비 내리던 그날 아침 나에게 새로운 용기를 불어넣어준 행운의 별에게 감사해야 한다. 그 길로 보따리를 꾸려서 미주리로 돌아가지 않도록 나를 붙잡아준 하느님에게 감사해야 한다.

그랬더라면 아마 지금까지도 직업을 바꾸려고 결심했던 게 내 가장 멍청한 실수였다고 후회하며 살고 있을 것이다. 그 진흙탕 속에서 몸을 일으켜 다시 앞으로 나아가기로 마음먹지 않았더라면, 지금의 내가 누리고 있는 이 자유는 영원히 나를 찾아오지 않았을 것이다. 내가 뛰어넘지 않으면 안 되는 장애물들, 나의 성공을 지원하고 격려해 준 친구들, 모두 다 나에게는 너무나 감사한 존재가 아닐 수 없다. 감히 말하건대, 누구나 큰 도약을 원한다면 잠시 '망가지는' 것을 두려워해서는 안 된다.

5
가난해도 부자의
눈을 잃지 마라

·

오리처럼 물가에서 꽥꽥거리지 말고,
독수리처럼 하늘로 날아올라라.

– 켄 블랜차드

불확실한
확실성

기자가 나간 뒤, 나는 두 손으로 머리칼을 쥐어뜯으며 괜한 소리를 했다고 스스로를 자책했다. 이제 겨우 스물여섯밖에 안 된 녀석이, 이 동네 터줏대감과도 같은 기자에게 앞으로 5년 내에 이 인디애나 주에서 제일 큰 부동산 회사를 만들겠노라고 큰소리를 친 것이다. 쥐뿔도 없는 주제에.

내가 오래 전부터 이런 야심을 품고 있었던 것은 아니다. 기자에게 큰소리를 친 그 무렵, 나는 독립을 하기 위해 막 인디애나폴리스로 옮겨온 터였고, 아는 사람도 거의 없었다. 나는 그저 젊고 자신감으로 똘똘 뭉쳐 있었을 뿐, 사실은 손익 계산서와 수납 계정의 차이가 뭔지도 모르는 풋내기였다. 회사 운영 경험은커녕 내 개인 수표 계좌가 늘 부도 직전에 간당거리는 상태였다. 어쨌거나 1986년 11월, 내가 기자에게 떠벌린 말은 그 다음주 신문에 그대로 실리고 말았다.

나에게도 과거에 잘 나가던 때가 있었다. 그저 고개를 푹 숙이고 영업을 뛰던 시절이었다. 영업 활동은 별로 어렵지 않게 느껴졌지만, 회사를 차리고 운영하는 것은 전혀 다른 문제였다. 그 기사가 나갔을 무렵 막 문을 연 리/맥스(RE/MAX) 사무실은 '인디애나 본사'라는 거창한 간판과 걸맞지 않게 다른 업체들과 공동 사무실, 공동 비서를 사용하고 있었다. 우리 공동 비서는 나말고도 열 군데가 넘는 업체의 전화를 혼자 받았다.

그전까지 나는 캐나다 토론토에서 꽤 성공한 부동산 중개인으로 활동했다. 그러다가 내 손으로 뭔가 이뤄보고 싶은 야심을 품고 인디애나로 건너왔던 것이다. 잘만 하면 백만장자가 될 수도 있을 것 같았다. 사실 백만장자가 되는 것은 나의 간절한 소망 가운데 하나였다. 그 소망은 5년 전, 그러니까 스물한 살 때부터 세운 목표이기도 했다. 나는 비록 고등학교도 졸업하지 못했지만 내가 만난 인생의 스승들은 나에게 학교가 다 키워주지 못할 만큼 큰 잠재력이 있다고 용기를 북돋워주었다. 나는 그 말을 액면 그대로 믿고 싶었다.

어쨌든 나는 리/맥스를 차려놓고 인디애나의 모든 부동산 회사를 찾아다니기 시작했다. 처음에는 1천 명이 넘는 영업 사원을 거느리며 업계 1, 2위를 다투는 거물부터 찾아갔다.

첫 번째 방문은 참담한 실패로 돌아갔다. 나의 방문에 그들은 정중하게 웃음을 터뜨리며 내 등을 밀고 자기 사무실에서 나가는 길을 안내해 주었다. 한마디로 '왜 우리에게 당신이 필요하지? 우리는 당신이 밑바닥부터 시작하려 하는 걸 이미 다 가지고 있잖아'라는 태도였다.

그런데도 나는 꿋꿋하게 내 구상을 설명하며 열심히 돌아다녔다. 넉 달이 지난 어느 날, 이윽고 인디애나에서 제일 잘 나가는 어느 부동산 매니저에게서 전화가 걸려왔다. 그 사람을 처음 만난 순간, 나는 내 생애 최초, 최대의 거래가 성사될 것 같다는 직감이 왔다. 몇 달에 걸친 협상 끝에 계약을 체결, 드디어 큼지막한 대어를 낚아 올렸다. 그로부터 한 달이 지나지 않아 업계 2위의 회사에서 매니저로 일하는 사람이 연락을 해왔고, 나와 손잡게 되었다. 그 사람은 몇몇 인근 지역의 총판권을 따내는 데 성공했고, 덕분에 우리의 관계와 서로에 대한 믿음은 더욱 튼튼해졌다.

사무실을 연 첫해 연말 시상식에는 1백 명 가량의 영업 사원들이 참석했다. 바야흐로 우리는 그들과 더불어 본격적인 경주에 뛰어들 채비를 마친 것이다.

우리의 결연한 마음가짐과는 달리 어디를 가나 사방에는 우리가 금방 망할 거라고 생각하는 사람들밖에 없었다. 그도 그럴 것이, 나보다 먼저 인디애나에서 리/맥스 사업을 시도했던 두 사람이 모두 실패했는데, 나만 그런 사실을 까맣게 몰랐던 것이다. 확실히 이런 경우에는 모르는 게 약이라는 말이 딱 들어맞다. 나는 과거에 있었던 일 따위에는 연연하지 않았다. 오로지 미래를 내다보고 앞으로 달려 나갈 뿐이었다.

이제부터 내가 배워야 할 것은 사업체를 꾸려 나가기 위해 반드시 알아야 할 세부적인 사항이었다. 사실 처음에는 나 자신이 무엇을 모르는지조차 몰랐기 때문에 앞이 막막했다. 능력도 없으면서 괜한 객기로 고생을 사서 하는 게 아닌가 하는 생각도 들었다. 당장 그날그날의 영업을 해야 했고, 이미 거미줄처럼 엮어놓은 약속을 쫓아다녀야 했으며, 갖가지 법률적·금융적 문제들이 엉키지 않도록 늘 신경을 곤두세워야 했다. 1백 명짜리 조직을 운영하는 일과 1천 명짜리 조직을 운영하는 일은 하늘과 땅 차이였다.

나는 인근에서 리/맥스 사업을 이끌며 크게 성공을 거둔 몇몇 관리자들을 초대해 자문 위원회를 구성한 다음, 그들에게 조직의 성장과 교육에 필요한 여러 가지 조언을 받았다. 그들의 도움 덕분에 나는 비교적 빠른 시일 내에 나에게 필요한 지식들을 갖출 수 있었고, 실수로 날렸을지도 모르는 엄청난 돈을 절약할 수 있었다. 무엇보다도 내가 그들을 통해 배운 가장 소중한 교훈은 전문화된 지식이야말로 억만금보다 더 큰 가치가 있다는 것이었다.

그로부터 6년 뒤, 우리는 매출 10억 달러를 달성했다. 다른 회사들이 25년에 걸쳐 이룩한 목표를 우리는 불과 6년 만에 이뤄낸 것이다. 현재 우리의 한 해 매출은 45억 달러에 이르고, 영업 사원들만 1천 6백 명에 이른다.

　내가 무엇을 해야 하는지조차 몰랐던 초창기에 비하면 지금의 나는 편안한 마음으로 사람들에게 창업과 성공 비결을 설명할 수 있는 경지에 이르렀다. 모든 것은 결국 다음의 세 가지로 요약된다. 하고 싶은 일을 찾아라. 그 일에 전문가가 되어라. 그리고 온 세상에 그 사실을 알려라.

존 아사라프는 지난 20년 사이에 4개의 1백만 달러짜리 기업을 만들었다. 리/맥스 인디애나를 필두로 Bamboo.com과 〈더 스트리트 키드 컴퍼니〉, 그리고 〈원코치〉 등이 모두 그의 작품이다. 파란만장한 청소년 시절을 보낸 인물치고는 꽤 괜찮은 실적이다!

아사라프는 리/맥스를 통해 일궈낸 커다란 성공 외에도 Bamboo.com을 세계 최고의 이미지 인프라스트럭처 제공 업체로 성장시켰다. 그후 『길거리 아이들, 모든 것을 가져라(The Street Kid's Guide to Having It All)』를 써서 〈반스 앤 노블〉, 《뉴욕 타임스》, 《월 스트리트 저널》 등이 선정한 베스트셀러로 뽑히기도 했다. ABC, CBS, CNN, NBC 등의 텔레비전 방송은 물론 수많은 라디오 프로그램과 인쇄 매체에 소개되었다.

2005년 1월, 아사라프는 사업가와 자영 업자들을 위한 차세대 비즈니스 커뮤니티 〈원코치〉를 공동 설립했다.

제멋대로
요리사

1980년 여름, 서른다섯 살의 나는 두 딸을 키우며 집에 들어앉은 지 8년째가 되는 전업주부였다. 그해 9월에 두 딸이 학교에 들어가면 다시 직업 전선에 뛰어들 참이었다. 남편 제이는 〈리엔 케미컬 주식회사〉에서 부사장으로 일하고 있었지만, 머지않아 아이들 대학 학비를 감당하려면 나도 마냥 놀고 있을 수만은 없었다. 무슨 대단한 야심이 있었던 것은 아니고, 그저 아이들 교육과 그들의 미래에 조금이나마 보탬을 주고 싶었던 것뿐이다.

그러나 직장 생활로 복귀하는 데는 장단점이 있었다. 우리의 미래를 위해 돈을 버는 것도 좋지만, 동시에 나는 아이들의 학교 행사에 꼬박꼬박 참여하는 엄마로 남고 싶었다. 아이들이 학교를 마치고 돌아오면 같이 쿠키도 만들고 도서관에도 데리고 다니고 싶었다. 그러니 나로서는 이 두 가지를 함께 충족시킬 수 있는 일자리를 찾아야 했다. 그래서 나는 남편 제이의 도움으로 가정학과 교사로 일했던 경험을 살려 사업을 시작하기로 마음먹었다. 홈 파티를 통해 고급 가재 도구를 판매하는 일에 뛰어든 것이다.

그러나 나는 기존의 홈 파티 방식을 그대로 답습하고 싶지 않았다. 유용한 정보와 함께 재미를 줄 수 있는 홈 파티가 필요했다. 그래서 홈 파티에서 요리를 해 보이며 손님들이 도구를 직접 사용해 볼 수 있는 기회를 주기로 했다. 그렇게 방향을 세우고 나니 뭔가 그럴듯한 이름을 붙여야겠다는 생각이 들었고, 그래서 친구들과 상의한 끝에 '제멋대로 요리사'라는 이름을 선택했다.

나는 일종의 사명감을 가지고 이 일을 시작했다. 이 비즈니스가 사람들의 삶을 바꾸어놓으면 좋겠다는 생각을 하게 된 것이다. 그러기 위해서는 가족이 한자리에 모여 앉는 기회가 가능한 한 많아야 했는데, 식탁에 둘러앉아 함께 식사를 하며 이야기꽃을 피우는 것보다 더 좋은 방법이 어디에 있겠는가? 어차피 그것이 우리 삶의 큰 일부분이기도 하니까.

나는 『제멋대로 요리사 : 미국에서 가장 사랑받는 기업 이야기』라는 책에서 〈제멋대로 요리사〉의 출발 과정과 성공 비결에 대해 이야기한 바 있다. 그 책에는 신생 기업을 위한 열한 가지 조언이 담겨 있는데, 그 가운데 다섯 가지를 이 자리에 소개하고자 한다.

열정을 좇아라

나는 주방에서 일하는 것, 남을 가르치는 것을 좋아했다. 내가 선택한 일은 이 두 가지 열정을 결합시킬 수 있는 것이었다. 대학에 다닐 때 어려운 수학과 과학 과목을 기를 쓰고 들은 것도 가정학과를 졸업하기 위해서는 그런 과목들이 꼭 필요했기 때문이었다. 비즈니스에서도 마찬가지이다. 사업을 하려면 마음에 내키지 않는 일도 해야 할 때가 있다. 기본적으로 그 밖의 다른 부분에 대한 열정이 있으면 썩 마음에 내키지 않는 일도 얼마든지 견뎌낼 수 있게 된다. 좋아하는 일을 하는 사람이라면 남들이 생각하는 것보다 훨씬 쉽게 그 일을 해낼 수 있다.

비즈니스든 인생이든, 성공의 열쇠는 자신이 하는 일에 대한 열정이다. 나의 경우도 그러한 열정 덕분에 힘든 시기를 견뎌낼 수 있었다. 장애물을 극복하는 능력, 초심을 유지하는 끈기, 성공에 대한 흔들림 없는 의지 등은 모두 이 같은 열정에서 비롯된다.

최고가 되어라

나의 목표는 언제나 단 하나, 내가 하는 일에 관한 한 최고가 된다는 것이었다. 여러분도 그래야 한다. 대부분의 경우에는 이것이 그렇게까지 어려운 일이 아니다. 모든 사람들이 로켓 과학에 종사하는 것은 아니기 때문이다. 마틴 루터 킹은 이것을 이렇게 표현했다.

"길거리를 청소하는 사람이라면 미켈란젤로가 그림을 그리거나 베토벤이 교향곡을 작곡하거나 셰익스피어가 시를 쓰는 것처럼 청소를 해야 한다. 천국과 지상의 모든 주인들이 걸음을 멈추고 '아, 이 거리에 정말 자신의 일을 잘 해내는 청소부가 살았구나' 하고 감탄하도록 만들어야 한다."

경비를 절약하라

창업 자금이 딱 3천 달러밖에 없었던 나에게는 모든 경비를 최대한 절감하는 것말고 달리 선택의 여지가 없었다. 덕분에 자제력이 생겼고, 나는 이 같은 마음가짐을 한 번도 잃어본 적이 없다. 물론 당장 손에 쥔 현금의 액수가 적다 해도 신용을 활용한 과다 지출의 유혹에 사로잡히기 쉽다. 간단히 말하면 이것은 절대 안 된다. 꼼꼼하게 예산을 수립하고 철저하게 지켜야 한다. 나는 경비를 줄이기 위해 최선을 다했다. 도저히 더 이상 버틸 수 없을 지경이 될 때까지 따로 사무실을 구하지도 않았다.

돈을 쓰는 것은 쉽다. 누구나 할 수 있다. 하지만 쓰지 않기란 쉬운 일이 아니다. 사업을 새로 시작해 좋은 성과를 내기 시작한 사람들은 늘 머릿속에 성공이 아른거린다. 세상이 자신을 알아봐주기를 원하고, 사람들에게 좋은 인상을 심어주고 싶어한다. 그러다 보면 자기도 모르게 씀씀이가 커진다. 머지않아 경비가 너무 큰 짐으로 다가오고, 조금만 사업에 차질이 생겨도 걷잡을 수 없는 결과가 초래된다. 절대 이런 일이 벌어지도록 하면 안 된다.

본능에 충실하라

나도 처음에는 순전히 본능을 따랐다. 물론 제이가 곁에서 내 구상을 한 번씩 걸러주기는 했지만, 만약 의견이 일치하지 않는 경우가 생기면 마지막 결정은 늘 내 몫이었다. 다행스럽게도 지금까지 사업에 대한 내 직감과 본능은 틀린 적이 거의 없었다. 어떤 아이디어를 실현하기 위해 내가 가진 모든 것을 걸어야 한다면, 아마 그것은 그렇게 좋은 아이디어가 아닐지도 모른다.

제이가 강력하게 말리거나 내 판단의 오류를 지적하지 않는 이상, 나는 늘 내 직관에 의존하는 편이었다. 제이는 내 생각이 그다지 현명한 판단이 아니라고 생각될 때조차 내 직관을 존중해주었다. 내 직관이 늘 옳기만 했을까? 물론 그렇지 않다. 아무리 뛰어난 사업가라 해도 100% 옳은 결정만 내릴 수는 없다. 늘 옳기만 한 사람이라면 그만큼 늘 안전한 길만 선택한다는 의미일 뿐이다. 다행히 나 같은 경우는 내 직관을 신뢰해도 좋을 만큼 높은 타율을 기록했다.

비즈니스일 뿐이다

내가 일 때문에 스트레스를 받거나 지쳐서 힘들어하면 제이는 이렇게 말하곤 한다.

"그래 봤자 비즈니스일 뿐이야."

"하지만 제이……."

내가 뭐라고 대꾸하려고 하면 그는 얼른 내 말허리를 자른다.

"도리스, 그래 봤자 우리의 인생 전체와 비교하면 조그만 일부분일 뿐이라고. 너무 매달리지 마. 너무 심각하게 생각하지도 말고."

나에게는 정말 소중한 충고였다. 물론 나도 그런 충고를 듣는 것이 마냥 행복했던 것은 아니다. 정말로 일에 파묻혀 있을 때는 느긋하게 숨 한 번 돌릴 여유조차 갖기 쉽지 않다. 그러나 나는 그럴 필요가 없다는 것을 깨달았다. 그래 봤자 비즈니스일 뿐이라고 생각하면 모든 고민이 사라지는 경우가 많다. 나에게 가장 중요한 것은 가족이다. 내가 비즈니스를 시작한 것도 가족 때문이 아니던가. 하지만 눈앞의 골칫거리에 파묻히다 보면 순간적으로 가족보다 일을 더 앞쪽에 놓고 판단하는 경우가 생긴다. 하지만 그런 경우는 그리 많지 않고, 그때마다 그러한 함정에 빠지기 않기 위해 '도리스, 그래 봤자 비즈니스일 뿐이야'라고 스스로를 타이른다. 바로 이것이 나 자신의 원칙을 지켜주는 한마디인 셈이다.

도리스 크리스토퍼는 세계 최대의 주방용품 직접 판매 업체인 〈제멋대로 요리사〉의 설립자이자 회장이다. 크리스토퍼는 26년 만에 가정집에서 출발한 이 회사를 수백만 달러짜리 기업으로 성장시켰으며, 해마다 세계 전역에서 1백만 건이 넘는 홈 파티가 열리고 있다. 돈을 벌되 가족의 행복을 비켜가지 않고, 혼신의 힘을 다하되 '이건 비즈니스일 뿐이야'라며 스트레스를 최소화했던 것이 성공의 비결이었다. 2002년에 이 회사는 〈버크셔 해서웨이〉에 인수되었다.

레모네이드 장사보다
나은 것

달을 향해 쏘아라.
설령 빗나가더라도 별은 맞힐 수 있을 것이다.
– 레스 브라운

사업가로서의 내 첫발은 미시간 주에 살던 여덟 살 때부터 이미 시작되었다. 어느 날 나는 텔레비전에서 〈G.I. 조〉 장난감 광고를 보게 되었다. 무슨 일이 있어도 그걸 갖고야 말겠다고 결심한 나는 어머니에게로 뛰어갔다. 장난감을 사 달라고 징징대며 졸랐더니 어머니는 이 기회에 내게 '경제'에 대한 공부를 시켜야겠다고 마음먹으신 것 같았다.

"네 돈으로 사겠다면 말리지는 않겠다."

별로 마음에 드는 대답이 아니어서 이번에는 아버지를 붙잡고 졸랐다. 아버지는 처음엔 사주실 것 같더니 어머니가 나에게 뭐라고 말씀하셨는지를 알고 난 다음에는 태도가 달라지셨다.

방법이 없었다. 결국 나는 어떻게 하면 돈을 벌 수 있을지를 놓고 고민하기 시작했다. 그러다가 좋은 수가 떠올랐다. 내가 좋아하는 레모네이드를 만들어 사람들에게 파는 것이다! 생각만 해도 곧 돈이 쏟아져 들어올 것만 같았다. 나는 사업 밑천을 마련하기 위해 돼지 저금통을 털었다. 그때까지 내가 평생 동안 모은 돈은 5달러 30센트였다. 곧장 슈퍼로 달려가 레몬과 설탕과 주스 농축액을 샀다.

나는 레모네이드 장사가 큰 성공을 거둘 거라고 확신했다. 그 나이에 벌써 광고를 하고 간판을 내걸 생각까지 했다. 토요일 새벽부터 나는 동네 곳곳에 우리 집 쪽을 가리키는 화살표를 내다 붙였다. 온 동네 사람들에게 우리 집에서 레모네이드를 판다는 사실을 알리기 위해서였다. 그러고는 먼동이 트기 시작할 무렵에 집으로 돌아왔다. 우리 집 앞에 차들이 길게 늘어서서 차례를 기다리는 모습이 눈앞에 아른거렸다. 길이 막혀서 한바탕 소동이 벌어질 테니 어떻게 하면 손님들에게 최대한 빨리 레모네이드를 건네줄 수 있을지도 생각해 두어야 했다. 나는 우리 집 진입로에 테이블을 내다놓고 주스 잔을 한 줄로 늘어놓은 채 행동 개시를 기다렸다.

8시 30분, 드디어 처음으로 자동차 한 대가 모습을 드러냈다. 바로 그 차가 나의 첫 손님이 될 터였다. 나는 마당에 의자를 놓고 앉아서 열심히 간판을 흔들었다. 자동차는 속력을 늦추었고, 나는 운전대에 앉은 아주머니와 눈이 마주쳤다. 그 아주머니는 엄지손가락을 들어 보이고는 그냥 가버렸다.

'괜찮아. 이제 겨우 한 대 지나갔잖아. 걱정할 것 없어.'

나는 그렇게 자신을 위로했다.

한 시간 뒤 두 번째 자동차가 나타났다. 이번에는 틀림없이 레모네이드를 팔 수 있을 거라고 믿었다. 그러나 이 아저씨 역시 그냥 지나가 버렸다. 그 아저씨도 '잘해 봐!' 하고 격려하듯이 다정한 미소를 지어 보였을 뿐이었다. 그래도 나는 자신감을 잃지 않았다. 아직 이른 시간이고, 나에게는 준비된 레모네이드와 그것을 팔아치울 시간이 충분히 있었다. 오늘은 내 생애 최고의 하루가 될 것이 분명했다. 열한 대의 자동차가 지나갔다. 모두들 속력을 늦추고 나에게 미소를 지어 보였다. 다정하게 손을 흔들어주는 것까지는 좋은데, 차를 세우고 지갑을 여는 사람은 아무도 없었다. 오후 4시가 되도록 나는 단 한 잔의 레모네이드도 팔지 못했다.

오후 4시 30분, 부모님이 나오시더니 레모네이드 두 잔을 사며 1달러를 주셨다. 어머니는 시원한 레모네이드를 마시면서 "얼마나 팔았니?" 하고 물으셨다.

"음, 아직 장난감 살려면 멀었어요" 하고 나는 대답했다.

"얼마나 멀었지?"

"한참이요."

장난감을 사려면 20달러가 더 필요했다.

"아무래도 다음주 토요일에도 장사를 해야 할까 봐요."

"그러니까 얘기를 해봐, 얼마나 벌었냐니까?"

어머니가 다시 물었다.

"음…… 사실은 1달러밖에 못 벌었어요."

부모님은 말문이 막혀서 아무 말도 하지 못했다.

"방금 우리가 준 1달러를 포함해서?"

"네. 하지만 아주 재미있었어요!"

어머니는 한참 동안 어리둥절한 표정으로 나를 바라보셨다.

"재미있었다고? 돈을 벌기는커녕 그동안 저금한 돈만 날렸잖아. 그래도 재미있어?"

"네. 난 정말로 하고 싶은 일을 해봤잖아요. 내 머리에 떠오른 아이디어를 가지고 장사를 했어요. 지금까지 이렇게 재미있는 일은 없었어요. 이제 새로운 목표가 생겼어요. 난 큰 회사를 차려서 CEO가 될 거예요. 어른이 되기 전에 말이에요."

놀라는 어머니의 얼굴만 봐도 무슨 생각을 하시는지 알 수 있었다. 여덟 살짜리 꼬마 입에서 그런 말이 나왔으니 놀라실 만도 했다. 내가 지금 생각해도 실로 야심만만한 계획이 아닐 수 없었다. 나는 나중에야 그 장사가 실패한 이유를 깨달았다. 문제는 제품이 아니라 시기였다. 미시간 주의 3월은 레모네이드를 팔기에 적절한 시기가 아니었다. 영상 4도의 쌀쌀한 날씨에 얼음처럼 시원한 레모네이드를 사 마실 사람은 그리 많지 않을 테니까.

나의 두 번째 사업은 이른 아침에 집집마다 돌아다니며 배달원이 진입로로 입구에 던져놓은 신문을 현관 앞으로 옮겨주는 서비스였는데, 첫 번째보다는 수입이 괜찮았다. 그렇게 해서 조금 돈이 모이면 다시 다른 사업을 시작하고 하는 식이었다. 그러다 보니 언제부터인가 사업에 대한 나의 열정이 영원히 식지 않을 거라는 사실을 깨닫게 되었다.

여덟 살, 그 쌀쌀한 봄날 아침으로부터 22년의 세월이 흐르는 동안 여러 가지 사업을 성공시킨 지금, 나는 서른 살의 나이에 은퇴를 했다. 그리고 지금도 레모네이드를 마신다.

대릴 번스타인은 여덟 살 때 자신의 전재산인 저금통을 털어 '사업'을 시작했다. 열두 살 때는 주방 식탁에서 우편 주문 회사를 차렸고, 열다섯 살 때 『레모네이드 장사보다 나은 것 : 어린이를 위한 조그만 사업 아이디어』라는 베스트셀러를 썼다. 《월 스트리트 저널》이 번스타인에게 '꼬마 도사'라는 별명을 붙여주게 된 이 책은 전세계 수많은 어린이에게 밑천을 거의 들이지 않고 작은 사업을 시작하는 방법을 알려주고 있다. 번스타인은 거기서 멈추지 않았다. 열여섯 살 때는 〈세계경제포럼〉이 선정하는 '차세대 지도자'로 뽑혔고, 스무 살 때는 『탐험가의 전략에서 배우는 경영의 나침반』이라는 또 한 권의 저서를 발표했다. 스물세 살 때는 주방 식탁에서 시작한 〈글로벌 비디오〉라는 회사를 미국에서 제일 큰 교육용 비디오 제작 및 유통 회사로 성장시켰다. 당시 직원이 1백 명, 해마다 우송하는 카탈로그만 3천만 부에 달했다. 스물네 살 때 이 회사를 나스닥 상장 기업에 매각하고 첫 번째 은퇴를 했다.

번스타인은 강연 활동과 여러 기업체의 조언자로 활동하며 캘리포니아 샌타바버라 해변에서 자신의 투자와 인생을 관리하고 있다.

인생은
취미다

〈맥클러랜〉에는 없는 게 없었다. 사탕 진열대, 세면용품, 침구, 수건, 장난감, 속옷, 가정용품, 심지어 애완동물까지! T. 텍사스 테일러라는 아저씨가 그 모든 것을 관리했다. 정말이지 그의 가게는 내가 가장 좋아하는 잡화점이었다.

그러나 안타깝게도 우리 가족은 〈맥클러랜〉에서 자주 쇼핑을 할 수 있는 형편이 못 되었다. 신도가 서른다섯 명밖에 안 되는 작은 교회 목사였던 아버지의 사례비로는 우리 여섯 형제의 끼니를 해결하기에도 빠듯했다. 차가 없어서 어디든 걸어다녀야 했고, 여섯 형제들의 옷도 캘리포니아에 사는 친척들이 이따금 보내주는 헌옷으로 감지덕지해야 했다.

교회 신도들은 형편이 되는 대로 야채나 과일, 그 밖의 음식 등을 모아서 우리 집에 가져다 주었다. 어머니는 너무 감사한 마음으로 그것들을 받았지만, 때로는 몇 주 동안 한 번도 식탁에 고기가 올라오지 않는 경우도 많았다. 그런 형편에 〈맥클러랜〉에서 50센트, 아니 25센트라도 가욋돈을 쓴다는 것은 좀처럼 쉬운 일이 아니었다.

나는 오클라호마 주 앨터스의 앨터스 고등학교에 들어갔다. 부푼 가슴을 안고 고등학교에 입학했으나 날이 갈수록 초라한 기분이 나를 괴롭혔다. 늘 새 옷을 입고 간식거리를 사 먹을 용돈을 가지고 다니는 또래 아이들을 볼 때마다 마음이 편치 않았다. 나는 점심 식권을 얻으려고 구내 식당에서 설거지를 하기도 했다. 고등학교 2학년이던 1958년 어느 날, 우연히 교실 게시판에 붙은 쪽지 광고 하나를 발견했다. 그것이 내 인생을 완전히 바꾸어놓았다. 다름아닌 '근로 장학생'을 구한다는 광고였다.

'근로 장학생'이란 학생들이 시내의 가게에서 파트타임으로 일을 할 수 있는 특별 프로그램이었다. 수업 시간에 학교에서 공부를 하는 대신 가게에 나가 일을 하면서 학점도 따고 돈도 버는 제도였다. 나는 당장 〈맥클러랜〉에서 일을 하겠다고 신청했고, 허락이 떨어졌다.

다음날 아침 10시 반에 학교를 나서서 〈맥클러랜〉까지 가는 동안 나는 너무 가슴이 설레어서 견딜 수가 없었다. 가게 주인인 테일러 씨는 반갑게 나를 맞아주었고, 빗자루로 가게 바닥을 쓸고 톱밥과 경유를 섞은 세제로 청소하는 방법부터 알려주었다. 청소를 끝내니 창고로 데려가 새로 들어온 상품의 수량을 확인하는 방법도 가르쳐주었다.

그날 저녁, 기찻길을 건너 한참을 걸어서 집으로 돌아온 나는 잔뜩 흥분된 목소리로 어머니에게 소리를 질렀다. 드디어 진짜 일자리를 구했다고 말이다. 그전에도 형제들과 함께 목화밭에서 일하는 어머니를 도운 적이 있었지만 잡화점에서 일을 하게 된 것은 전혀 새로운 경험이 아닐 수 없었다.

오래지 않아 나는 한 주에 40시간 넘게 일을 하는 일과에 익숙해졌다. 학교를 다니는 것은 고통스러운 일이었지만, 물건을 파는 일은 다른 무엇과도 비교할 수 없는 즐거움이었다. 나는 테일러 씨가 일하는 모습을 유심히 지켜보았다. 그러고는 그가 하는 일 가운데 상당 부분이 '정리'와 관련돼 있다는 사실을 깨달았다. 보면 볼수록 나도 가게를 운영할 수 있겠다는 확신이 생겼다. 그때부터 테일러 씨처럼 가게를 꾸려가는 것이 나의 목표가 되었다.

테일러 씨는 상품을 효과적으로 진열하는 방법에서부터 유리진열장을 장식하는 방법에 이르기까지, 아주 많은 것을 나에게 가르쳐주었다. 시간이 날 때마다 나를 길모퉁이 약국으로 데려가 장사와 관련된 이런저런 지혜를 일러주기도 했다. 그 즈음에 나는 장사에는 한계가 없다는 생각을 하기 시작했다. 더 많은 가게를 차릴 수도 있고, 기존의 가게를 확장할 수도 있다. 그야말로 끝없는 성장이 가능한 것이 장사라는 생각이 들었다. 나는 처음부터 이 일이 마음에 들었다. 바로 그것이 가장 중요하다. 장사를 해서 성공하기 위해서는 우선 그 일을 좋아해야 한다.

그 무렵 나는 이따금씩 문구 파트에서 아르바이트를 하는 젊고 예쁜 여직원을 데리고 나가 5센트짜리 콜라를 사주며 선심을 쓰곤 했다. 그 예쁜 여직원이 바로 지금의 내 아내, 바바라였다. 나는 자그마치 2백 달러를 투자해서 1951년형 포드 자동차를 한 대 샀다. 하지만 그 당시 바바라의 남자친구가 컨버터블을 탄다는 사실을 알고는 1953년형 포드 컨버터블로 차를 바꾸었다. 물론 바바라의 관심을 끌기 위해서였다. 레몬색이었던 그 차는 나에게 레몬만큼이나 신맛을 안겨주었지만 아무튼 바바라의 관심을 끄는 데는 성공했다.

텍사스 주 위치타 폴스의 세파드 공군 기지에서 군 복무를 마치고 〈맥클러랜〉으로 돌아온 나는 바바라와 결혼식을 올렸다. 나는 열아홉, 바바라는 열일곱의 나이였다. 결혼하고 1년 뒤에는 그 당시 빠른 성장을 거듭하던 〈TG&Y〉라는 잡화점 체인에서 일하기 시작했다. 말하자면 요즘의 〈월마트〉 같은 곳이었다. 이어서 스물한 살 때는 오클라호마 시에 새로 문을 연 매장의 관리자로 채용되었다. 4천 평방피트의 매장과 여섯 명의 직원을 거느린 나는 바야흐로 내 능력을 유감없이 발휘할 기회를 잡은 것이다.

내가 소매점 경영을 차근차근 배워가며 승진을 거듭하는 동안 두 아들, 마크와 스티브가 태어났다. 1970년, 바바라와 나는 드디어 독립을 했다. 〈TG&Y〉가 미처 포착하지 못한 새로운 가능성을 발견한 것이다.

우리는 가게 안에 큼직한 애완동물 매장을 만들었다. 그러고는 갖가지 종류의 새들과 온갖 바닷고기, 민물고기를 들여놓았다. 10갤런짜리 어항을 차떼기로 싣고 와서 도매점보다 더 싼값에 팔기 시작했다. 일단 우리 가게에서 어항을 산 고객은 어떻게든 그 어항을 채워야 된다는 것이 내 이론이었다. 물고기는 물론 자갈과 펌프에서부터 온갖 자잘한 소모품에 이르기까지, 어항을 채우기 위해서는 우리 가게를 찾아올 수밖에 없다!

나는 애완동물 매장에서 이 아이디어가 통하자 미술 공예 용품 역시 마찬가지일 거라는 생각을 했다. 친구와 함께 은행에서 6백 달러를 빌려 액자 만드는 기계를 사들인 다음, 우리 집 주방 식탁에서 소형 액자를 만들어 도매점에 넘기는 사업을 시작했다. 실제로는 바바라와 아이들이 액자를 더 많이 만들었기 때문에 액자 1개에 7센트씩 보수를 주었다.

2년 뒤 우리는 미술 공예를 전문적으로 취급하는 소매점을 따로 독립시켜 오클라호마 주청사 근처에 처음으로 〈호비 로비〉 매장을 열었다. 3백 평방피트밖에 안 되는 조그만 가게였다. 그로부터 30년이 흐른 지금, 나는 〈호비 로비〉의 최고 경영자로서 8개 계열사를 거느린 대기업 회장이 되었다. 지금도 우리는 가족 소유의 원칙을 고수하고 있으니, 설사 우리가 사업장을 옮기기로 결정한다 하더라도 굳이 월 스트리트의 눈치를 볼 필요는 없지 않을까!

쪽지 광고 하나도 거대한 꿈의 씨앗이 될 수 있다. '근로 장학생'을 찾는 쪽지 광고로 운명이 바뀐 사람. 그로부터 이제는 2주에 하나꼴로 새로운 매장을 열어가고 있는 사람. 그 주인공인 데이비드 그린은 미국에서 가장 왕성한 활동을 펼치는 소매 업계의 거물이다. 1970년대에 작은 첫발로 시작된 그의 사업은 28개 주에 4백 개의 매장으로 성장하여 수십억 달러의 매출을 기록하고 있다.

세계 최대의 개인 소유 미술 공예 소매 업체인 〈호비 로비〉의 본사는 오클라호마 시에 자리한 2백 60만 평방피트 넓이의 제조, 유통, 사무 복합단지 안에 있다. 계열사로는 〈헤미스피어〉, 〈베어링 프루트 커뮤니케이션〉, 〈HL 리얼티〉, 〈크래프츠 Etc!〉 등이 있으며, 크리스천 사무 및 교육 용품 소매 체인인 〈마르델〉도 6개 주에 진출해 있다.

천상의
조미료

손이 닿는 데까지만 팔을 뻗을 수 있다면,
하늘이 무슨 소용인가?
– 로버트 브라우닝

나는 내 영혼이 콜로라도의 산자락을 뒤덮은 눈과 바위로 빚어졌다고 믿는다. 내가 가장 사랑하는 것이 바로 자연이고, 자연은 나의 일부이기도 하다. 내가 그토록 사랑하는 자연이 내 목숨을 앗아간다 해도 내 마음은 변하지 않을 것이다.

나는 아름다운 콜로라도 로키 산맥에서 어린 시절을 보냈다. 어렸을 때는 심한 천식 때문에 고생했고, 그리 튼튼한 아이는 아니었다. 어느 날 유난히 심한 발작을 일으켜 가쁜 숨을 몰아쉬던 나는 평생 잊지 못할 한 가지 결심을 했다. 어떻게든 천식을 이겨내고 건강을 되찾아 1만 4천 피트에 이르는 로키 산 정상에 오르겠노라는 결심이었다.

그 뒤로 나는 조금만 천식이 가라앉는다 싶으면 당장 집 밖으로 나가 산으로 달려갔다. 산을 오르며 꽃을 구경하고 딸기를 따 먹었다. 그러면서 젤리를 만드는 동네 아주머니들에게 딸기를 따 다주는 것으로 용돈을 벌기도 했다. 건강에 대한 관심이 더욱 높아지던 1960년대 후반, 나는 일종의 사명감을 가지고 건강 식품에 매달리기 시작했다. 보다 건강한 삶을 누리기 위해서는 먹고 마시는 습관부터 바꾸어야 한다고 생각했다. 그래서 세상에서 가장 맛있고 건강에도 좋은 차를 만들면 수많은 사람들에게 건강을 되돌려줄 수 있을 거라고 믿었다.

내가 자연식 운동이 막 발돋움하던 시기에 〈셀레스티얼 시즈닝스〉라는 회사를 차린 것은 하느님의 은총이라 해도 과언이 아닐 것이다. 1970년대 이전만 해도 자연 식품 가게라는 것이 없었다. 남달리 건강에 관심을 가진 사람들도 비타민을 사 먹는 것이 고작이었다. 그러나 1970년대로 접어들면서 몸에 좋고 오염되지 않은 건강 식품을 찾는 사람들이 부쩍 많아지기 시작했다. 그때까지만 해도 미국 식품 회사들은 시험관을 통해 만들어진 규격화된 음식이 건강에 더 좋다는 식의 엉터리 과학적 견해를 내세운 가공 식품을 생산하고 있었다. 미국의 젊은 층 사이에서 '흙으로 돌아가자'라는 기치 아래 음식 혁명이 싹트기 시작한 데는 이런 배경이 작용했다.

1971년 가을, 나는 처음으로 미국 동부 지방을 향해 세일즈 여행을 떠났다. 내 나이 스물한 살 때였고, 자연 식품 운동에 참여함으로써 세상을 바꿔놓겠다는 이상과 열정에 가득 차 있었다. 나는 처음으로 내 이름을 붙여 상표를 만든 〈'모'의 24 허브 티〉라는 제품을 팔고 다녔다. 투명한 용기에 〈레드 진저〉라는 차를 담아서 사람들에게 보여주었다. 〈셀레스티얼 시즈닝스〉의 역사에 일대 전환점을 맞이한 것도 바로 이 여행 때였다. 코네티컷에서 세계 최대의 식품 회사 최고 경영자를 만났는데, 그와 나 사이에 치열한 논쟁이 벌어졌다. 밭에서 기른 신선한 자연 식품과 화학적으로 가공된 식품 중 어느쪽이 더 건강에 좋은가 하는 문제였다. 그는 철저한 위생 관리와 규격화를 통해 안전한 스테인리스 용기에 담아 생산된 음식이 훨씬 사람 몸에 좋다는 믿음을 가진 사람이었다. 반대로 나는 내가 팔고 있는 차를 비롯한 자연 식품과 운동이 전체적인 건강과 삶의 질을 높이는 것이라는 주장을 굽히지 않았다.

거의 한 시간 동안 열띤 논쟁이 이어진 끝에 이윽고 그 사람은 이런 제안을 내놓았다.

"되지도 않을 차 회사 따위는 일찌감치 포기하고 취직을 하는 게 어떤가? 우리 회사로 와서 일해 보지 그래."

나는 그날의 논쟁을 가슴 깊이 새기고 언젠가 그런 거물들과 당당히 맞서기로 마음먹었다. 어떠한 어려움이 닥친다 해도 자연 식품 운동은 점점 더 거세질 것이고, 나아가 여러 가지 건강 식품이 등장할 거라는 믿음이 있었기 때문이다.

그러나 그 믿음만큼이나 큰 시련이 나를 기다리고 있었다. 〈셀레스티얼 시즈닝스〉가 경험한 궁핍과 성장의 나날은 그야말로 다사다난이라는 말이 딱 어울릴 정도였으니까 말이다. 〈셀레스티얼 시즈닝스〉의 초기 자본은 동업자이던 존 헤이가 내놓은 5백 달러였다. 그때부터 처음 10년 동안은 자금을 조달하는 것이 우리의 가장 큰 숙제였다. 직원들 월급을 줄 돈조차 없을 지경이 되면 나는 '되지도 않을 회사는 일찌감치 때려치우라'고 하던 그 최고 경영자를 떠올리곤 했다. 그것이 나에게 버틸 수 있는 힘을 주었다. 나는 변화를 이끌어내기로 마음먹었다.

나더러 〈셀레스티얼 시즈닝스〉가 이렇게 커진 것이 놀랍지 않느냐고 묻는 사람들이 많다. 그때마다 그들은 내 대답을 듣고 오히려 자기네가 깜짝 놀라곤 한다. 나는 〈셀레스티얼 시즈닝스〉를 시작한 첫날부터 앞으로 10년 이내에 최소한 1억 달러 매출을 올리겠다는 목표를 세웠다. 정작 내가 충격을 받은 것은 그 같은 목표를 달성하기가 너무나 힘들었다는 사실이었다. 꼬박 30년이 걸렸으니 말이다.

우리의 성공을 돌아볼 때마다 나는 회사 전체에 퍼져 있던 열정과 헌신, 근면, 그리고 성취의 기쁨을 발견하곤 한다. 지금은 나도 은퇴를 했지만, 요즘에도 이따금 나를 찾아와 이렇게 말하는 사람들이 있다.

"당신의 초창기 동업자 중에 내가 아는 사람이 있어요."

그게 누구냐고 물어보면, 그들이 말하는 이름 중에는 내가 기억하는 사람도 있고 그렇지 못한 사람도 있다. 아마 그 사람은 생산 라인에서 일하던 사람이었을 수도 있고, 창고에서 트럭에 제품을 싣는 사람이었을 수도 있다. 아무튼 모든 직원들이 자기 회사라고 생각하고 헌신적으로 일했기 때문에 스스로를 동업자라고 느꼈던 것이다. 그런 이야기를 들을 때마다 나는 마음이 뿌듯해진다.

사실 〈셀레스티얼 시즈닝스〉는 변화를 이뤄내야 한다는 사명감에 불타는 수많은 사람들의 것이다. 강이 강둑만의 것이 아니듯, 〈셀레스티얼 시즈닝스〉는 모 시겔이라는 한 사람만의 것이 아니다.

모 시겔은 몸에 좋은 천연 차를 만들겠다는 꿈을 버리지 않았다. 그리고 30년이 흐른 지금, 〈셀레스티얼 시즈닝스〉는 미국 최고의 차 회사, 세계에서 가장 인기 있는 차 회사 가운데 하나로 자리잡았다.

2002년에 은퇴한 시겔은 어린 시절 천식을 앓으며 가졌던 또 다른 꿈에 도전했다. 1만 4천 피트가 넘는 콜로라도의 산 55개에 오르겠다는 꿈이었다. 3년이 지난 2005년 여름, 그는 구사일생으로 이 험난한 꿈을 완수했다.

이 정열적인 등반가는 지금도 5개의 영리 기업과 2개의 비영리 단체 이

사로 활동하고 있다.

시겔은 낸시 버크와 함께 『건강과 행복의 약초 : 당신이 알아야 할 모든 것』이라는 책을 썼으며, 아내와 함께 『셀레스티얼 시즈닝스 : 차로 하는 요리』를 출간하기도 했다.

여자 대 여자로,
사업 얘기 좀 해볼까요

나는 조그마한 사무실조차 없이, 혼자 내 집에서 〈e위민네트워크 (eWomenNetwork)〉라는 회사를 처음 시작했다. 하지만 실제로 내가 모든 걸 혼자 한 것은 아니다. 나는 다른 많은 여성들과 관계를 이루면서 그들의 이야기에 귀를 기울이고 그들의 경험으로부터 많은 것을 배웠다.

우리 회사의 가장 큰 장점은 정말 대단하다 할 수 있는 여성들을 끊임없이 만날 수 있다는 점이다. 나는 그들에게서 많은 것을 배웠고, 이 자리를 빌려 그것을 여러분과 나누려 한다. 사업과 인생, 두 가지 모두에서 어떻게 하면 성공을 거둘 수 있고 꿈을 실현할 수 있는지를 말이다.

나는 다음과 같은 열 가지 요소를 정리했다. 이것이 잘 결부되면 여러분도 인생의 꿈을 이루는 데 큰 도움을 얻을 수 있을 것이다.

비전을 가져라

성공적으로 사업체를 꾸리는 첫 번째 요소는 확실한 비전을 갖는 일이다. 그저 유능한 것만으로는 충분하지 않다. '미국'이라는 주식회사는 하나의 거대한 피라미드이다. 성공의 사다리를 올라가면 갈수록 피라미드의 폭은 점점 좁아진다. 자기 사업을 하는 사람들도 마찬가지이다. 피라미드의 꼭대기까지 올라간 사람은 경쟁에서 승리한 사람이다. 경쟁자들은 누구나 똑똑하고 부지런하며, 보다 좋은 제품이나 서비스를 보다 싼값으로, 보다 신속하게, 보다 의미 있는 방식으로 소비자에게 전달하고자 최선을 다한다.

변화의 기회를 포착하고 그 기회를 평가하고 또 평가하라. 뚜렷한 비전을 가슴에 새기고 끝까지 밀어붙여라. 자신에게 꿈을 좇아 달려갈 에너지가 충분히 갖춰져 있는지를 확인하고, 중간에 마주칠지도 모르는 수많은 장애물을 극복할 수 있는 용기를 지녀라. 비전은 성공의 첫째가는 열쇠이다.

장애물을 극복하라

성공적인 기업을 만드는 또 하나의 요소는 장애물을 극복하는 능력이다. 어떤 사업이라 할지라도 때로는 예측 불가능한 장애물이 튀어나오게 마련이며, 본의 아니게 실수를 저지르는 경우도 생긴다.

내가 〈e위민네트워크〉를 시작했을 때, 애초의 사업 계획은 온라인 네트워크 조직에 기반을 둔 것이었다. 포커스 그룹을 만나보니 한결같이 회의에 참석할 시간이 없다고 하는 것이었다. 그들이 원하는 것은 집에서든 직장에서든 자신에게 가장 적합한 시간에 다른 여성들과 접촉할 수 있으면 좋겠다는 것이었다. 그러한 그들의 요구를 생각하면 온라인 네트워크가 최선의 대안이었다.

그래서 나는 철저한 온라인 네트워크 조직으로 우리 회사를 출범시켰다. 그러나 이내 나는 회원들끼리 직접 만나고 싶어하는 이들이 있다는 사실을 알게 되었다. 내가 포커스 그룹에게 던진 질문에 문제가 있었다는 사실을 깨달은 것도 그때였다. 내가 던진 질문은 "다음번 회의에도 참석해 주시겠어요?"였던 것이다.

그래서 나는 직접 사람을 만나는 네트워크를 만들기 시작했고, 거기에 '회의' 대신 '이벤트'라는 이름을 붙였다. 회사의 비즈니스 모델을 웹사이트로 연결하는 '하이테크'뿐만 아니라 지극히 개인적인 관계를 구축할 수 있는 '하이터치 네트워크'로 확장시킨 것이다.

이렇게 온라인과 오프라인을 병행하는 네트워크를 구성하자 나 자신조차 미처 예상 못했을 만큼 폭발적인 반응이 나타나기 시작했다. 실수를 통해서 배운다는 말은 바로 이런 경우를 두고 나온 게 아닐까!

영감을 불어넣어라

세 번째 요소는 다른 사람에게 영감을 불어넣는 능력이다. 사람들로 하여금 당신과 같은 배를 타도록 유도하고 같은 목적지로 인도하는 것보다 더 중요한 일은 없다. 그러기 위해서는 그들이 목적지의 그림을 떠올릴 수 있도록 도와야 하고, 이 제품이나 서비스가 어떻게 그들의 삶을 더욱 윤택하게 만들 수 있는지를 느끼게 해주어야 한다. 이것은 반드시 터득하지 않으면 안 되는 아주 중요한 기술이다. 아무리 세계 최고의 제품, 혁명적인 서비스로 무장했다 할지라도 당신이 보고 있는 것을 다른 사람들도 볼 수 있게 만들지 못하면 얼마나 외롭겠는가! 그런 상태로는 얼마 가지 못해 흔들릴 수밖에 없다. 누구도 혼자서는 성공을 거둘 수 없는 법이다.

자신만의 '특공대'를 구성하라

자기 사업을 처음 시작하는 사람들은 모든 모자를 한꺼번에 쓰게 되는 경우가 많다. 제품 개발에서부터 회계, 인적 자원 관리, 마케팅, 세일즈에 이르기까지 그 모든 것을 혼자 소화하려 한다. 이런 식으로 일을 하다 보면 완전히 일에 파묻혀서 큰 그림을 볼 수가 없다.

'내가 아니면 안 된다'라는 사고방식은 하루 빨리 털어버려야한다. 그 대신 자기보다 더 똑똑한 사람들을 주변에 포진시켜야 한다. 사업을 성장시키기 위해서는 각각의 분야에 남다른 경험과 전문성을 갖춘 사람들로 '특공대'를 구성하지 않으면 안 된다. 그래야만 당신 자신은 비전에 초점을 맞추고 사업을 성장시키거나 새로운 고객을 유치하는 데 전력을 쏟을 수 있다. 정말로 성공한 기업가들에게서는 거의 예외 없이 그런 모습을 찾아볼 수 있다.

자신의 직관을 신뢰하라

사업을 하다 보면 확신이 흔들리는 경우도 생기게 마련이다. 그런 때일수록 객관적인 데이터를 비판적인 관점에서 바라볼 필요가 있다. 면밀하게 관찰하고, 주변 사람들의 의견에 귀를 기울이고, 나름대로 조사도 해봐야 한다. 그러나 무엇보다도 자기 자신의 직관력을 신뢰하고 활용하는 것이 중요하다.

언젠가는 결국 혼자 서게 되는 상황을 배제할 수 없다. 낭떠러지에 떨어지더라도 떨어지는 도중에 날개가 돋아날 거라는 믿음으로 무장한 채 가파른 낭떠러지 아래로 몸을 날려야 하는 경우가 생길 수도 있다. 기업가가 된다는 것은 결코 안전지대에서 편안한 삶을 누린다는 의미가 아니다. 기업가의 삶이란 곧 낭떠러지 위에서의 삶이다. 그 아슬아슬한 삶 속에서 편안함을 느끼는 것이 성공적인 사업을 꾸려 나가고 성장시키는 진정한 힘이다.

성실함을 잃지 말라

사업가가 성실함을 잃으면 그날부터 실패의 내리막길을 걷게 된다. 마치 매일매일 시험을 치러야 하는 학생과도 같다. 모든 것을 다 알고 있으면서도 시험에서 떨어질 가능성을 늘 염두에 두어야 한다. 모든 대답을 알고 있다 해도 성실함을 잃으면 시험에서 떨어지고 회사도 어려워질 것이다.

사람은 누구나 좀더 쉬운 길을 가고자 하는 욕망이 있다. 때로는 정직하지 않은 모습으로 직원과 고객을 대해야 하는 경우도 있고, 지킬 수 없는 약속을 해놓고 땅을 치는 경험도 하게 된다. 상대방에게 나 자신을 과장되거나 거짓 없이 어떻게 소개할지를 고민해야 하는 일도 생길 수 있다. 이 같은 일들이 자신의 신뢰성과 대인 관계에 어떤 영향을 미치는가 하는 것은 길게 강조할 필요가 없다. 언제나 바른 길을 가고, 바른 행동을 해야 한다. 누가, 어떤 말로 유혹한다 해도 이 같은 자세가 흔들리면 안 된다. 그래야만 무슨 일이 일어나도 후회 없이 자신의 과거를 돌아볼 수 있고, 성공적인 미래를 내다볼 수 있다.

부정적인 마음을 몰아내라

여성, 특히 사업을 하는 여성들은 누구와 함께 시간을 보낼 것인지를 잘 생각해야 한다. 나를 지지해 주고 원기를 북돋워줄 사람이 누구일까? 반대로 원기를 빼앗아가는 사람은 누구일까? 당신을 사랑하고, 그래서 당신이 잘되기를 바라는 사람들은 대부분 당신이 큰 위험에 빠지지 않고 안전하게 헤쳐 나가기를 원한다. 하지만 불행하게도 사업가의 길은 늘 그렇게 안전하고 평탄하지만은 않다.

당신이 꿈을 향해 달려가는 것을 가로막는 사람, 그들이 바로 당신에게 가장 해로운 사람들이다. 그들은 컵에 물이 반이나 남았다고 생각하는 사람이 아니라 반밖에 남지 않았다고 생각하는 사람들이다. 그런 사람들은 기운을 북돋워주기는커녕 있는 기운마저 빼앗아가 버린다. 배수진을 칠 필요까지야 없지만 시기를 봐서 과감한 결단을 내리는 것이 좋다.

자금줄을 확보하라

자신이 거래하는 은행과 돈독한 관계를 구축해야 한다. 거래 은행에서 일하는 다른 여성들과 친해지는 것도 한 방법이다. 담당자의 이름과 전화번호가 당신의 휴대전화에 입력되어 있지 않다면 아직 관계를 구축하지 못한 셈이다.

은행과 관계를 구축하기에 가장 좋은 시점은 당신이 아무것도 필요로 하지 않을 때이다. 그래야 정작 대출이 필요한 경우를 대비할 수 있다. 나 같은 경우, 평소에도 수시로 예금을 하러 은행에 가서 담당자에게 우리 회사와 관련된 기사나 홍보물을 건네주곤 한다. 우리 회사가 어떻게 굴러가고 있는지를 계속해서 자연스럽게 알려주는 것이 중요하기 때문이다.

은행은 당신의 회사가 성장하는 데 중요한 도구가 될 수 있다. 설령 순전히 자기 자본만으로 사업을 시작했다 하더라도 회사를 운영하다 보면 외부의 자금 지원이 필요한 경우가 생긴다. 평소에 은행 측과 긴밀한 관계를 형성해 두면 그런 경우에 아주 요긴하게 도움을 받을 수 있다.

긍정적인 자세를 가져라

미소는 사람을 당신 주위로 끌어들인다. 진정한 미소, 아름다운 미소는 긍정적인 자세를 가질 때 가능하다. 그 긍정적 자세는 어떤 학위보다, 어떤 업적이나 상장보다, 더 나아가 그 어떤 좋은 환경이나 성공보다 더 중요한 의미를 갖는다.

처음 회사를 시작했을 무렵, 나는 잔뜩 겁에 질려 있었다. 월급을 주거나 각종 할부금을 낼 때마다 늘 돈에 쪼들렸고, 그러다 보니 늘 피로와 긴장감을 떨쳐버릴 수 없었다. 하지만 나는 우리 직원들이 무엇을 원하는지 알고 있었다. 그들은 승리하는 팀의 일원으로 있고 싶어했고, 우리 회사에 들어올 때 내가 제시한 비전을 그대로 간직하고 싶어했다. 그런 그들에게 내가 먼저 앓는 소리를 할 수는 없지 않은가.

사업을 하다 보면 너무너무 골치 아픈 날들, 너무나 실망스럽고 불만스러운 날들이 있게 마련이다. 나 역시 마찬가지이다. 그럴 때 내가 어떻게 하는지 아는가? 자세를 바꾼다. 그러면 정말 거짓말처럼 기분이 좋아진다. 이를테면 새로운 무대에 오르는 연기자가 되어본다. 현관을 나서서 차에 오르며 "자, 한번 시작해볼까!" 하고 중얼거리는 것이다. 하루가 끝나면 "오늘도 멋진 하루였어"라고 말한다. 촛불을 몇 개 밝힌 채 느긋하게 목욕을 하고, 맛있는 초콜릿을 몇 개 먹은 다음, 아침보다 훨씬 좋아진 기분으로 그날 하루를 돌아본다.

네트워크를 개발하고 확장하라

이 성공 비법의 마지막은 끊임없이 네트워크를 구축하고 확장하는 것이다.

강연장으로 들어가서 1백 명의 청중이 앉아 있는 것을 발견하면, 나는 그곳에 앉아 있는 사람이 1백 명이 아니라 사실은 수천 명이라는 사실을 안다. 지금 이곳에 와 있는 사람들만을 상대하는 것이 아니라, 실제로는 그 1백 명과 관계를 맺음으로써 그들이 형성하고 있는 방대한 네트워크를 상대하게 되는 셈이다.

성공한 여성 뒤에는 거대한 네트워크가, 그들이 끊임없이 새로운 사람을 만나며 구축해 둔 거대한 네트워크가 있다. 내가 네트워크를 구축하는 방법은 간단하다. 새로운 사람을 만날 때마다 환한 미소를 지으며 내가 가장 좋아하는 말을 던진다.

"어떻게 도와드릴까요?"

그 다음 상대방의 명함을 받아서 그 뒷면에 그들이 무엇을 원하는지, 어떤 고민을 가지고 있는지를 적어둔다. 그리고 그들의 고민을 해결해 주기 위해 최선을 다한다. 무슨 큰 대가를 바라서가 아니다. 그저 고맙다는 인사 한마디면 충분하다.

바로 이것이 내가 네트워크를 구축하는 방법이다. 이것은 나의 사업과 인생을 발전시키는 데 큰 도움을 주었다. 말하자면 대가를 기대하지 않고 최선을 다해 도와주고 베푼다는 마음가짐을 가져야 한다. 물론 그것은 새로운 사업의 기회, 새로운 네트워크를 구축할 기회, 심지어는 새로운 친구를 사귈 수 있는 기회라는 놀라운 대가를 가져다준다.

산드라 얀시는 〈e위민네트워크〉의 설립자 겸 최고 경영자이다. 이 회사는 북미에서 가장 빠른 성장 속도를 보이는 회원제 여성 비즈니스 네트워크이며, eWomenNetwork.com은 전세계 여성 사업가들을 연결시키는 최고의 웹사이트로 꼽힌다.

2000년에 설립된 〈e위민네트워크〉의 본사는 텍사스 주 댈러스에 있다. 이 회사는 얀시의 지도 아래 여성들이 삶과 사업의 목표를 달성할 수 있는 새로운 길을 개척해 왔다. 이 회사의 가장 중요한 원칙 가운데 하나는 "꿈을 이루기 위해서는 팀워크가 필요하다!"이다.

또한 〈e위민네트워크〉는 50만 명이 넘는 각 기업 여성 임직원의 데이터

베이스를 확보하고 있다. 해마다 북미 각지에서 2천 건에 육박하는 이벤트를 개최하기도 한다. 하루 20만 건의 방문 횟수를 기록하고 있는 이 사이트는 미국과 캐나다에서 가장 인기 있는 여성 사업가 웹사이트이며, 전세계 여성 사업가들의 사진과 프로필을 보유하고 있다.

꿈의
들판

애벌레 속에는 훗날 나비가 되리라는 것을
말해 줄 만한 그 무엇도 들어 있지 않다.
－ 리처드 버크민스터 풀러

만약 우리가 처음부터 세계 최고의 유기농 제품 생산자가 되겠다
는 생각으로 농사를 시작했다면 아마 아무것도 하지 못했을 것이
다. 〈어스바운드 농장(Earthbound Farm)〉은 처음부터 거창한 목
표를 가지고 출발한 것이 아니었다. 그보다는 시작은 비록 미미
했으나 조그만 선택의 순간들마다 최선을 다한 것이 하나하나 축
적되어 오늘의 결과로 이어졌다고 해야 옳을 것이다.

농장을 처음 시작한 1984년, 우리는 대학을 갓 졸업한 뉴욕의
두 풋내기일 뿐이었다. 우리는 '진짜 일자리'를 구해서 성공의 길
로 달려가기 전에, 잠시 '대지로 돌아가' 숨을 고르고 싶었다. 엘
리베이터와 택시로부터 벗어나고 싶었다. 파란 하늘 아래 구수한
흙냄새를 맡으며 귀뚜라미 소리도 듣고 싶었다. 그래서 우리는

캘리포니아 카멜 밸리라는 곳의 조그만 나무딸기 농장으로 들어갔다. 길가에서 딸기를 팔면 우선 당장의 생활비는 벌 수 있을 거라고 생각했기 때문이다.

우리는 농사에 대해서는 전혀 아는 바가 없었다. 그래서 우리에게 농장을 판 사람에게 나무딸기 재배 방법을 가르쳐 달라고 부탁했다. 말하자면 단기 완성 속성 코스였던 셈이다. 농장 주인은 우리에게 맨 먼저 화학 비료와 살충제 뿌리는 법을 가르쳐주었다. 하지만 우리가 먹을 딸기에 화학 물질을 뿌린다고 생각하니 왠지 꺼림칙했다. 당시만 해도 '유기농'이라는 단어조차 생소한 시절이었다. 모든 사람들이 말렸지만, 우리는 『로데일 유기농법 백과사전』이라는 책을 구해서 읽고, 화학 물질을 전혀 사용하지 않는 우리만의 방식으로 딸기를 재배하기 시작했다.

우리는 이내 '땅'에 흠뻑 매료되었다. 진입로에는 아몬드와 살구나무, 자두나무가 줄지어 늘어서 있었고 무화과나무와 사과나무도 곳곳에 흩어져 있었다. 우리는 새벽에 수탉이 울기가 무섭게 잠자리에서 일어나 해가 저물 때까지 농장 구석구석을 돌봤다. 딸기를 따서 발로 짓밟아 술을 담기도 했고, 주변에 널려 있는 야채들로 소박한 식사를 즐겼다.

생활은 무척 만족스러웠지만 나무딸기만 가지고는 생계를 이어갈 수가 없었다. 그래서 아기상추를 비롯한 몇 가지 야채를 유기농으로 재배해 인근의 음식점에 납품하기 시작했다. 원래 계획했던 1년은 2년으로 연장되었다. 그 바람에 '진짜 일자리'를 고민할 겨를이 없었다. 우리가 더없이 평화로운 농장 생활에 완전히 젖어들었을 무렵, 뜻밖에도 우리에게 생명줄이나 다름없던 동네 음식점 주방장이 다른 지역으로 떠나버리고 말았다. 밭에서는 하루가 다르게 아기상추가 자라고 있었지만 그걸 사줄 사람이 사라진 것이다.

충격이 컸다. 그러나 그 충격이 어느 정도 가라앉자 우리는 이 시련을 또 하나의 새로운 기회로 바라보기 시작했다. 팔 길이 막혀 쌓아두고만 있던 야채를 오래 저장할 수 있는 방법을 고안해 낸 것이다. 우선 우리가 한 주 동안 먹을 야채를 한꺼번에 씻어서 말린 다음 비닐봉지에 넣어 보관하기 시작했다. 덕분에 우리는 매일같이 신선한 샐러드를 간편하게 먹을 수 있게 되었다. 그러니 요리를 할 시간이나 기력이 없을 때에도 굳이 정크 푸드에 눈을 돌릴 필요가 없었다. 생각할수록 좋은 아이디어 같았다. 그래서 이것을 어떻게 상업화할 방법이 없을까 고민하기 시작했다. 마침내 기회가 찾아왔다. 유기농으로 재배한 야채를 거둬들여 깨끗이 씻은 다음, 봉지에 담아서 시험 삼아 인근의 특산물 가게에 납품하게 된 것이다.

하지만 1980년 당시에는 고급 음식점 외에는 유기농 야채를 찾는 데가 없었다. 하물며 포장 샐러드는 그 당시 사람들에겐 그야말로 '금시초문'인 셈이었다. 우리는 연신 고개를 갸웃거리는 야채 가게 주인과 간신히 계약을 맺었다. 우리 샐러드가 팔리지 않으면 한 푼도 받지 않겠다는 조건이었다. 하지만 정작 뚜껑을 열어보니 이야기가 달라졌다. 언제부터인가 우리 거실은 포장 작업을 하는 공장이 되어버렸고, 유기농 포장 샐러드를 파는 것이 우리의 본업이 되어버렸다. 우리 자신도 미처 깨닫지 못하는 사이에 〈어스바운드 농장〉은 미국에서 처음으로 유기농 포장 샐러드를 상업화하는 데 성공한 회사가 되었다.

1992년경에는 20평 남짓한 집에서 3백만 달러짜리 사업을 꾸려 나가게 되었다. 전환점이 필요한 시점이었다. 우리는 인근의 왓슨빌이라는 곳에 32에이커짜리 농장을 사서 포장 설비를 갖추었다. 엄청난 넓이의 규모였기 때문에 그 정도면 더 이상 설비 문제는 걱정할 필요가 없을 거라고 생각했다. 하지만 그것은 종착지가 아니라 출발지에 지나지 않았다. 1993년, 예기치 않게 어느 슈퍼마켓 체인과 계약을 맺고 보니 경작지와 포장 설비가 턱없이 부족해진 것이다. 불과 얼마 지나지 않아 우리는 틈새를 공략하던 일개 유기농 야채 생산자에서 미국 전역의 대형 소매점에 상품을 납품하는 대형 업체로 성장했다.

당시의 체인점들은 우리 상표에 '유기농'이라는 표시가 찍히는 것을 원하지 않았다. 그저 우리 샐러드가 아주 맛있고 먹기 편하다는 점에만 초점을 맞추었다. 유기농법을 이용하는 경작지를 찾기가 아주 힘들었다는 사실을 감안하면 우리도 그냥 "유기농 어쩌고 하는 부분은 잊어버리자"하는 식으로 적당히 넘어갈 수도 있었다. 그렇게 하는 게 여러모로 유리할 수도 있었다. 하지만 우리는 그럴 수가 없었다. 1990년과 1992년에 우리의 첫딸과 아들이 각각 태어났는데, 그 아이들을 위해서나 땅을 위해서 가장 건강한 먹거리를 생산해야 한다는 열정이 더욱더 커진 때문이었다. 유기농은 아직도 미국의 주류로 정착되었다고 말할 수 없는 상태였다. 그렇지만 적어도 사람들에게 선택의 기회를 제공하기 위해 최선을 다해야 한다는 믿음에는 예나 지금이나 변함이 없다.

폭발적으로 늘어나는 수요를 감당하기 위해서는 더 많은 땅과 전문적인 농사 기술이 필요했다. 우리는 1995년에 〈미션 랜치〉, 그로부터 4년 후에 〈타니무라&앤틀〉이라는 농장과 협력 관계를 구축함으로써 그 두 가지 문제를 해결했다. 둘 다 살리나스 밸리 지역에서 대대로 농사를 지어온 농장이었다. 처음 협력 관계를 맺은 지 10년이 채 안 되어 〈어스바운드 농장〉은 8백 에이커에서 2만 5천 에이커로 확장되었다. 우리가 유기농법을 고수함으로써 사용하지 않아도 되었던 농약과 화학 비료는 2005년 한 해 동안만 각각 267,000파운드와 8,432,000파운드에 달했고, 약 1,383,000갤런의 석유를 절약할 수 있었다.

우리의 출발점은 비록 길가의 삐걱거리는 가판대에서 하루하루 그날 수확한 딸기를 팔겠다는 소박한 생각에서 시작되었지만 오늘의 결과는 사뭇 달랐다. 우리가 우리의 직관을 믿고, 또한 우리가 소중하게 생각하는 가치에 토대를 두고 내린 결정 하나하나는 정말이지 꿈도 꾸지 못한 결실로 우리를 이끌어주었다.

지금 수백만의 사람들이 유기농으로 재배한 야채와 과일과 간편한 샐러드를 즐기고 있으며, 대지는 우리가 20년 전에 시작한 일 때문에 조금이나마 더 건강해졌다. 그러나 우리의 여정은 아직 끝나지 않았다. 우리는 가능한 한 많은 사람들에게 유기농 식품의 혜택을 주기 위해 〈어스바운드 농장〉의 사명을 수행하는 일에 더욱더 큰 열정을 쏟아 붓고 있다.

"네 시작은 미약했으나 그 끝은 심히 창대하리라"는 성경 구절이 있다. 드루와 마이라 부부도 자기네 집 뒷마당에서 농사를 짓기 시작한 것이 무슨 원대한 포부에서 비롯된 일은 아니었다. 그러나 〈어스바운드 농장〉의 성공은 대규모의 유기농이 현실적으로 불가능하지 않다는 사실, 그것이 이 세상을 먹여 살릴 수 있는 길이라는 사실을 입증해 준다. 물론 이것은 그 당시 대다수의 사람들이 한낱 공상으로 웃어넘기던 생각이었다. 미국 사람들의 식탁에 미리 씻어서 포장된 샐러드가 올라오는 이른바 '스프링 믹스'가 큰 인기를 끌게 된 것은 전적으로 이 회사 덕분이라 해도 과언이 아닐 것이다.

〈어스바운드 농장〉은 세계 최대의 유기농 경작지가 되었고, 현재 그들의 제품은 미국 전역의 4분의 3, 캐나다와 멕시코, 심지어는 타이완에까지 진출해 있다.

이 회사는 자신의 뿌리를 잊지 않기 위해 지금도 맨 처음 농장 자리에서 멀지 않은 캘리포니아 주 카멜 밸리의 길가에 가판대를 운영하고 있다.

6
마음의 소리를
들어라

·

세상에서 가장 행복한 사람은
자신의 꿈을 펼치는 사람이다.

– 존 맥스웰

바보
기업가론

현대 사회에서 가장 낭만적인 단어 가운데 하나는 아마도 '기업가'가 아닐까 싶다. 여기에는 능력이 뛰어나고 머리가 좋은 사람이 나타나 새로운 기업을 일으킴으로써 세상을 변화시킨다는 뜻이 포함되어 있다. 휴렛과 패커드는 〈휴렛-패커드(HP)〉라는 초대형 컴퓨터 회사를 만들었다. 델은 대학교 기숙사에서 〈델 컴퓨터〉를 창업했고, 전형적인 괴짜 스타일의 빌 게이츠는 하버드 대학을 때려치운 뒤 역시 자신만큼이나 괴짜인 폴 앨런과 함께 〈마이크로소프트〉를 만들었다. 이들은 모두 현대 사회의 영웅이 되었고, 내로라 하는 경영 대학원이 이들의 성공 사례를 연구하고 있다.

이 같은 사례들의 특징은 이들이 하나같이 규칙에서 벗어나는 예외적인 경우라는 점이다. 이 세 회사는 모두 최고의 명문 대학에서 학위를 땄거나 딸 준비를 하고 있던, 정말 똑똑한 사람들이 만든 회사이다.

그러나 대부분의 새로운 기업들은 나 같은 사람에 의해 창업된다. 그들은 대체로 학업 성적이 바닥권을 헤매는 사람들이다. 학교 밖에서도 그다지 뛰어난 능력을 드러낸 적이 없다. 취직을 하기 위해 면접을 볼 때면 면접관들은 '이런 명청이가 어떻게 서류 심사를 통과했지?' 하는 눈으로 바라본다.

그런 내가 회사를 창업한 것은 사실 일자리를 얻기 위해서였다. 내가 직접 회사를 차려버리면 내가 원하는 사람을 누구든 채용할 수 있을 테니 말이다. 나는 어머니에게 내가 아무짝에도 쓸모없는 낙오자가 아니라는 사실을 보여주기 위해서 법원을 들락거리며 법인 서류를 만든 다음, 집 근처 인쇄소에서 '밥 영, 대표'라는 글자가 박힌 명함을 만들었다. 비록 월급은 없었지만 그래도 어머니는 주말에 이모들을 만나 아들 자랑을 늘어놓을 수 있게 되었다. 이모들은 나를 좋아하기는 했지만 나처럼 명청하고 직업도 없는 조카를 먹여 살릴 정부 프로그램이 있는지 걱정하고 있었다.

내가 처음 설립한 2개의 회사는 컴퓨터 임대 사업을 하는 회사였다. 한동안은 그럭저럭 잘 굴러갔다. 하지만 나는 본래 똑똑한 사람이 아니었기 때문에 컴퓨터 임대업이 '좋지 않은' 비즈니스라는 사실을 미처 모르고 있었다. 여기서 내가 말하는 '좋지 않다'는 표현은 미국 최고의 기업가라 해도 과언이 아닐 워렌 버핏의 정의에 따른 것이다. 그의 정의에 의하면 '좋은' 사업은 평범한 경영자에게 맡겨도 이윤을 낼 수 있는 사업을 말한다.

내가 컴퓨터 임대업에 몸담고 있는 동안 우리 경쟁 업체 5개 중에 4개 업체가 문을 닫았다. 처음에 우리는 그들이 별로 똑똑하지 못해서 그렇다고 생각했다. 하지만 막상 우리도 자금난에 처하고 보니 그들에 대한 우리의 평가도 크게 달라졌다.

이 같은 사실을 염두에 두면 아주 흥미로운 의문이 하나 떠오른다. 성공적인 학창 시절을 보내지 못한 사람들 중에서 유능하고 성공적인 기업가가 많이 나오는 이유는 무엇일까? 나의 명제는 이렇게 이어진다. 시스템 안에서 좋은 실적을 거두는 우리 같은 사람은 아주 어린 나이에 그 비결을 터득한다는 것이다.

유치원에서부터 시작해 보자. 당신이 모든 규칙과 기대치를 충족시키며 유치원 시절을 잘 보내면 선생님은 아주 그럴듯한 추천서를 써준다. 이 추천서를 가지고 초등학교에 입학하면 1학년 선생님은 당신이 첫날부터 지각을 하지 않았다는 이유만으로 당신을 좋아하게 된다. 유치원 때 배운 좋은 행동 방식은 어렵지 않게 1학년 교실에서도 적용되고, 그러면 거기서도 총애를 받을 수 있다. 덕분에 아주 만족할 만한 성적표를 가지고 2학년으로 진급할 수 있다. 이렇게 학창 시절 내내 시스템에 적응하는 기술을 무리

없이 배워 나가면 선생님들의 평가는 그러한 당신의 행동을 더욱 강화하는 역할을 하게 된다.

자, 이제 멍청한 아이의 경우를 생각해 보자. 나는…… 아니 그는 유치원에서부터 첫 단추를 잘못 끼웠다. 그가 유치원을 졸업할 무렵, 유치원 선생님은 초등학교 선생님에게 이렇게 속삭인다.

"저 아이를 조심해야 해요. 정말 멍청한 녀석이거든요."

그는 자기가 무엇을 잘못했는지 잘 모른다. 고작 다섯 살짜리가 알면 얼마나 알겠는가. 하지만 그래도 시스템이 자기와 잘 맞지 않는다는 사실을 눈치챌 정도는 된다. 그래서 그는 자꾸 딴생각을 하거나 게으름을 피우게 되고, 선생님의 눈에는 정말 멍청한 아이로 보이게 된다. 2학년으로 올라갈 때면 1학년 때 선생님이 유치원 선생님과 비슷한 평가를 2학년 선생님에게 전달하게 되고, 이런 과정은 그후로 쭉 이어진다.

그렇게 해서 좋은 성적을 받은 다른 학생들과는 달리 재능도 없고, 똑똑하지도 않고, 아무런 능력도 보여주지 못한 채 고등학교를 졸업하게 된다. 그 무렵이 되면, 그에게 남는 것은 자신이 얼간이라는 깨달음밖에 없다.

하지만 정작 재미있는 일은 그때부터다. 믿기 힘들지 모르지만, 자신이 멍청하다는 사실을 안다는 것은 비즈니스의 세계에서 커다란 경쟁 우위를 가져다 준다. 왜냐하면 경쟁자들은 자신이 멍청하다는 사실조차 모르기 때문이다.

소프트웨어의 소스를 공개하자는 운동이 벌어지기 시작한 초창기만 하더라도 '공짜' 소프트웨어를 팔아서 회사를 운영할 수 있다고 생각하는 사람은 몇 되지 않았다. 오픈 소스 소프트웨어는 여러 엔지니어들이 인터넷을 통해 서로 협력한 결과물이다. 이 소프트웨어는 이진법 코드와 소스 코드가 모두 사용자에게 공개되기 때문에 누구나 수정을 할 수 있다. 이것은 기존의 소프트웨어 업계에서는 찾아볼 수 없는 아주 색다른 모델이다. 이전까지는 소프트웨어를 팔 때 소스 코드를 제공하지 않았고(수정을 하려면 이 소스 코드가 필요하다), 심지어는 해당 소프트웨어에 어떤 수정을 가하려는 시도만으로도 감옥에 갈 수 있다는 협박이 뒤따랐다.

우리가 만든 〈레드 햇(Red Hat)〉은 고객들에게 오픈 소스 소프트웨어를 공급하는 일을 비즈니스로 승화시킬 수 있다고 믿는 몇 안 되는 회사 가운데 하나였다. 〈레드 햇〉은 전세계의 여러 엔지니어링 팀이 인터넷을 통해 작업한 오픈 소스 소프트웨어를 통해 '레드 햇 리눅스'라는 운영 체계를 개발하고 이를 보급하는 회사였다. 우리는 오픈 소스 라이선스 아래에서 개발한 모든 소프트웨어를 공급함으로써 이러한 오픈 소스 소프트웨어 개발자 커뮤니티와 협력했다. 기업 고객들에게 네트워크와 인프라스트럭처 구축용 소프트웨어에 대한 통제권을 제공한다는 취지였다.

그러자 어디선가 난데없이 새로운 경쟁자가 나타났다. 남다른 재능과 경험은 물론, 막강한 자금력까지 갖춘 소프트웨어 업계의 전문가 몇 명이 우리의 경쟁자로 등장한 것이다. 그러나 놀라운 것은 특별한 대책을 세운 것도 아닌데 불과 3년 만에 구멍가게나 다를 바 없는 우리 회사(신용 카드 현금 서비스로 자금을 동원할 정도였다)가 우리보다 훨씬 덩치도 크고 자금력도 좋은 경쟁 업체를 크게 앞지르기 시작한 것이다.

이 같은 성공을 거둘 수 있었던 것은 우리가 그들보다 뛰어난 재능이나 경험을 가지고 있었기 때문이 아니다. 단지 그들이 저지른 실수를 우리는 저지르지 않았을 뿐이다. 기존의 소프트웨어 업계에서 단련된 우리의 경쟁 업체는 독점적인 이진법 소프트웨어로 자기네 제품에 사용되는 오픈 소스 소프트웨어를 포위하는 전략을 선택했다. 그들은 이 추가적인 소프트웨어가 자기네 프로그램의 기능과 용도를 확대시켜 줄 것이며, 따라서 자기네 프로그램이 더욱 완벽하고 유용한 제품이 될 것이라고 믿었다. 하지만 그 제품이 소스 코드 없이 독점 라이선스만 가지고 출시된다는 것은 곧 고객들이 이 소프트웨어에 변화를 주는 것이 불가능하다는 의미였다. 그 결과 고객들은 오픈 소스 소프트웨어 특유의 장점을 전혀 활용할 수 없었다.

경쟁 업체들은 기존의 소프트웨어 업계에서 거둔 성공에 눈이 멀어 새로운 환경의 법칙을 직시하지 못했다. 내가 앞에서 제시한 이론, 즉 우리 경쟁 업체들은 자기네가 멍청하다는 사실을 몰랐다는 가설을 뒷받침하는 전형적인 사례인 셈이다. 좋은 학생들은 선생님들의 가르침을 통해 자신이 똑똑하다는 믿음을 가지게 된다. 16년 동안(그들은 대부분 대학을 나왔으니까) 끊임없이 선생님과 부모에게서 "너 정말 똑똑하구나"라는 소리를 들으며 자란 결과, 자신이 진짜 똑똑한 줄로 생각하게 되는 것이다. 기나긴 학창 시절 동안 자신이 멍청이라는 사실을 지적해 준 사람이 아무도 없었으니 그들이 그런 믿음을 가지게 되는 것도 무리가 아니다.

하지만 공부를 할 때보다 변화의 속도가 몇 배나 빠른 비즈니스 환경에서는 누구나 첫발을 들여놓는 순간 멍청이가 될 수밖에 없다. 학교에서 배운 곳 중에서 비즈니스 세계에 그대로 적용할 수 있는 것이 몇 개나 될까. 바로 이것이 〈월마트〉의 샘 월턴 같은 인재조차 마흔 살이 될 때까지 실패를 거듭한 이유이다. 반에서 운동도, 공부도 제일 잘하는 모범생이었던 그는 비즈니스 세계에 뛰어들면서 받게 된 온갖 나쁜 조언과 피드백을 철저하게 떨쳐버려야 했던 것이다.

하지만 그것은 또한 플로리다에 몰려 있는 최고급 휴양 시설의 대부분을 고등학교조차 졸업하지 못한 사업가들이 소유하고 있는 이유이기도 하다. 그들은 자신이 그렇게 똑똑하지 않다는 사실을 머릿속에 집어넣은 채 학교를 떠났고, 아무데도 취직할 데가 없으니 그저 일자리를 구하기 위해 창업을 하지 않으면 안 되었다. 바로 나처럼 말이다. 하지만 처음에는 고객도 없고 수입도 없는 게 당연하니까 자기 자신에게 월급을 주기가 쉽지 않은 법이다.

우리처럼 멍청한 학생들은 우리보다 똑똑한 급우들이 배우지 못한 한 가지를 알고 있다. 그러나 우리 가운데 상당수는 똑똑해지고 싶으면 더 열심히 공부하는 길밖에 없다는 선생님들의 세뇌에서 자유롭지 못하다. 그런 이유 때문에 우리는 되지도 않는 공부에 매달린다. 자신이 성공을 거두기에는 너무 멍청하다는 사실을 '너무 멍청하기 때문에' 미처 깨닫지 못하는 것이다.

하지만 때로는 아주 눈부신 성공을 거두는 경우가 전혀 없지만은 않다.

로버트 '밥' 영은 Lulu.com의 창업자이자 최고 경영자이다. 쟁쟁한 신생 기업 4개를 창업한 진정한 사업가라 할 수 있다. 밥 영은 리눅스 관련 제품과 서비스를 제공하는 세계 최대 업체 가운데 하나인 〈레드 햇 소프트웨어〉를 공동 창업하고 회장을 지낸 바 있으며(1993~2000), 이 회사의 성공에 힘입어 1999년 《비즈니스 위크》가 선정한 '최고의 기업가'로 뽑히는 영광을 누리기도 했다.

밥 영의 저서 『레이더 밑에서 : 〈레드 햇〉은 어떻게 소프트웨어 비즈니스를 변화시키고 〈마이크로소프트〉의 허를 찔렀나』는 이전까지 독점적인 이진법 시스템을 제공하던 기업들이 지배하던 시장에서 〈레드 햇〉의 오픈 소스 전략이 어떻게 성공을 거두었는지를 설명한다. 〈레드 햇〉이 상장된 1999년, 밥 영은 지식과 예술 분야에서 건강하고 건전한 공적 도메인의 성장을 지원하는 비영리 재단 〈공적 도메인 센터〉를 설립했다. 2002년 3월에는 사업가와 교육자, 화가와 음악가, 그 밖의 많은 사람들이 자신의 책과 이미지, 멀티미디어와 음악 등을 발표하고 판매할 수 있는 인터넷 사이트 Lulu.com을 만들었다. 기존의 관행을 깨고 콘텐트를 만든 사람이 자신의 지적 재산권을 양도하지 않고도 직접 시장에 내놓을 수 있게 하는 것이 Lulu.com의 목표이다.

순간과
순간 사이

우리는 하루하루를 기억하지 않는다.
우리는 순간순간을 기억한다.
— 체사레 파베세

'우와, 2백 30명…….' 이 글을 쓰는 틈틈이 지난 10년 동안 회사
일로 만난 기업가들의 이름을 생각나는 대로 적어보니 그 숫자가
금세 2백 명을 넘어섰다. 이 글을 마칠 즈음에는 그보다 훨씬 더
많은 이름들이 떠오를 것이다. 내가 대표로 있는 IMS는 애리조나
에 근거지를 둔 마케팅 커뮤니케이션 업체이다.

기업가들의 명단을 쭉 훑어보니 성공을 거둔 회사와 그렇지 못
한 회사의 명암이 머릿속에 어른거린다. 크고 작은 기업들을 상
대하는 동안 자동차나 비행기 안에서, 심지어는 저녁 밥상을 차
리면서 '무엇이 이 같은 성공과 실패를 갈라놓았을까?'라고 생각
한 적이 한두 번이 아니다.

기업가는 그 본질상 아주 정력적이고 열정적이다. 똑같은 기업

가인데도 왜 어떤 기업가는 천 길 낭떠러지 아래로 거침없이 뛰어내릴 용감한 직원들을 여럿 거느리게 되고, 반면에 또 어떤 기업가는 전혀 그런 행운을 누리지 못하는 것일까? 제2의 아이팟, 제2의 구글을 만든 인물로 기억되고 싶은 기업가라면, 당연히 낭떠러지에서 뛰어내릴 정도의 '열성 당원'들이 있어야 한다.

큰 성공을 거둔 기업가들은 자신의 회사 안에서부터 비범한 일들이 벌어지도록 이끌 줄 아는 지도자이다. 그들은 정말 특별한 일들이 벌어지도록 한다. 때로는 자기가 그런 일을 했노라고 말하는 순간의 희열을 맛보기 위해 그런 일을 한다. 많은 사람들은 원래부터 헌신적이고 충성스러운 직원들을 거느린 기업가가 그렇지 못한 기업가보다 더 유리하다고 생각하지만, 나는 거기에 동의하지 않는다. 같은 직원을 고용한다 해도 어떻게 영감을 불러일으키느냐에 따라 전혀 다른 결과가 나오기 때문이다.

동그라미 2개의 진실

모든 조직은 2개의 동그라미를 가지고 있다. 하나는 '심장'의 동그라미이고 또 하나는 '마음'의 동그라미이다. 심장의 동그라미는 흥분과 열정, 환희를 의미한다. 마음의 동그라미는 스프레드시트와 체크리스트, 그리고 앞날에 대한 예측 등으로 이루어진다. 기업가 정신을 갖춘 기업은 심장의 동그라미와 마음의 동그라미를 성공적으로 결합시킴으로써 위대한 기업으로 성장한다.

그들은 규칙과 규정, 스프레드시트와 예산, 그리고 그 밖의 마음의 동그라미의 모든 요소를 창의성, 관심, 열정, 목적, 충족, 성취, 자부심 등의 심장의 동그라미 속에 우아하게 옮겨놓는다.

여기에는 그럴 만한 이유가 있다. 2개의 동그라미가 합쳐지면 사람들은 왜 그런 규정이 있는지를 이해하게 된다. 사람들은 또 당연히 목표와 결과에 대한 책임을 진다는 자세를 갖게 되는데, 왜냐하면 그것이 관심과 열정의 상징이기 때문이다. 그런 과정을 통해 더 높은 목표가 달성된다. 성취에 대해서 한 가지 덧붙이자면, 충성스러운 직원들은 단순히 일상적인 업무만 마치고 퇴근하기보다는 무언가 큰 일, 중요한 일을 성공시키기 위해 노력한다. 위대한 일이 일어나기 위해서는 심장과 마음에 초점을 맞추는 조직 속에 그와 걸맞은 태도와 신념이 있어야 한다.

모든 것을 행동으로 옮긴다

우리는 IMS에서의 경험을 통해 기업 내부에서 심장과 마음의 조직을 만들어내고 키워가는 것은 삶을 바꿔놓는 아주 짧은 '순간들'이라는 사실을 발견했다. 비범한 실적을 거두거나 혹은 놀라운 제품과 서비스를 고객에게 제공하는 회사들은 모든 고비마다 매우 특별한 순간을 창출한다. 그들은 직원 회의를 통해 제품을 만들어내는데, 직원들이 회의실로 들어오는 순간부터 활력을 느낄 수 있도록 음악을 틀어놓는 등 아주 사소한 부분에까지

배려를 아끼지 않는다. 그들은 좀 심하다 싶을 정도로 성공을 자축한다. 한 회사는 어떤 성과를 자축하기 위해 성대한 파티를 열었는데, 그 파티에 '역사 순례' 시간을 마련하여 직원들이 지나온 과정을 회고할 수 있도록 했다. 그들은 단순한 겉치레가 아니라 진실한 마음이 담긴 감사를 주변 사람들에게 보낸다. 그저 벽에 포스터 한 장 붙여놓고 사명이나 전망을 알리는 차원이 아니라 자기네가 목표를 달성하면 세상이 어떻게 달라지는지를 보여주는 비디오나 강연을 준비하는 수고까지 아끼지 않는다. 그래야 각 부서가 목표를 달성하기 위해 어느 정도의 노력을 기울여야 하는지가 더욱 피부에 와 닿기 때문이다.

'순간들'이 왜 그렇게 중요할까? 왜냐하면 '순간들'은 당신을 사람의 심장 속으로 들어갈 수 있게 해주기 때문이다. 공식적인 순간도 있고 비공식적인 순간도 있지만, 가장 중요한 것은 주변 사람들에게 긍정적이고 기억에 남을 만한, 인생을 바꾸어놓을 순간들을 창출할 기회를 놓치지 말아야 한다는 점이다.

기업가는 자신이 의도했건 아니건 간에 그런 순간들이 찾아온다는 사실을 알아야 한다. 왜 당신은 온갖 위험을 무릅쓰고 독립했거나 하려 하는가? 아마도 당신이 몸담은 곳에서 유쾌하지 못한 순간들을 너무 많이 경험했기 때문일 것이다. 좋은 순간들은 위대한 영감을 불러일으키고, 나쁜 순간들은 정시 출근, 정시 퇴근 이상의 그 무엇에 대한 영감을 불러일으키지 못한다. 이 정도로는 날마다 '동족상잔'의 비극이 벌어지는 요즘 세상을 견뎌내기 힘들다.

그 차이는 실로 지대하다. 순간들은 사람들을 연결시키고, 서로 연결된 사람들은 더욱 큰 충성심을 발휘하는 경향을 보인다. 그들은 서로를 배려하고, 서로에게 이익이 되는 동반자 관계를 추구한다. 협동심이 커지고 일도 더 열심히 한다. 그런 사람들이 몸담은 회사가 남들보다 큰 경쟁력을 발휘하는 것은 더 말할 필요도 없다. 이런 사람들은 회사의 심장과 영혼을 구현하는 장본인들이다.

순간들을 창출할 기회는 사방에 널려 있다

모든 조직은 순간들을 창출할 기회를 갖는다. 처음에는 기업가 정신을 가진 지도자가 감동적인 말이나 때로는 허공에 치켜든 두 주먹으로 그런 순간을 창출한다. 그 다음부터는 행동이나 일을 통해 지속적으로 그런 순간들이 창출된다.

그렇다면 당신이 당신의 회사에서 좋은 순간을 창출하는지 나쁜 순간을 창출하는지 어떻게 알 수 있을까? 일단 여러 가지 '순간들'의 목록을 훑어보자. 먼저 자기 자신에게 물어보고(당신 자신의 대답 속에 모든 것이 들어 있을 것이다), 그 다음에는 팀원들로 하여금 작년 한 해를 돌아보며 가장 기억에 남는 순간을 적어보게 한다. 그 목록이 다음과 비슷하면 성공을 향해 달려가고 있다고 봐도 된다.

가장 기억에 남는 순간들

- 사용자 그룹 연례 회의에서 우리의 신제품이 우레와 같은 박수를 받았을 때!
- 팀 회의에 창업자가 참석해서 우리 회사를 만들기로 결심한 이유를 설명할 때. 그녀의 친한 친구가 질병으로 매일같이 고통 받는 것을 보고 그 병을 고쳐주고 싶어서.
- 모두들 힘을 합쳐 멋진 프레젠테이션을 한 끝에 회사 역사 상 최고의 계약을 따냈을 때. 그리고 나서 벌어진 피자 파티 도 좋았지!
- 내가 이번 프로젝트에서 최선을 다한 대가로 사장님이 선물한 1백 달러짜리 상품권으로 남편과 함께 근사한 저녁 외식을 했을 때.

반대로 다음과 같은 상황이 발생하면 문제가 심각하다.

가장 기억에 남는 순간들

- 지난달 영업부의 로저가 뚜렷한 이유도 없이 해고되었을 때.
- 예정에 없던 주말 특근 때문에 우리 아들의 첫 번째 축구 시합을 보러 가지 못했을 때.

- 파워 게임에서 밀려 승진과 2만 달러 연봉 인상의 기회를
  날려버렸을 때.

이 정도면 충분히 감이 잡힐 것이다. 형태와 크기에 상관없이
모든 종류의 기업을 이끄는 기업가라면 좋은 순간들과 나쁜 순간
들이 매일같이 발생한다는 사실을 깨달아야 한다. 당신의 목표는
그 강도나 빈도 양면에서 좋은 쪽이 나쁜 쪽을 압도하도록 만드
는 것이다.

어떤 기업을 경영하든 항상 맷돌에 코를 가는 기분으로 열심히
일을 해야 한다. 그러나 그 맷돌의 종류가 두 가지라는 사실 또한
잊으면 안 된다. 하나는 마음, 또 하나는 심장이라는 맷돌이다. 그
두 개의 맷돌 모두에 코를 갈아야 한다. 아주 간단하지 않은가.

캐시 히즐리는 IMS의 창업자이자 대표이다. 애리조나 주 스콧스데일에
위치한 IMS는 '순간' 비즈니스로 유명한 마케팅 커뮤니케이션 회사이다.
히즐리와 그녀의 회사는 크고 작은 기업들이 자신의 심장을 찾아내고
그것을 조직 안팎에서 마음과 결부시켜 새로운 활력을 이끌어내는 일을
한다. 그녀가 거래했거나 거래하고 있는 회사로는 〈콜드 스톤 크리머리〉,
〈메이크 어 위시 파운데이션〉, 〈코울 컴퍼니스〉, 〈리얼티 데이터 트러스

트〉, 〈리치 대드 컴퍼니〉, 〈CSP 매거진〉, 〈에이블 인포메이션 테크놀러지〉, 〈코카콜라〉, 〈프록터&갬블〉, 〈크래프트〉, 〈허시 푸즈〉, 〈와와〉, 〈쿠쉬 타드〉 등이 있다.

본인 자신도 기업가인 히즐리는 마케팅 커뮤니케이션 분야에서 20년 동안 활동한 베테랑이며, 책과 비디오를 선보이기도 했다. 『아메리칸 드림을 잡아라 : 기업가의 열 가지 성공 전략』을 짐 H. 후츠와 함께 집필했으며, 자신의 고객들을 위해 많은 책과 기사, 칼럼 등을 대필했다. 또 수백 편의 기업용 비디오를 제작해 〈텔리 상〉을 수상하기도 했다. 그녀의 회사는 〈거래 개선 협회〉가 선정하는 2005년 '비즈니스 윤리 대상' 최종 후보에 선정되기도 했다.

우리들 속의
춤꾼

만약 당신이 당신의 일에 애정을 느끼고
그 일이 당신을 즐겁게 해준다면,
나머지는 저절로 따라올 것이다.
– 오프라 윈프리

나는 아주 어려서부터 댄서가 되고 싶다는 꿈을 가졌다. 그러나 그 꿈에는 조그만 문제가 하나 있었다. 내 발은 한쪽 발가락이 안쪽으로 굽은 기형이었다.

부모님 말씀에 따르면 나는 걸음마를 배우기도 전에 춤을 추기 시작했다고 한다. 내가 두 살 때, 엄마와 함께 샌디에이고의 거리를 걷고 있었다(그때 우리 가족은 해군으로 복무 중이던 아버지를 따라 샌디에이고에 살고 있었다). 갑자기 어디선가 멋진 음악 소리가 들려오기 시작했다. 어느 무용 연습실에서 들려오는 소리였다. 나도 모르게 연습실 안으로 들어가서는 신나게 춤을 추기 시작했다. 그 모습을 본 연습실 주인은 엄마에게 이렇게 말했다.

"이 아이는 큰 재능을 타고났어요. 제대로 가르쳐보세요."

엄마는 무용을 배우는 것이 내 발 문제를 해결하는 데 도움이 될 거라고 생각했고, 아버지가 제대해서 원래 집이 있던 아이오와로 돌아온 뒤 나를 무용 학원에 등록시켰다.

그로부터 15년의 세월이 흐른 1969년의 시카고로 무대를 옮겨보자(그동안 나는 꾸준히 무용을 계속했고 발표회도 여러 차례 가졌다. 무엇보다 다행스러운 것은 무용을 하는 동안 내 발이 정상으로 돌아왔다는 점이다). 그때 나는 어느 회사 소속의 직업 무용수로 활동했는데, 아르바이트 삼아 이 회사의 무용 연습실에서 전통 재즈 댄스를 가르쳤다. 그런데 어느 날 나는 이곳 학생들이 브로드웨이의 무용수가 되기 위해서가 아니라 살을 빼거나 고등학교 동창회 같은 데서 춤 실력을 과시하기 위해 무용을 배운다는 사실을 알게 되었다. 어쨌거나 나는 최선을 다해 그들에게 재즈 스텝과 동작을 가르쳤다.

무용 연습실이 다 그렇듯이, 내 등뒤로는 벽면 전체가 거울로 되어 있었다. 그러니 내 동작을 따라하는 학생들은 좋건 싫건 거울에 비친 자신의 모습을 볼 수밖에 없었는데, 그들은 그게 아주 괴로운 모양이었다. 내 동작을 따라한다고는 하지만 본인들이 보기에도 전혀 마음에 들지 않았던 것이다. 그러다 보니 수업을 빼먹는 학생들이 많았고 분위기도 별로 좋지 않았다. 나는 어떻게 해야 도움을 줄 수 있을지 고민했지만 뾰족한 수가 생각나지 않았다.

나는 내가 가르치는 방식을 되짚어보기 시작했다. 어떻게 하면 학생들에게 동기를 부여할 수 있을까 고민했다. 그러다 보니 문득 떠오르는 생각이 있었다. 학생들이 내 동작을 유심히 지켜보기보다는 거울에 비친 자신의 동작을 바라보며 낙담한다는 데 착안한 나는 그 다음 수업부터 학생들과 자리를 바꾸었다. 이제 내가 거울을 마주보게 되고 학생들은 거울을 등진 위치가 된 것이다. 그러니 자연히 내가 그들의 거울이 되었고, 다들 예전보다 훨씬 행복해졌다.

이 일을 계기로 나는 학생들을 어떻게 가르치는 것이 더욱 효과적일지를 다시금 생각해 보게 되었다. 학생들이 무용을 배우러 오는 이유는 공동의 목표를 이루기 위해 다른 여성들과 함께 땀 흘리며 특별한 동지 의식을 느끼기 위해서가 아닐까. 물론 보다 날씬한 몸매, 춤을 통해 느낄 수 있는 즐거움을 만끽하는 것이 그들의 가장 큰 목표였다. 그렇다면 보다 간단하고 쉬운 동작, 동시에 훨씬 더 재미있는 동작으로 가르치는 내용을 바꾸면 어떨까?

나는 오랜 전통에 도전장을 내밀었다. 오랫동안 땀 흘려 연습하지 않으면 흉내내기조차 힘든 전문적인 스텝을 과감하게 포기하고, 그 대신 초보자도 쉽게 익힐 수 있는 간단한 스텝을 고안했다. 나의 새로운 목표는 학생들이 연습 과정 자체에서 즐거움을 느끼게 하자는 것이었다. 그들이 모두 전문 무용수가 될 것도 아닌데 군이 복잡한 스텝을 익혀야 할 이유가 무엇인가? 내가 고안한 간단한 동작만 따라할 수 있으면 몸이 건강해지고, 체중이 줄고, 근력을 키울 수 있다. 더욱 중요한 것은 더 이상 자기 자신을 한심하게 생각하지 않아도 된다는 점이었다.

그렇게 해서 나는 훨씬 쉽고 간단한 무용 강습을 개발했다. 학생들이 거울을 등지고 연습할 수 있게 한 것은 물론, 틈만 나면 아낌없는 칭찬을 들려주었다. 학생들은 이런 새로운 방식의 무용 강습을 무척 마음에 들어했고, 금방 입소문이 퍼지기 시작했다. 불과 몇 명밖에 안 되었던 학생 수가 15명, 30명, 60명으로 늘어났다. 공간이 부족해서 더 이상 수강생을 받지 못할 정도였다. 나는 이런 분위기 속에서 무언가를 감지했다. 그리고 거기에 재즈사이즈(Jazzercise)라는 이름을 붙였다.

다시 37년의 세월을 앞당겨보자. 시카고의 조그만 무용 연습실에서 출발한 재즈사이즈는 현재 6천 3백 명의 강사가 전세계 30개국에서 20만 명의 학생을 가르치는 거대 무용 학원으로 성장했다. 내 딸 샤나도 내 뒤를 이어 우리 회사의 부사장으로 활동하고 있다. 그녀 역시 뛰어난 무용수일 뿐 아니라 남다른 사업 감각까지 가지고 있다. 이제 막 걸음마를 시작한 그녀의 딸 스킬라 역시 춤추는 것을 좋아해서, 나는 이 손녀 역시 언젠가 우리 일에 합류할 것으로 기대하고 있다.

그렇다고 내가 지금 은퇴를 해서 뒷전으로 물러선 것은 아니다. 지금도 여전히 즐거운 마음으로 학생들을 가르치고, 교육용 비디오에 직접 출연하기도 한다. 유방암 예방과 예술 발전 기금을 마련하기 위해 재즈사이즈를 적극적으로 활용하고 있기도 하다(현재 2천 6백만 달러가 조성되었고 그 액수는 점점 늘어나고 있다). 물론 청소년 비만을 해소하기 위해 각 학교에 우리 프로그램을 제공하는 일도 빠뜨릴 수 없다.

내가 가장 자랑스럽게 생각하는 일 가운데 하나는 재즈사이즈가 나뿐만 아니라 다른 수많은 여성들에게 기업가 정신을 발휘할 수 있게 해주었다는 점이다. 정말 다양한 배경을 가진, 전세계의 수많은 재즈사이즈 강사들이 학생들에게 운동의 중요성과 가치를 가르치며 만족스러운 삶을 살고 있다. 물론 지금도 학원 안에 거울은 허용되지 않는다.

〈재즈사이즈 주식회사〉의 창업자이자 최고 경영자인 주디 세퍼드 미세트. 그녀는 수많은 여성을 새로운 운동의 장으로 인도한 에어로빅댄스의 개척자이다. 미세트는 여기서 거둔 성공과 특유의 사업 감각을 발휘하여 〈재즈톡스(Jazzertogs)〉라는 의류 회사와 〈JM 디지털웍스〉라는 비디오 프로덕션을 만들기도 했다.

미세트는 재즈사이즈 프로그램 외에도 어린이들에게 운동의 가치를 일깨워주는 일에 정성을 기울이고 있다. 이 같은 목표를 달성하기 위해 미국의 젊은이들을 위한 2개의 프로그램을 만들었다. 하나는 청소년들이 학교를 마치고 나서 무용을 배우는 '주니어 재즈사이즈'이고, 또 하나는 '건강한 어린이'라는 프로그램이다. 당시 건강 및 스포츠 담당 대통령 자문 위원으로 활동하던 아널드 슈워제네거가 미세트에게 아동 비만 문제를 해결할 수 있는 방법을 모색해 달라고 부탁했다. 미세트는 재즈사이즈를 토대로 미국 전역의 강사들을 활용하는 프로그램을 만들어 큰 성공을 거두었다.

사업가이자 큰 인기를 누리는 강연가이기도 한 미세트는 남들을 돕고 격려하는 일에 아낌없는 열정을 쏟아 붓고 있다.

"늘 자기 자신에게 도전하라. 변화와 새로운 것을 기꺼이 받아들여라. 그러지 않고 그냥 지내기에는 인생이 너무 짧다."

그 모든
달콤함

나는 지금까지 여자의 몸으로 사업을 하는 게 힘들지 않냐는 질문을 수도 없이 받았다. 그때마다 내 대답은 늘 짧고 단호했다.

"천만에!"

오히려 내가 여자라는 사실이 도움이 되었다는 생각이 들 때가 많다. 여성은 '비즈니스맨'이라는 단어 속에 들어 있는 '맨'의 전형적인 편견에 해당되지 않으며, 따라서 성공한 여성은 군중 속에서 단연 돋보이는 군계일학과도 같은 존재가 될 수 있기 때문이다. 여성이 훨씬 더 섬세하다는 사실은 누구도 부정할 수 없을 것이다. 게다가 우리 여성들은 한 번에 열 가지 일을, 그것도 대단히 깔끔하게 해치우는 능력을 가지고 있지 않은가.

나 같은 경우 성장기의 세 아들(남편까지 치면 넷)을 돌보려면 집과 학교, 그 밖에 각종 방과 후 활동 등을 정신없이 돌아다녀야 한다. 그 와중에 사업을 꾸려 나간다. 물론 어렵고 힘겨울 때도 있다. 그러나 그때마다 가족이 제일 우선이라는 사실만 잊지 않으면 많은 것들이 해결된다. 그런 생각 덕분에 나는 두 가지 삶을 잘 조화시킬 수 있었다. 엄마로서 아이들이 자라는 모습을 지켜볼 기회는 단 한 번뿐이지만, 일이야 언제든지 할 수 있지 않은가.

여기서 잠깐 내가 살아온 이야기부터 짚어보는 게 좋을 것 같다. 나는 어려서부터 딸기와 깊은 인연을 맺어왔다. 아주 어렸을 때 아버지가 나를 위해 딸기밭을 만들어주셨는데, 그때부터 딸기와 뗄 수 없는 운명적인 사랑이 시작된 것이다.

내가 주로 하는 일은 밭에 나가 딸기를 따는 것이었다. 딸기 한 알이 들통 속으로 들어가는 동안 내 입 속에는 두 알이 들어갔다. 딸기가 너무 맛있었기 때문이다. 어머니는 내가 따온 딸기를 가지고 맛있는 딸기 파이를 만들곤 하셨다. 식탁에서 어머니가 딸기 파이를 자를 때 내 몫이 너무 작다고 떼를 썼더니, 그 다음부터 엄마는 아예 두 판을 만드셨다.

그로부터 15년이 지난 뒤 나는 오빠의 회사에서 모기지 브로커로 일하게 되었다. 그때 나는 정말로 눈부신 실적을 세웠고, 돈도 많이 벌었다. 첫해에는 '올해의 신인상'을 비롯해 각종 상을 휩쓸다시피 했다. 그것이 나에게 큰 힘을 가져다 주었음은 말할 필요도 없다. 극심한 스트레스에 시달리기도 했지만, 그런 상을 받기 위해 누구보다 오랜 시간 동안 열심히 일한 것도 사실이었다.

내가 모기지 브로커로 성공할 수 있었던 것은 아마도 고객 관리를 잘했기 때문일 것이다. 요리사였던 시누이의 도움으로 해마다 휴가철이 되면 선물 바구니를 직접 만들어 고객과 부동산 중개인들에게 돌리곤 했다. 그것은 흔히 찾아볼 수 있는 평범한 선물 바구니가 아니었다. 그 속에는 손으로 만든 초콜릿 딸기 쿠키가 가득 들어 있었다. 원래 창의력이 있는 편이었던 나는 색색 가지 쿠키를 만들고 바구니를 장식하는 일이 그렇게 즐거울 수가 없었다. 마케팅 차원에서는 물론이고, 나 자신의 스트레스를 푸는 데도 큰 도움이 되었다.

그 뒤에는 주식과 관련된 일을 하게 되었는데, 솔직히 모기지 일만큼 재미있지는 않았다. 하지만 그래도 딸기 쿠키 만드는 일은 여전히 재미있었고, 그래서 여러 가지 방법을 시도하며 계속 쿠키를 만들었다. 하루는 내가 만든 쿠키를 거래처 개업식에 가지고 갔는데, 전문 요리사가 만들어온 것보다 더 맛있고 모양도 예쁘다는 칭찬을 듣게 되었다. 그러자 같은 사무실에서 일하는 한 여자 상사—그녀는 내 인생에서 아주 중요한 비중을 차지하게 되었다—가 이렇게 말하는 것이었다.

"증권 회사에서 일하는 여자가 언제부터 이런 재주를 가지고 있었어?"

그 말을 듣는 순간, 내 머릿속에서는 아이디어 하나가 번쩍 떠올랐다.

그리고 마침내 1989년에 〈샤리스 베리(Shari's Berries)〉를 만들었다. 그 다음부터는 많은 분들이 알고 있는 그대로이다.

나는 밑바닥부터 사업을 시작하면서 아주 많은 것을 배웠고, 그것이 성공의 발판으로 작용했다.

- 언제나 직원을 소중하게 생각하라. 직원들은 절대 사장이 자신을 대하는 것보다 더 소중하게 고객을 대하지 않는다. 자기가 하고 싶지 않은 일은 절대 직원에게도 시키지 말라(그런 일은 그냥 내가 직접 다 한다. 믿거나 말거나).
- 〈샤리스 베리〉는 해마다 1백 명의 고객을 선정해 감사 카드와 함께 선물을 보낸다.
- 자신이 좋아하는 일을 한 가지 선택해서 그걸로 돈을 버는 방법을 궁리해 보라. 좋아하지도 않는 일을 하면서 살기에는 인생이 너무 짧다. 나는 내가 정말로 좋아하는 일을 하면서 돈도 벌고 생계도 꾸려갈 수 있는 축복을 받았다.
- 고객은 언제나 옳다. 최고의 고객 서비스로 당신의 제품을 뒷받침하는 것보다 더 중요한 일은 없다. '기분 좋은 고객은 세 사람한테 얘기한다. 기분 나쁜 고객은 열 사람한테 얘기한다'라는 말을 명심해야 한다. 내 회사에 대해 언제나 긍정적인 이야기만 나오도록 하는 것이 나의 목표이고, 고객 한

사람 한 사람을 최대한 만족시키기 위해 온갖 노력을 아끼
지 않는다.

- 사회 봉사 활동을 게을리 하지 말라. 공동체는 자신을 돕는
  회사를 지지하게 마련이다.
- 일 때문에 가족이 희생되는 일이 없도록 하라. 우리는 가족
  을 부양할 돈을 벌기 위해 일을 하는 것이다. 절대로 일 때
  문에 가족이 희생되어서는 안 된다.
- 1백 원짜리를 잘 다스리면 1천 원짜리는 저희들이 스스로
  알아서 보살핀다. 오래 전에 우리 할머니에게서 들은 이야
  기이다. 돈을 잘 감시하라. 오프라는 지금도 모든 수표에 직
  접 서명을 한다.

남자건 여자건 사업을 하는 사람이라면 누구나 이 목록에 무언
가 추가할 내용이 있을 것이다. 여러분에게 들려주고 싶은 충고
는 바로 이것이다. 내가 할 수 있는 일이라면 여러분도 할 수 있
다. 성공적인 기업가가 되기 위해서는 매일같이 이런 목록을 정
리해 봐야 한다. 그것이 자신만의 성공 비결로 남을 테니까.

샤리 피츠패트릭이 창업하고 대표를 맡고 있는 〈샤리스 베리〉는 미국 전역의 수많은 가게와 온라인 사이트 www.berries.com에서 제품을 판매하고 있다.

〈샤리스 베리〉는 '딸기 장미'를 비롯한 2백 종 이상의 제품을 자랑한다. 손으로 직접 장식한 딸기로 장미꽃을 만들고, 이파리와 줄기 역시 손으로 만들었다. 초콜릿 장미는 안개꽃과 고사리로 장식되어 줄기가 긴 장미 상자처럼 보인다. 딸기 장미 꽃다발은 특허를 받을 만큼 독창적이며, 아주 특별한 선물로 꼽힌다.

피츠패트릭은 아주 간단한 우선순위를 가지고 자신의 성공을 설명한다. 첫째 하느님, 둘째 가족, 셋째 일. 피츠패트릭은 이 특별한 공식이 자신과 자신의 가족에게 커다란 행복을 가져다 주었다고 강조한다.

7
지금 있는 것들에
감사한다

•

감사의 역량에 따라
행복의 크기가 결정된다.
– 밀러

기적의
탄생

사람들은 흔히 시간이 가면 변한다고들 말하지만
실제로 자기를 변화시키는 것은 시간이 아니라 자기 자신이다.
– 앤디 워홀

어른이 된 지금도 나는 캐나다 시골의 할아버지와 함께 보낸 여름들을 곧잘 떠올린다. 특히 할아버지 이웃의 한 농장은 어린 시절의 나에게 커다란 영향을 미쳤다. 그 농장의 주인은 '멋쟁이 농부'라고 불리는 신사 아저씨였고, 그런 별명과 걸맞게 산뜻하고 하얀 울타리가 그의 농장을 빙 에워싸고 있었다. 그의 집은 윤기가 흐르는 말들과 소들이 한가롭게 풀을 뜯어먹는 모습이 한눈에 내려다보이는, 넓은 언덕 위에 자리하고 있었다. 나는 그 아저씨가 무슨 농사를 짓는지도 모르면서 나도 언젠가 그런 '멋쟁이 농부'가 되었으면 좋겠다고 생각했다.

나는 갖가지 아르바이트를 하며 힘겹게 대학을 마쳤다. 1970년, 마침내 어렵사리 따낸 석사 학위와 함께 짐을 꾸려서 기업계에 발을 들여놓았다. 이따금 하얀 울타리가 쳐진 초원이 머릿속에 어른거리기도 했지만 나는 더 이상 감정에 휩쓸리는 철부지 소년이 아니었다. 기업가로 성공하기 위해서는 앞으로 피나는 노력과 함께 어느 정도의 운도 따라주어야 한다는 것을 나는 알고 있었다.

그러던 어느 날, 나는 부엌 식탁에 앉아 구인 광고를 훑어보았다. 〈중독 연구 재단〉이란 광고 문안이 눈에 확 들어왔다. 캐나다 토론토에 위치한 대규모 지방 정부 기관이었다. 자나깨나 좋은 일자리를 찾고 있던 나는 결국 이 〈중독 연구 재단〉을 선택하기로 결정했다.

나는 그곳에서 집도 절도 없이 맨 밑바닥 신세가 되어버린 알코올 중독자들을 많이 만났다. 심리학자와 과학자들이 주도하는 임상 연구에 참여한 사람들이었다. 그들을 대상으로 중독의 영향을 분석하는 통계와 상호 관계를 다룬 연구 자료들이 날마다 산더미처럼 쏟아졌다. 그전까지만 해도 나보다 더 불우한 사람들에게 진정한 관심을 기울여본 적이 없던 나는 새로운 세상에 눈을 뜬 기분이었다.

연구 대상자들은 연구에 참여한 대가로 숙식을 제공받고 상담과 재활의 기회를 얻을 수 있었다. 그들은 재단이 운영하는 어느 농장에 '배치'되었다. 나에게 처음으로 주어진 업무는 그들의 의욕과 관심을 불러일으킬 노동 프로그램을 개발하고, 그에 따른 여러 가지 기술과 일거리를 만들어내는 일이었다. 사람들을 아주 바쁘게 만드는 것은 물론, 일정한 수익까지도 낼 수 있는 프로그램을 짜야 했다.

나는 우선 골동품을 손질해서 파는 프로그램을 구상했다. 그 무렵 토론토 사람들 사이에서는 차고 세일을 찾아다니며 '버려진 보물'을 찾는 일이 유행이었다. 나 역시 골동품을 좋아했기 때문에 무엇보다도 나 자신이 즐길 수 있는 일이었다. 옛 골동품에 담겨진 정교하고 아름다운 손재주를 발견할 때마다 나는 감탄을 금치 못했고, 거기에서 역사의 숨결을 느끼는 것이 무척 흥미롭고 의미 있었다. 나무로 된 골동품 접시는 오랜 세월 동안 흡수해 온 기억의 수수께끼를 암시하는 듯했다. 어떻게 하면 내 업무를 이 골동품들과 조화롭게 결부시킬 수 있을까? 우리는 농장의 낡은 헛간 하나를 작업실로 개조하고 장비를 몇 가지 구입한 다음, 맨 먼저 버려진 가구와 사람들을 끌어 모으기 시작했다.

사람들이 그 일에 관심을 보이기까지는 그리 오랜 시간이 걸리지 않았다. 그들은 매일 헛간으로 출근해 자신에게 주어진 일과 씨름했다. 우리는 재활용 가구를 만드는 것으로 사업을 확장했다. 작업실 일부를 떼어 매장을 하나 열기도 했다. 물건은 꾸준히 팔려나갔고, 우리의 프로그램은 성공을 거두었다.

나는 학교에서 비즈니스의 성공은 이윤과 손실, 마케팅의 효율성 등으로 평가된다고 배웠지만, 이번 일로 인해 그들이 일에 임하는 자세가 그에 못지않게 중요하다는 사실을 알게 되었다. 가구가 한 점 한 점 새로운 생명을 얻을 때마다 그동안 버려졌던 인생이 구원을 받아 쓸모 있고 가치 있는 존재로 되살아나는 느낌이었다. 연구 대상에 불과했던 알코올 중독자들의 눈에도 생기가 돌았고, 잃었던 자존심을 되찾았으며, 자기도 이 사회에서 무언가 생산적인 일을 할 수 있다는 자신감도 얻었다. 주어진 일자리를 잃지 않기 위해 새로운 기술을 연마하는가 하면, 철저하게 짓밟혔던 명예도 되찾고 싶어했다.

나는 그들이 지금까지 어떤 과정을 거쳐왔는지, 그들의 삶이 어떻게 새로운 전환점을 발견했는지 알고 있었기 때문에 그들에게서 많은 것을 배울 수 있었다. 물론 그들이 자신의 힘만으로 그런 변화를 이뤄낸 것은 아니었다. 헌신적인 자원 봉사자들의 힘도 컸다. 그들이 알코올 중독자들에게 깊은 관심과 애정을 기울이는 것을 지켜보면서 나는 많은 것을 깨달았다. 내가 〈중독 연구 재단〉에 취직할 때만 해도 대학에서 배운 지식을 활용하고 새로운 경험을 쌓는 일에 초점을 맞추었을 뿐, 그를 통해 이토록 큰 것—인간에 대한 애정, 이해, 인내심—을 배우게 되리라고는 상상도 하지 못했다. 그런 배움과 깨달음이 나의 미래에 어떤 영향을 미칠 것인지에 대해서도 전혀 알지 못했다.

그 뒤로도 나는 〈중독 연구 재단〉에서 5년을 더 일했다. 그 사이에 아내 앤을 만나 결혼했고, 첫딸이 태어났다. 행복한 나날이었지만, 우리는 그런 행복이 얼마나 손쉽게 짓밟힐 수 있는지 뼈 저리게 깨달았다. 우리 아기는 '워드닉 호프만 병'이라는 희귀한 유전병을 가지고 있었고, 그 때문에 고작 6개월밖에 살지 못했다. 첫아이를 잃은 슬픔은 정말 컸다. 그 끔찍한 경험을 겪고 난 후, 우리는 우리의 삶에 무언가 변화가 필요하다는 결단을 내렸다.

직장 생활은 대체로 만족스러웠지만 뿌리 깊은 관료주의와 문화적 이질감, 그리고 골치 아픈 인간 관계 때문에 피곤할 때가 많았다. 그래서 '좋은 친구' 사이로 발전한 직장 동료 게리 세들러와 동업을 하기로 결정하고 1976년, 미국으로 옮겨가 출판사를 차렸다. 우리가 선택한 곳은 플로리다 남부 지방이었다. 사실 이 곳은 알코올과 약물 문제 전문 타블로이드 신문을 발행하는 출판사가 있을 만한 곳이 못 되었다. 이 분야의 필자들과 정보는 대부분 워싱턴 D.C.에 자리잡고 있었고, 그때는 컴퓨터와 인터넷으로 어디서나 손쉽게 정보를 공유할 수 있는 시절이 아니었다. 우리가 만든 〈헬스 커뮤니케이션〉은 여러 해 동안 길가의 조그만 사무실을 벗어나지 못했다. 그러다가 1980년대로 접어들면서 우리는 전문직 독자들을 대상으로 하는 자기 계발서를 내기 시작했고, 마침내 1983년에 처음으로 우리 책이 《뉴욕 타임스》 베스트셀러 목록에 오르게 되었다. 그러자 뉴욕의 출판계에서도 우리를 주목하기 시작했다.

직업적으로는 만족스러운 생활이 이어졌지만 앤과 나의 개인적인 삶에서는 무언가 허전한 데가 있었다. 우리는 아기를 원했다. 모든 사람들의 충고를 무시하고 우리는 다시 아기를 가지게 되었다. 이번에는 아들이었다. 하지만 나는 그 아기를 처음 본 순간, 먼젓번 아기와 똑같은 증세를 발견했다. 결국 우리는 두 번째 아기마저 잃고 말았다.

그 과정에서 나는 몇 가지 새로운 사실을 알게 되었다. 무엇보다 생명의 가치를 알게 되었다. 그리고 사랑이 얼마나 소중한지, 사랑하는 사람을 잃는다는 것이 얼마나 가슴 아픈 일인지를 새삼스럽게 깨닫게 되었다. 나의 사업 목표와 방향이 조금씩 달라지기 시작했다. 사업은 단순한 돈벌이 수단만이 아니라 인간적인 가치 역시 그에 못지않게 중요하다는 사실, 다시 말해서 내 회사가 단지 이윤만을 목적으로 삼아서는 안 된다는 사실이 내게 새로운 결심을 하게 했다. 나는 우선 내 회사를 아침마다 설레는 마음으로 출근할 수 있는 곳으로 변화시키고 싶었다. 직원들이 자신의 잠재력을 충분히 발휘하고 보다 나은 삶을 살 수 있도록 돕고 싶었다. 나에게 연민과 재활에 대해 그토록 많은 것을 가르쳐 준 사람들에게 영광을 돌리고 싶었고, 우리의 고객, 우리의 직원들, 우리의 공동체를 아름답게 바꿀 수 있는 회사를 만들고 싶었다.

우리 회사가 창립 10주년을 맞을 즈음에는《뉴욕 타임스》베스트셀러 두 권을 필두로 전국적인 베스트셀러 수십 권을 가진 중독 문제 및 자기 계발 전문 출판사가 되었다.〈헬스 커뮤니케이션〉은 출판계에 '재기'라는 분야를 새로 개척한 주인공이 되었고, 우리의 책과 잡지, 각종 이벤트는 수많은 사람들의 삶에 긍정적인 영향을 미쳤다.

모든 비즈니스는 주기를 타는 법이다. 1990년대 초가 되자 '재기' 분야는 그 정점에 도달했고, 우리는 다른 틈새 시장을 개발해야 하는 시점에 도달했다. 마침 '자부심'이라는 영역이 새로운 관심 분야로 떠올랐고, 그 와중에 이 분야의 전문가로 명성을 쌓아가던 잭 캔필드라는 혈기 왕성한 젊은이를 소개받았다. 우리는 그가 가진 열정과 콘텐트가 마음에 들었다. 그래서 출판 계약을 맺었으나 무슨 영문인지 잭은 원고를 좀처럼 넘겨주지 않았다. 당시 그는 미국에서 가장 잘 나가는 동기 부여 강연가인 마크 빅터 한센과 함께 '영혼을 위한 닭고기 수프'라는 괴상한 제목의 책을 만드는 일에 몰두하고 있었기 때문이다.

잭과 마크는 나와의 출판 계약을 까맣게 잊고, 오로지 '닭고기 수프' 출판 계약을 맺기 위해 뉴욕의 출판사들을 수없이 찾아다녔다. 가는 곳마다 퇴짜를 맞았지만 그들은 흔들리지 않았다. 이 세상에 꼭 필요한 것은 약간의 닭고기 수프라는 믿음으로 굳게 뭉친 그들은 어떤 노력도 아끼지 않았다. 그래도 그들의 원고를 출판해 주겠다고 나서는 사람은 아무도 없었다. 급기야는 어느 출판 관련 전시회 때 우리 회사 〈헬스 커뮤니케이션〉 부스를 근거지로 삼아 마지막 안간힘을 다했다. 그러나 전시회가 끝났을 때 잭과 마크는 여전히 빈손이었다.

전시장에서 철수할 준비를 하고 있는데 잭이 우리에게 제안서를 한번 읽어보고 뭐가 잘못되었는지 조언을 들려 달라고 부탁했다. 그리고 가능하면 우리가 그 원고를 출판할 수 없겠는지도 한번 검토해 달라는 것이었다. 우리 출판사와 잘 맞는 성격은 아니었지만, 일단 검토해 보겠다고 하고 원고를 내 가방에 넣었다. 나는 집에 돌아갈 비행기를 기다리는 동안, 자투리 시간을 활용할 겸 그들의 제안서를 꺼내 읽어보았다. 「강아지 팝니다」라는 꼭지를 읽었을 무렵에는 목구멍에 울컥 치밀어 오른 무언가가 눈물이 되어 눈가에 맺혔고, 결국 우리는 그 원고는 물론 저자들, 나아가 '닭고기 수프' 시리즈 전체의 팬이 되고 말았다.

지금 앤과 나 사이에는 건강하고 예쁜 딸이 둘이나 있다. 멜린다는 대학을 졸업한 뒤 새색시가 되었고, 할리는 이번 가을에 대학교 2학년이 된다. 둘 다 제 엄마만큼이나 예쁘고 머리 좋고 마음씨도 따뜻한 여인으로 성장했다. 게리와 함께 시작한 우리 출판사는 근 30년 동안 내가 품었던 모든 기대를 훨씬 뛰어넘는 성과를 거두었다. 물론 나는 지금도 그 '멋쟁이 농부'를 기억하고 있으며, 그 꿈을 향해 다가가고 있다.

『영혼을 위한 닭고기 수프』가 처음 등장한 때는 1993년이다. 이 시리즈는 지난 2005년에 101번째 타이틀이 출간되었고, 지금도 출판의 역사를 새로 쓰고 있는 중이다. 전세계 수백만의 독자들이 『영혼을 위한 닭고기 수프』를 읽었고, 이 시리즈의 판매 수익 가운데 수백만 달러가 각 자선 단체에 기부되었다. 이 시리즈의 성공은 잭 캔필드와 마크 빅터 한센, 게리 세들러와 피터 베그소의 '좋은 만남'에서 시작되었다. 자기가 만난 한 사람 한 사람의 인연을 소중히 여기고 최선을 다할 때 기적은 만들어진다. 꿈을 가진 사람들은 서로 만나게 되어 있다.

아이들과
함께 있기

우리 부모님은 1948년에 중국에서 미국으로 이민을 왔다. 그 직후에 오빠와 내가 태어났으니, 우리 집안에서는 우리가 미국 땅에서 태어난 최초의 아이들이었다. 미국으로 건너온 부모님은 생계를 위해 있는 힘을 다해 일해야 했고, 많은 고생과 희생도 감내해야 했다.

아버지는 일요일에도 쉬지 않고 일을 했고, 어머니 역시 하루 종일 일을 했다. 아침마다 어머니가 일터로 나간 뒤 목에 집 열쇠를 건 채 혼자서 학교에 가던 내 모습이 지금도 생각난다. 학교 수업이 끝나면 열쇠를 목에 건 채 아무도 없는 빈집으로 가야 한다는 게 너무 끔찍했다. 어머니는 늘 바빴다. 일을 마치고 집에 와서도 청소나 저녁 준비를 해야 했기 때문에 내 숙제를 도와주거나 같이 놀아줄 시간이 없었다.

지금 돌아보면 그런 어린 시절의 경험 덕분에 남다른 독립심을 기를 수 있었던 것 같다. 모든 일을 나 스스로 처리하지 않으면 안 되었기 때문이다. 하지만 당시에는 그런 생활이 그렇게 싫을 수가 없었다. 1950년대 중반만 해도 대부분의 미국 어머니들은 집에서 살림을 하며 학부모 회의에 참석하거나 아이들 소풍에 따라다녔다. 나는 그런 어머니를 둔 친구들이 너무 부러웠다. 어렸을 때 생일 파티를 해본 적이 딱 한 번밖에 없다. 역시 부모님이 일 때문에 너무 바빴던 탓이다. 나는 나중에 아이를 낳으면 절대로 그렇게 살지 않겠다고 다짐했다.

먹고 사는 문제가 당면 과제였던 우리 부모님도 교육만큼은 최우선으로 치셨다. 특히 아버지는 남들보다 잘 살기 위해서는 공부를 잘해야 된다고 믿는 분이었다.

"누군가가 네 집이나 물건을 훔쳐갈 수는 있어도 머릿속에 든 지식은 절대 훔쳐갈 수 없다."

아버지가 입버릇처럼 하시던 말씀이었다. 그런 아버지의 영향을 받은 나 역시 내 미래에 큰 기대를 걸고 있었기 때문에 고등학교 내내 열심히 공부했고 덕분에 좋은 대학에 진학할 수 있었다. 버클리의 캘리포니아 대학과 데이비스의 캘리포니아 대학에서 경영학과 디자인을 공부한 뒤, 북서부 지역에서 마케팅과 금융 MBA를 땄다.

나는 스스로의 삶을 개척하기 위해 우선 돈을 벌어야 한다고 생각했다. 그러려면 경력이 필요했다. 그래서 〈존슨 앤드 존슨〉, 〈헌트-웨슨〉, 〈레블론 화장품〉 같은 대기업에서 마케팅 매니저로 일했고, 나중에는 〈마텔 토이〉라는 회사에서 마케팅 디렉터로 일했다. 나는 정말 열심히 일했다. 일은 할수록 점점 더 많아져서 밤 12시가 넘도록 퇴근을 못하는 경우가 허다했다. 그러던 어느 날 내가 과연 진정으로 원하는 것이 무엇인가를 생각하게 되었다. 열심히 일하는 것도 중요하지만 그보다 더 중요한 것, 즉 가족의 중요성을 놓치고 있는 것은 아닌가 하는 생각이 불현듯 든 것이다. 집 열쇠를 목에 건 채 어머니가 없는 빈집에서 하루 종일 서성이던 어린 시절이 떠올랐다. 아찔했다. 이렇게 쉴새없이 일을 하면서 어떻게 아이들을 제대로 키울 수 있을까 하는 생각을 떨칠 수가 없었다.

그 무렵 나는 바쁜 일과를 쪼개어 취미 삼아 장신구 만들기 강좌를 들었다. 생각보다 무척 재미있었다. 그러다가 몇 가지 장신구를 만들어서 직접 하고 다녔다. 그걸 보고는 사람들이 어디서 샀느냐고 물었고, 내가 직접 만들었다고 하면 다들 깜짝 놀라곤 했다.

나는 점점 재미가 붙어서 하루는 구두 상자에 그동안 만든 장신구를 가득 담아와 쉬는 시간을 이용해 직장 동료들에게 팔기 시작했다. 그런데 동료 한 명이 나더러 자기 집에 와서 친구들에게 장신구들을 구경시켜 줄 수 있느냐고 물었다. 나는 그 자리에서 할 수 있다고 대답했다. 그런데 바로 그 일이 뜻밖의 성공을 거두게 되었다. 나중에 나는 그 동료에게 고마움의 뜻으로 몇 가지 선물을 만들어주었다. 그 당시만 해도 나는 직접 판매나 홈 파티라는 개념을 전혀 몰랐다. 물론 그것이 나의 첫 번째 홈 파티였다는 것조차 몰랐다.

내가 만든 장신구들로 돈을 벌 수 있다는 사실을 확인한 나는 본격적으로 사업에 뛰어들기로 마음먹었다. 그 첫 단계로 우선 3백 달러를 투자해서 재료를 샀다. 남편 존을 비롯한 주변의 모든 사람들이 무모한 짓이라며 말리고 나섰다. 사람들은 모두 좋은 직장을 때려치우고 '보따리장수'로 나서는 건 미친 짓이며, 그동안 내가 공부한 게 아깝다고들 했다. 하지만 나는 반드시 성공할 수 있다는 자신이 있었다.

나는 3백 달러의 첫 투자금을 순식간에 회수했을 뿐 아니라, 첫해에 8천 달러의 매상을 올렸다. 여러 차례 시행착오를 겪은 끝에 홈 파티를 조직하거나 보다 효과적으로 물건을 파는 시스템도 갖추었다. 그때만 해도 〈마텔 토이〉에 근무하면서 부업으로 장신구를 팔았는데, 7년째 되던 해에는 무려 8만 6천 달러를 벌었다. 이것이 하나의 전환점이 되었다. 나는 〈마텔 토이〉에서 받는 연봉의 절반을 벌고 주택 융자금을 갚게 되면 직장을 그만두겠노라고 결심했다. 그렇게 해서 나는 1990년 4월에 직장을 그만두었다.

그동안 존과 나는 자녀를 갖기 위해 무던히 노력했지만 5년 동안 아무 소식이 없어서 영원히 아기를 갖지 못하게 될 줄 알았다. 하지만 다행히 내가 직장을 그만둔 바로 그해 여름에 아기를 가지게 되었다. 첫아이는 아들이었고, 1992년에는 딸이 태어났다.

나는 아이들을 키우면서 낮이나 저녁, 주말 등을 이용해 틈틈이 홈 파티를 통해 내 장신구를 팔았는데, 그러다 보니 낮 시간이 너무 모자란다는 것을 알게 되었다. 그래서 '사업을 확장하려면 다른 사람들에게 내 장신구를 파는 방법을 가르치는 길밖에 없다'라는 결론에 이르게 되었다. 그래서 1992년부터 컨설턴트를 모집하기 시작했다.

사업은 수백만 달러의 매출을 올리는 기업으로 성장했다. 이 같은 성공은 내가 품었던 꿈, 우리 직원들의 노력, 그리고 7만 명에 이르는 미국 전역의 '쿠키 리 컨설턴트'들 덕분이지만 가장 중요한 것은 내가 끝까지 맨 처음의 생각, 즉 엄마가 되면 늘 아이들과 함께하겠다는 결심을 잃지 않았다는 점이다. 나는 내 가족과 충분한 시간을 보낼 수 있는 범위 내에서 사업을 했고, 우리 회사의 컨설턴트들 역시 일 때문에 가족을 희생시켜야 하는 상황이 되지 않도록 최선을 다했다. 나는 이것이 얼마나 뿌듯하고 감사한지 모른다.

그만 가봐야겠다. 아이들을 데리러 갈 시간이다.

'가족의 행복'에 사업의 성공과 비전이 있다. 장신구 업계의 거물 쿠키 리가 그걸 증명해 주고 있다.

1992년에 설립된 〈쿠키 리 주식회사〉는 미국에서 가장 큰 장신구 직접 판매 회사로 성장했고, 7만 명의 컨설턴트들이 저렴하고 품질 좋은 패션 장신구를 판매한다. 캘리포니아 투스틴에 본사를 둔 〈쿠키 리 주식회사〉의 한 해 매출은 1억 2천만 달러에 이르며, 지금도 성장을 계속하고 있다.

프로젝트
X

나는 늘 기존의 시스템을 뒤집어엎고
지금과는 다른 방식으로 혁신을 시도하고자 했다.
– 샘 월튼

그것은 무슨 대단한 비밀도 아니다. 중고차를 사고 파는 일이 뭐 그리 대수로울 게 있겠는가. 자동차는 현대 사회의 필수품이지만 중고차를 사면서 가격을 놓고 옥신각신하는 것을 좋아할 사람이 누가 있겠는가. 그러나 우리는 중고차 매매를 둘러싼 관행을 완전히 뒤바꿔놓을 혁명적인 구상을 비밀리에, 조용히 추진했다.

1991년, 나는 〈서킷 시티〉의 수석 부사장이었다. 당시 〈서킷 시티〉는 새로운 시장으로 투자를 확대하려는 시점이었다. 우리는 그 어떤 경쟁 업체도 따돌릴 수 있는 전혀 새로운 시장을 선택해야 했다. 여러 가지 가능성을 타진한 끝에 당시 〈서킷 시티〉의 대표 이사 겸 최고 경영자인 리처드 샤프를 포함한 수뇌부는 중고차 시장의 무한한 잠재성에 주목했다. 이렇게 해서 우리가 '프로젝트 X'라고 부른 비밀 프로젝트가 시작된 것이다.

프로젝트 X의 목표는 분명했다. 그저 또 하나의 평범한 중고차 딜러로 만족하는 것이 아니라, 중고차 매매업이라는 업종의 개념 자체를 획기적으로 바꿔놓는 것이었다. 물론 처음에는 회의적인 입장을 보이는 이들도 많았다. 그러나 이 프로젝트에 밀접하게 관여한 사람들일수록 같은 생각을 가지게 되었다. 그것은 중고차 시장에도 창고형 대형 매장의 특징을 적용할 수 있다는 확고한 믿음이었다. 이 같은 혁명적인 구상이 성공을 거두기 위해서는 선결 조건이 필요했다. 자동차 판매업 사상 최초로 첨단 컴퓨터 시스템을 개발해야 했다. 1991년 12월, 한 쪽 반짜리 제안서가 〈서킷 시티〉 이사회에 상정되었고, 이사회는 이 프로젝트에 5천만 달러의 예산을 쓰기로 결정했다.

제안서가 이사회 승인을 받은 직후, 우리는 이 독특한 사업에서 결정적인 역할을 해줄 인재들을 모집하기 시작했다. 우리의 프로젝트는 2년 동안 극비리에 진행되었다. 심지어는 우리와 합류한 새 직원들 중에서 이 프로젝트가 정확히 무엇을 하려는 것인지 알지 못하는 이들도 있었다. 컴퓨터 프로그래머인 리처드 스미스 같은 이는 우리와 계약을 체결하고 나서도 우리가 농담을 하는 줄 알았다고 한다. 〈서킷 시티〉 같은 회사가 뭐가 아쉬워서 말만 번지르르한 세일즈맨들이 판을 치는 중고차 시장에 뛰어들어 스스로의 명성에 흠집을 내려 하겠는가? 그러나 우리의 의도는 바로 그 같은 이미지를 완전히 바꿔놓음으로써 중고차 판매의 개념을 뒤집어엎는 것이었다.

우리는 소비자들이 중고차를 살 때 무엇을 원하는지 가려내기 위해 다양한 설문 조사를 실시했다. 대부분의 소비자들은 마음에 드는 부분보다는 마음에 안 드는 부분을 먼저 꺼냈다. 이 같은 반응들을 종합해 볼 때, 구매자들은 사기를 당하거나 가격 때문에 옥신각신할 필요가 없는 환경, 합리적인 가격에 중고차를 구입할 수 있는 환경을 원하고 있음이 분명했다. 또 제조 업체와 모델별로 다양한 제품이 구비되어 있어야 선택의 폭이 넓어진다는 사실 또한 확인했다. 엄격한 품질 보증이 이루어져야 함은 물론, 결제나 융자가 그 자리에서 처리되고 아이들이 안전하게 놀 수 있는 공간을 확보하는 등 고객 친화적인 매장 분위기도 필수적인 요소임이 드러났다.

이 같은 정보와 분석을 바탕으로 새로운 도전이 시작되었다. 마크 오닐, 톰 폴리아드 같은 자동차 전문가들의 도움으로 최초의 대형 〈카맥스〉 매장이 1993년 9월 21일 버지니아 주 리치몬드에 문을 연 것이다.

우리는 고객들이 무엇을 원하는지 잘 알고 있었다. 개인적으로나 직업적으로 아주 정직하고 성실한 직원들을 채용해 고객들을 맞이하게 했다. 직원을 채용할 때는 아주 까다로운 몇 단계의 과정을 거쳤다. 그 기준을 충족하는 사람은 열 명 가운데 한 명꼴에 지나지 않았지만 우리의 독특한 영업 전략을 뒷받침하기 위해서는 그에 걸맞은 인재를 채용해야 했다. 그렇게 뽑힌 사람들은 이 분야의 선구자와도 같은 역할을 해냈다.

그로부터 10여 년이 흐른 지금, 〈카맥스〉는 62개의 중고차 매장과 더불어 7개의 신차 프랜차이즈를 갖춘 조직으로 성장했다. 2005년 회계 연도에 25만 3천 대의 중고차를 판매해 업계 최고 기록을 세웠다. 초창기에는 약간의 부침도 있었지만 2002년에는 독립 상장 회사로 등록되었고 1억 1천 2백만 달러의 수익을 올렸다. 뿐만 아니라 《포춘》지가 선정하는 '500대 기업' 중 하나로 뽑혔고, 2005년과 2006년에는 '일하기 좋은 100대 회사'로 선정되기도 했다.

이렇게 될 수 있었던 비결은 간단하다. 중고차 매매와 관련된 온갖 잡음을 철저히 배제하고 고객들이 공정한 거래를 통해 중고차를 살 수 있는 환경을 마련한 것이다. 중고차 판매업 역시 다른 소매업과 다를 바가 없고, 그래서 우리의 혁신적인 아이디어가 업계 전반에 걸쳐 근본적인 변화를 가져온 것이다. 프로젝트 X는 중고차를 사는 일을 즐거운 경험으로 바꿔놓았다.

버지니아 주 리치몬드에 본사를 둔 〈카맥스〉는 미국에서 가장 큰 중고차 소매 업체이며 1만 1천 명의 직원을 채용하고 있다. 오스틴 리곤은 이 회사의 대표 겸 최고 경영자이다.

〈카맥스〉의 혁신적인 영업 전략은 업계 전반에 신선한 바람을 몰고 왔으며, 고객들도 더 이상 사기당할 걱정을 하지 않고 중고차를 살 수 있게 되었다. 다양한 제조 업체의 다양한 모델을 매장에서 직접 선택할 수 있을 뿐 아니라 www.carmax.com에도 2만여 대의 차량이 구비되어 있다. 고객들은 〈카맥스〉에서 차를 구매하건 하지 않건 자신이 타던 차에 대한 현금 보상을 받는다. 판매 사원들은 자동차에 대한 해박한 지식을 가지고 있고, 어떤 차를 팔아도 같은 보수를 받기 때문에 고객들에게 절대 강요를 하지 않는다. 정직하고 저렴한 가격과 편리한 파이낸싱, 5일 이내 전액 환불 제도, 30일 품질 보증 등도 〈카맥스〉의 특장점이다.

한동안 베일에 싸여 있던 프로젝트 X가 자동차 판매 업종을 완전히 뒤엎어놓았다고 해도 과언이 아닐 것이다. 고정 관념과 상식을 깬 새로운 발상과 '정직', '성실', '믿음'이라는 접근 방식이 또 하나의 신화를 창조한 것이다.

우연한
사업가

남다른 경험을 한 소비자들은
서로 그런 경험을 이야기할 것이다.
입소문은 대단히 강력하다.
– 제프 베조스

나는 아주 어려서부터 사업가의 꿈을 가졌다. 그래서 일찍부터
MBA를 따기로 마음먹었고, 졸업을 할 무렵에는 완벽한 사업 계
획을 가지고 사회에 첫발을 내딛었다……라고 말했으면 좋겠지
만, 사실은 그게 아니다.

　아마 나 같은 사람을 두고 '우연한 사업가'라는 말이 생겼는지
도 모른다. 나는 사업가가 되려고 계획을 세운 적도 없을 뿐 아니
라 젊었을 때는 사업가가 뭘 하는 사람인지도 몰랐다. 솔직히 이
단어의 철자도 제대로 알지 못했다.

　나는 대학에서 심리학을 전공했다. 학교에 다니면서 아르바이
트로 택시 운전을 한 적도 있고, 바텐더로 일한 적도 있다. 내가
바텐더 일을 하고 있을 때 고아원에서 일하던 친구 하나가 가끔

씩 내가 일하는 술집에 들르곤 했다. 그 친구한테 고아원 이야기를 들으면서 왠지 흥미가 생기게 되었다. 그게 계기가 되어 나는 뉴욕 퀸스의 세인트존스 고아원에서 14년에 걸친 봉사 활동을 시작하게 되었다.

나는 대학원을 나오지 않았지만 그 14년은 나에게 MBA 졸업장보다도 훨씬 많은 것을 가르쳐준 시간이었다. 사람에 대해, 무엇보다 나 자신에 대해 그렇게 많은 것을 배울 수 있을 거라고는 미처 상상도 하지 못했다.

사실 초창기만 해도 나는 아주 형편없는 봉사자였다. 봉사를 시작한 지 불과 며칠 만에 좌절감을 느낀 나머지 고아원을 운영하던 톰 수사님을 찾아가 그만두겠다는 말을 서슴없이 했을 정도였다. 하지만 그는 순순히 나를 놔주는 대신 나를 위한 어떤 계획을 세웠다.

시간이 가면서 나는 보다 능동적으로 일하는 방법, 아이들에게 목표 의식을 심어주는 방법을 배우게 되었다. 더욱 중요한 것은 아이들을 하나의 집단으로 대해서는 안 된다는 것이었다. 집단하고는 관계를 맺을 수가 없다. 우리가 관계를 맺는 것은 집단이 아니라 사람, 각 개인이기 때문이다.

나는 조금씩 전문가로 성장하기 시작했다. 하지만 내가 좀처럼 통제할 수 없는 골치 아픈 아이가 하나 있었다. 노먼이라는 이름의 그 아이는 세인트존스 고아원에서도 거칠기로 소문난 아이였다. 아무리 애를 써도 그 녀석과의 관계를 이뤄낼 수가 없었다.

어느 날 나는 건물 옆의 공터에 토마토를 심고 있었다. 노먼이 지나가다가 그걸 보고는 나를 놀려댔다. 이후 며칠 동안 똑같은 일이 계속됐다. 나는 토마토를 심고, 노먼은 나에게 다가와 온갖 수모를 주었다.

그럼에도 불구하고 내가 얼굴색 하나 바꾸지 않고 일일이 대꾸를 해주었더니 언제부터인가 서서히 노먼의 주제가 바뀌기 시작했다. 처음에는 그런 땅에다 토마토를 심겠다고 생각한 내가 얼마나 멍청한가 하는 것이 주제였지만, 나중에는 어떻게 하면 토마토가 잘 자랄 수 있을까 하는 문제로 옮겨간 것이다.

그때부터 노먼은 매일같이 일부러 나를 찾아와 토마토 심는 것을 도와주었다. 우리는 스포츠, 여자, 학교, 그 밖에 노먼의 생활과 관련 있는 모든 주제를 놓고 이야기를 나누기 시작했다. 특별한 이야기는 아니었지만, 대화를 나눈다는 것 자체가 중요한 일이었다.

나는 노먼과의 만남을 통해 누구와도 마음을 열고 대화를 나누며 관계를 형성해 가는 법을 배웠다. 이러한 교훈, 이러한 철학이 바로 오늘날까지 내가 1-800-FLOWERS를 이끌어오게 한 원동력이 되었다. 먼저 관계를 형성하라. 사업은 그 다음이다.

관계는 일종의 거래이다. 활동의 범위를 넓히고 접촉의 기회를 늘리기 위해 첨단 기술을 사용할 수도 있지만, 그렇다고 해서 관계의 중요성이 사라지는 것은 아니다. 관계가 없으면 아무것도 남는 게 없다.

다음은 내가 『장미를 팔아라(Stop and Sell the Roses)』라는 내 저서에 소개한 '계명'들이다.

좋은 경험에 자신을 투자하라

다섯 살 때부터 오로지 성공을 꿈꾸며 자나깨나 비즈니스 생각만 할 필요는 없다. 나는 동기 부여와 목표 설정, 위기 관리와 같은 비즈니스에 필요한 대부분의 것을 세인트존스 고아원에서 배웠다. 나는 이 시절의 경험을 다른 무엇과도 바꾸지 않을 것이며, 그것이 1-800-FLOWERS의 성공에 핵심적인 역할을 했다.

MBA를 못 땄다고 좌절하지 마라

나야말로 MBA가 성공의 필요 충분 조건이 아니라는 사실을 입증하는 산 증인이다. 오해가 없길 바란다. 물론 나도 미국 최고의 경영 대학원을 나오지 못한 것이 아쉬울 때가 있다. 하지만 만약 선택의 기회가 주어진다면, 나는 사례 연구를 읽으며 책상머리에서 공부하기보다는 직접 현장에서 경험하는 쪽을 택할 것이다.

미리부터 모든 것을 알려고 하지 마라

만약 내가 꽃 가게를 처음 시작하기 전에 꽃 사업에 대한 모든 것을 알고 있었다면 나는 절대 이 사업을 시작하지 않았을 것이다. 때로는 어디로 이어지는 길인지 모르는 상황에서도 일단 길을 떠나야 하는 경우가 있다. 기업가 정신을 가진 사람이라면 첫발을 내딛는 데 주저하지 않을 것이다.

자기 자신을 브랜드로 삼아라

끊임없이 변화하는 이 세상에서 자신이 통제할 수 있는 유일한 변수는 자기 자신밖에 없다. 자기 자신을 하나의 브랜드로 간주하고, 일관성과 신뢰성이야말로 자신의 가장 큰 자산임을 명심하라.

멍청한 사람은 늘 막차를 탄다

선택의 기회만 주어진다면 대부분의 사람들은 자신의 가치를 인정해 주는 개인이나 기업과 일을 하고 싶어한다.

싼 게 비지떡이다

현명한 사업가는 인건비가 가장 저렴한 곳을 찾아간다고들 한다. 잘못된 생각이다. 가장 똑똑한 인재가 있는 곳을 찾아가야 한다. 언제나 대가를 치른 만큼 보상을 받게 마련이다.

가족 간의 유대를 신뢰하라

우리 회사에는 각계각층에 유능한 인재들이 많다. 어떤 이들은 아주 오랫동안 우리와 함께 일해 왔고, 더러는 입사한 지 1년이나 2년밖에 안 된 이들도 있다. 요즘처럼 이직이 빈번하고 모든 것이 계약에 토대를 둔 세상에, 영원한 것은 오로지 가족밖에 없다.

이윤을 내는 것이 항상 최선은 아니다

고객이 원하는 제품과 서비스를 그들이 원하는 때에 제공하고 있는가? 고객의 요구를 충족시키면 이윤은 저절로 따라온다.

인간적으로 다가가라

사장이 자기 회사 광고에 등장하는 것은 바람직하지 않다고 말하는 사람들이 많다. 물론 그럴 수도 있겠지만, 내가 우리 회사 광고에 나가는 이유는 사람들에게 내가 진짜 꽃장수임을, 또한 이것이 우리의 가업임을 보여주기 위해서이다. 그 보상은 관계로 돌아온다. 관계를 잘 꾸려 나갈 방법을 찾아내면 그만큼 앞서갈 수 있다. 그러기 위해서 광고가 필요하다면 못할 것도 없지 않은가.

바퀴는 이미 발명되었다는 사실을 명심하라

나는 스스로를 창의적인 표절자라고 생각한다. 사실 창의력이란 남들에게서 배울 수 있는 능력, 그 교훈을 다른 상황에 적용할 수 있는 능력을 일컫는다. 당신이 어떤 새로운 일을 시도할 때, 성공을 했건 못했건 간에 이미 다른 누군가가 같은 시도를 했을 가능성이 높다. 어느 쪽이든 교훈이 있게 마련이다.

1-800-FLOWERS의 설립자 겸 회장 겸 최고 경영자인 짐 맥칸은 맨해튼의 조그만 꽃집을 모태로 세계적인 기업을 일궈냈다. 젊은 시절 고아원에서 만난 노먼이라는 골치 아픈 아이와의 '관계 형성'에서 비롯된 경영 철학이 오늘의 그를 만들어낸 것이다. 1986년에 1-800-FLOWERS라는 전화번호를 받아낸 뒤, 편리하게 이용하고 신뢰할 수 있는 업체라는 이미지를 만드는 데 주력한 끝에 이전까지 두드러지는 업체가 없었던 이 업계의 선두 주자로 떠올랐다. 오늘날 1-800-FLOWERS는 세계 최고의 선물 소매 업체 가운데 하나이다.

8
행운은
만드는 자의 것

•

행운은 눈먼 장님이 아니다.
앉아서 기다리는 사람에게는 영원히 행운은 찾아오지 않는다.
− G.B. 클레망소

성공의 영혼을
찾아서

1970년, 내 아내 케이트와 내가 가진 재산이라곤 5천 달러의 대출금이 전부였다. 그리고 환경 보호 운동과 소비자 보호 운동이 더욱 발전할 거라는 믿음 하나만 가지고 〈톰스 오브 메인(Tom's of Maine)〉을 차렸다. 우리는 가능한 한 자연 제품 — 연마제, 염료, 그 밖에 사람이나 자연에게 해가 될 수 있는 인공 첨가물이 가미되지 않은 제품 — 을 쓰고 싶었고, 우리말고도 그런 생각을 하는 사람들이 많을 거라고 믿었다. 그래서 사람과 자연을 똑같이 존중해야 한다는 믿음 아래 회사를 세우게 되었다.

제일 먼저 성공을 거둔 제품은 천연 비누와 샴푸였다. 1974년에는 최초의 천연 치약을 개발했는데, 이것이 하룻밤 사이에 다른 제품들을 밀어내고 큰 인기를 독차지함으로써 우리의 개인 위생용품이 수많은 소비자의 사랑을 받는 밑거름이 되었다. 우리가 만든 '색다른' 회사가 먹혀들 거라는 직감이 맞아떨어진 것이다.

그러나 1980년대 중반에 접어들자 상황이 바뀌기 시작했다. 전혀 새로운 형태의 비즈니스로 출발한 우리 회사가 전형적인 일반 기업과 다를 게 없는 것처럼 보이기 시작한 것이다. 우리의 매출액은 5백만 달러로 늘어났다. 그리고 시장을 더욱 확대하기 위해 건강 식품 매장뿐만 아니라 일반 슈퍼마켓이나 약국 체인점에서도 우리 제품을 판매할 수 있도록 경영 대학원 출신의 인재와 패키지 디자인 전문가도 채용했다. 우리는 연 평균 25퍼센트의 성장률을 기록했고, 나는 미국 전역으로 출장을 다녔다. 겉으로는 모든 게 아주 잘 풀려 나가는 것처럼 보였지만, 속으로는 아주 참담한 심정이었다.

나는 스스로를 기업가라고 부르고는 있었지만, 지난 5년 동안 새로운 제품을 하나도 만들어내지 못했다. 사업을 시작한 뒤 처음 10년 동안은 케이트와 내가 열 가지가 넘는 제품을 개발해 냈다. 하지만 내가 구성한 경영진은 회사의 역량을 엉뚱한 쪽에다 쏟아 붓고 있었다. 재무 관리니 조직 관리니 시장 개발이니 하는 것들 말이다. 게다가 고객과 직원, 나아가 환경을 살리기 위해 천연 재료만을 사용해야 한다는 나의 고집 때문에 수시로 마찰이 생기곤 했다. 경영진은 소비자들이 우리 치약을 보다 친근하게 받아들일 수 있도록 인공 첨가제를 사용해야 한다고 주장했다.

직원들의 출근 시간을 확인하는 시스템을 갖추어야 한다고도 했다. 포장에도 그저 소비자들에게 간단한 '당부의 말씀'을 적는 대신 우리 제품을 쓰면 어떤 이익이 생기는지를 현란한 문구로 소개해야 한다고 했다. 이 젊은 MBA 출신들은 우리 회사를 더욱 성장시키고 싶다는 나의 욕심을 이루는 데 도움을 주었지만, 아무리 생각해도 사업에는 단지 회사가 커지는 것 이상의 무언가가 있어야 할 것 같았다. 아무래도 무언가 잘못 가고 있는 느낌, 무언가 잃어버린 느낌을 지울 수가 없었다.

1986년 가을, 나는 내 친구이자 성직자인 엑켈과 그의 아내 코니에게 "돈 버는 것도 지겹다"라는 하소연을 늘어놓았다. 앞으로 남은 삶 동안 무엇을 하면서 살아야 할지 혼란스러웠던 것이다. 마흔셋밖에 안 된 나이였지만 회사를 팔고 은퇴를 할까 하는 생각까지 들었다. 신학을 좀더 공부해 보고 싶은 생각도 있었다.

"내 인생의 사명을 아직 잘 모르겠어."

나는 그들 부부에게 그렇게 고백했다.

그러자 코니가 이렇게 되묻는 것이었다.

"〈톰스 오브 메인〉이 당신의 사명이 아니라는 확신은 어디에서 비롯되었죠?"

그녀의 질문은 나로 하여금 많은 생각을 하게 했다.

'신학의 날'을 맞아 하버드 신학 대학원을 방문한 나는 그 학교에 들어가기로 마음먹었다. 현직 CEO 신분으로 그 학교에서 박사 과정을 공부하는 사람은 내가 처음이었다. 그렇게 해서 캠퍼스와 회사를 오가며 이중 생활을 하게 되었다.

강의를 들으면서 한 가지 의문이 내 머리를 떠나지 않았다. 인간과 자연에 대한 사랑을 그대로 간직한 채 내 회사의 성장을 추구하는 것이 과연 가능한 일일까? 아니면 성공을 위해 내 영혼을 팔아야 하는 것일까?

내가 제일 먼저 찾은 대답 가운데 하나는 윤리학 입문 강의실에서 비롯되었다. 담당 교수인 리처드 니부어가 지배적인 윤리적 규범으로 공리주의를 소개하면서, 한 사람의 행위가 최대한의 사람에게 최대한의 선(善)을 주는가의 여부로 판가름 난다는 설명을 덧붙였다. '공리주의'라는 개념 자체는 조금 낯설었지만 나는 그것을 '선'이 '이익'으로 해석되는 비즈니스 세계를 이끌어가는 가치 체계라고 이해했다. 하지만 니부어 교수는 그것이 가치 체계의 한 형태일 뿐이라며 몇 가지 다른 예들을 제시했다.

나는 케이트와 내가 우리의 비즈니스에 적용했던 원칙이 '형식주의'를 따른 것임을 깨달았다. 그것은 사람들이 자신의 친구와 이웃에게 느끼는 책임감이나 인간적인 유대감을 일컫는 말이었다. 우리의 첫 고객은 다름아닌 우리 가족과 친구들이었다. 우리는 우리의 고객들을 존중했고, 고객을 속이거나 품질을 떨어뜨림으로써 이윤을 극대화하기 위해 회사를 차린 것이 아니었다. 머리는 물론 가슴을 동원해 비즈니스를 운영하는 철학적 토대가 보이기 시작하는 느낌이었다.

두 번째 깨달음의 순간은 니부어 교수가 20세기의 철학자 마르틴 부버와 18세기 철학자 조나단 에드워즈의 저술을 소개했을 때였다. 나는 그들의 글을 읽으면서 '왜 진작 이런 걸 배우지 못했을까?' 하는 생각이 들었다.

부버는 세상과 관계를 맺는 방식을 '나와 너', '나와 그것'의 개념으로 구분했다. '나와 그것'의 관계는 전형적인 사업적 접근 방식이다. 세상을 사용의 대상으로 간주하는 것이다. 이에 반해 '나와 너'의 관계는 있는 그대로의 세상 그 자체를 사랑하고 존중하는 관계이다. 부버는 두 가지 관계가 우리의 사랑 속에서 하나로 통합되어야 한다고 믿었다. 온전한 인간이 되기 위해서는 마음과 영혼으로 세상에 접근해야 한다. 우리가 이미 사용하고 있는 것이라고 해서 존중하지 못할 이유는 없다.

에드워즈의 철학은 우리의 정체성이 개인의 차원뿐만 아니라 타인과의 관계에서도 비롯된다고 보았다. 이런 논리에서 보자면 나는 내 회사를 개인적인 실재로서뿐 아니라 다른 실재, 즉 직원, 투자자, 고객, 협력 업체, 그리고 공동체와 환경에 이르는 여러 실재와의 관계 속에서 바라봐야 했다.

나는 새로운 눈을 떴다. 사업 계획에 대한 새로운 접근 방법이 보이기 시작했다. 〈톰스 오브 메인〉은 책임 있는 행동이라는 사회적 관계의 한 부분이다. 케이트와 내가 창업 후 10년 동안 회사를 운영한 방식이 바로 그것이었다. 천연 재료를 이용해 고객과 직원들에게 봉사한다는 원칙 말이다.

신학을 공부하기로 마음먹은 것은 내가 내린 비즈니스 차원의 결정 가운데 최선의 것이었다. 내가 어떤 부류의 사업가였는지, 또한 어떤 사업가이기를 원하는지를 새롭게 발견했을 뿐만 아니라 그것을 어떻게 표현해야 하는지도 깨닫게 되었다. 우리로 하여금 사업을 시작하게끔 했던 직관이 결코 잘못된 것이 아니었음을 새삼 확인하는 순간이기도 했다. 이전에는 일반적인 사업 방식에 의문을 제기할 만큼의 지적인 자신감을 갖지 못했던 나였다. 하지만 이제는 내 나름대로의 방식에 자신감을 갖게 되었다. 비록 전통적인 접근 방법과는 다르게 보일지 모르지만 서구의 종교적 · 도덕적 사상에 굳건한 뿌리를 두고 있음을 알게 된 것이다. 이윤과 공동의 선을 동시에 추구하며 〈톰스 오브 메인〉을 운영하는 것은 결코 불가능한 일이 아니었다.

하지만 나의 사고방식을 우리 회사의 경영진, 나아가 회사 전체에게 설득할 수 있을까? 과연 그들도 우리에게 초창기의 성공을 가져다 준 직관과 가치를 신뢰할 수 있을까? 나는 〈톰스 오브 메인〉에 신학교의 일부분을 가져가 보기로 마음먹었다. 부버의 저서 『나와 너(I and Thou)』를 우리 경영진과 이사진에게 선물한 다음, 니버 교수를 초대해 대화의 시간을 마련한 것이다. 그들이 아주 원시적이고 프로답지 못하다고 생각하는 몇 가지 원칙들―

이를테면 제품 포장에 개인적인 메시지를 넣는다거나, 직원들의 출근 시간을 기록하는 장치를 없앤다거나, 고객들이 보내온 모든 편지에 일일이 답장하는 일—이 사실은 아주 중요하다는 점을 보여주고 싶었다.

그 전략은 성공을 거두었다. 많은 임원과 이사들은 그 시간을 통해 커다란 깨달음을 얻었다. 우리는 그런 시간을 더 많이 갖기로 의견을 모았고, 〈톰스 오브 메인〉의 미래를 제시할 사명 선언문을 만들었다. 사업적인 성공과 함께 사회적·환경적 책임감을 발휘하는 것을 핵심 가치로 정의했고, 우리가 속한 공동체는 물론 인간과 자연의 가치에 대한 개인의 책임을 핵심적인 신념으로 정립했다.

이어서 우리는 그 같은 사명에 헌신하기로 뜻을 모았다. 우리가 정립한 가치를 새로운 성장 전략의 출발점으로 삼은 것이다. 그렇다고 해서 우리 회사의 모든 임직원이 새로운 가치에 무리 없이 적응할 수 있었던 것은 아니다. 끝내 적응하지 못한 사람들이 회사를 떠나는 아픔도 겪었다. 그러나 남은 사람들은 새로운 문화를 정착시키고, 직원들을 교육시키고, 우리의 새로운 사고방식을 일상적인 차원으로 승화시키기 위해 노력했다.

사업의 기준을 우리의 가치관 속으로 통합시킨 다음부터는 모든 결정이 지극히 투명해졌다. 경영진과 나 사이에 빚어지던 미묘한 갈등도 사라졌다. 시장에 떠밀리는 것이 아니라 우리의 믿음에 따라 모든 결정이 내려졌다. 예를 들어 베이킹 소다를 넣은 우리 치약은 여전히 맛이 별로 좋지 않았지만 그렇다고 인공 감미료를 넣을 수는 없는 노릇이었다. 결국은 고객들도 완전한 천연 제품을 원한다는 믿음, 베이킹 소다의 세척력을 알아줄 것이라는 믿음이 뒷받침되었기 때문에 가능한 일이었다 (우리의 믿음은 빗나가지 않았다. 이 치약은 큰 성공을 거두었다).

〈미국 치과 협회〉의 승인을 받기 위해서는 동물 실험을 하지 않는다는 우리의 원칙을 무너뜨리지 않고도 그들의 불화물(弗化物) 시험 기준을 충족시키는 방법을 찾아야 했다. 인체 실험을 강행하느라 열 배 이상의 비용이 소모되었지만, 결국 〈톰스 오브 메인〉은 동물 실험을 거치지 않고 〈미국 치과 협회〉와 〈미국 식품의약국(FDA)〉 승인을 받은 최초의 업체가 되었다.

오랜 세월을 두고 새로운 가치 체계를 적용한 결과, 놀라운 일들이 벌어지기 시작했다. 보다 나은 가치는 그보다 더 나은 가치로 이어진다는 사실이 입증된 것이다. 〈톰스 오브 메인〉은 사회와 환경에 대한 책임에도 '불구하고' 이윤을 낸 것이 아니라, 우리가 지닌 가치덕분에 오히려 엄청난 성공을 거둔 것이다.

〈톰스 오브 메인〉은 미국 전역의 3만 5천여 개 매장에서 70종이 넘는 천연 제품을 판매하는 미국 최대의 개인 위생용품 제조 업체로 성장했다. 우리 회사의 치약은 판매 순위 7위의 브랜드로 자리잡았고, 회사 역시 해마다 두 자릿수 성장을 지속하고 있다.

많은 사람들이 우리 회사를 뛰어난 천연 제품, 그리고 남다른 기업 가치를 가진 회사로 인식하고 있다.

회사를 처음 시작하던 무렵, 케이트와 나는 천연 제품의 중요성을 아는 우리 같은 사람들이 반드시 존재할 거라고 믿었다. 지금의 우리는 미국 국민 가운데 13%가 천연 제품의 중요성을 인식하고 있다는 사실을 안다. 그들은 나이와 성별과 소득에 의해 구분되는 것이 아니라 우리와 비슷한 가치관을 지닌 사람들이다. 가치에 입각한 비즈니스는 단순히 좋은 일이 아니라 아주 현명한 일이라는 사실이 입증된 셈이다.

톰 채펠은 자신의 본능에 충실하고 가치를 행동 중심에 놓은 결과, 대차대조표에만 국한되지 않는 커다란 성공을 거두었다. 공동 창업자이자 최고 경영자인 톰은 천연 제품 산업을 개척했을 뿐 아니라 새로운 비즈니스 모델을 창출한 것으로 평가된다.

톰은 사회적 책임 속에서 성공을 추구하는 다른 기업가들을 돕기 위해 두 권의 책을 출간했다. 『비즈니스의 영혼 : 이윤과 공동의 선을 추구하는 경영(The Soul of a Business : Managing for Profit and the Common Good)』과 『거꾸로 경영 : 가치 중심 리더십의 일곱 가지 원칙(Managing Upside Down : The Seven Intentions of Values—

Centered Leadership)』이 그것이다. 그는 또 가치 중심 리더십을 가르치는 교육 재단 〈솔트워터 연구소〉(www.saltwater.org)를 설립하기도 했다.

〈톰스 오브 메인〉은 오래 전부터 수많은 상을 받은 기업으로 유명하다. 가장 최근에 톰과 케이트는 구세군에서 '타인에 대한 봉사 정신'이 투철한 사람에게 수여하는 상을 받았으며, 동물 보호 단체에서 선정한 기업 윤리상을 수상하기도 했다.

아버지는 왜 배선 작업을
그렇게 하셨을까

한 번이라도 샤워를 해본 사람이라면
그때 불현듯 떠오르는 아이디어를 기억할 것이다.
뭔가를 이뤄낸 사람은 욕실에서 나와 몸을 닦은 다음,
그 아이디어를 실천에 옮긴 사람이다.
– 놀란 부시넬

나야말로 진정한 기업가라고 나는 생각한다. 나는 한 번도 직장에 다녀본 적이 없다.

펜실베이니아 주 클레이스빌(인구 5백 명)에서 다섯 형제의 막내로 자란 나는 어려서부터 돈을 벌 궁리를 하며 혼자서 많은 시간을 보냈다. 고등학교와 대학교 때는 여름 방학 때마다 아르바이트를 했다. 광고용 성냥과 백과사전, 심지어 자동차에 이르기까지 갖가지 물건을 팔고 다녔다. 내가 처음으로 중고차를 팔아본 것은 운전 면허증도 따기 전인 열다섯 살 때의 일이다.

이 같은 나의 밑바닥 경험을 기업가 정신으로 승화시키는 데 지대한 영향을 미친 사람은 우리 아버지 샘 안티온이다. 1900년대 초에 가축 수송선을 타고 앨리스 섬으로 건너온 아버지는 열

살의 나이에 가장 노릇을 했다. 어머니와 여동생, 갓 태어난 남동생을 먹여 살리기 위해 동네 이발소에서 구두닦이를 했고, 그 와중에 우편 강의를 통해 전기 공학을 공부했다. 미국으로 건너온 지 불과 3년 만에 아버지는 전기 공사 회사를 차렸고, 펜실베이니아 주 카네기에 처음으로 전구를 설치하는 실적을 올렸다. 열세 살짜리 꼬마가 한 일치고는 나쁘지 않았다.

아버지는 나에게 언제나 최고를 추구하는 사람의 표본이었다. 정말이지 아버지는 평생 동안 최고를 추구하는 삶을 살았고, 그것이 내가 아는 아버지의 전부였다.

전기 기술자인 아버지는 배선 작업을 할 때마다 늘 모양새를 염두에 두고 전선들이 산뜻한 대칭을 이루도록 정성을 기울였다. 대칭을 생각하지 않고 최단지점으로 연결하면 전선이 절약되어 비용이 훨씬 줄어들 텐데도 말이다. 어렸을 때 나는 아버지에게 왜 그런 식으로 작업을 하시느냐고 여쭤본 적이 있다. 그때 아버지는 이렇게 대답하셨다.

"많은 세월이 흘러서 누군가가 이 작업을 살펴보면 대번에 전문가의 솜씨란 걸 알아차릴 거다. 또 이런 식으로 해야 뭔가 문제가 생겨도 어디가 잘못되었는지 금방 찾아낼 수 있거든."

나는 아버지가 단 하루도 일을 쉬는 것을 본 적이 없었다. 다른 사람들은 모두 일이 없어 빈둥거릴 때도 아버지는 늘 일거리가 넘쳤다. 아버지가 보여준 최고에 대한 집념은 내 인생의 좌우명이 되기에 부족함이 없었다.

나 역시 아버지에게서 배운 원칙들을 이용해 사업을 시작했다. 대학을 졸업하기도 전에 나는 이미 다섯 채의 아파트와 호텔 하나의 주인이 되어 있었다. 여섯 건의 부동산 모두 계약금을 한 푼도 내지 않고 사들인 것인데, 그때가 1970년대였다는 점을 고려하면 당시로서는 파격적인 거래가 아닐 수 없었다.

그 밖에도 여러 가지 사업에 손을 댔는데, 그 가운데 나이트클럽이 하나 포함되어 있었다. 이 나이트클럽에서 두 차례에 걸친 총격 사건이 터졌다. 코가 깨지고 뼈가 부러지는 등의 수많은 사고가 연이어 발생했음에도 불구하고 나는 기적적으로 목숨을 건졌다. 이 사업의 성공 여부는 아무래도 죽지 않고 살아남았다는 사실에서 의미를 찾아야 할 것 같다. 나는 이런저런 사업을 하는 동안 한 가지 좌우명을 갖게 되었다. 다름아니라 남 밑에서 해야 하는 일은 절대로 하지 말자는 주의였다!

그러던 어느 날, 나는 문득 내가 말을 해서 돈을 벌 수 있다는 사실을 알게 되었고, 본의 아니게 직업 강연가의 세계에 발을 들여놓게 되었다. 알고 보니 말을 잘한다는 이유만으로 큰돈을 버는 사람들이 꽤 있었다. 그냥 단상에 서서 이런저런 이야기들, 특히 비즈니스와 관련된 이야기를 늘어놓기만 하면 된다. 게다가 누군가 다른 사람 밑에서 일할 필요도 없다.

사람들을 즐겁게 하는 데 소질이 있다는 건 알고 있었지만, 과연 나에게 비즈니스 관련 연설을 할 정도의 실력이 있는 것일까? 그건 확실히 아니었다. 거기에까지 생각이 미치자 아버지에게서 배운 최고가 되어야 한다는 집념이 되살아났다. 당장 연설과 관련된 것이라면 가리지 않고 닥치는 대로 공부를 하기 시작했다. 눈에 띄는 모든 책을 사서 읽었다. 워싱턴에 있는 〈미국 강연가 협회〉 지부에 가입해 녹음 테이프 관리를 담당하는 사서직을 맡은 덕분에 지구상에서 가장 뛰어난 연설 내용을 공부할 수 있었다. 그렇게 피나는 연습을 한 끝에 2년 정도 지나자 꽤 괜찮은 강연가가 될 수 있었다.

지금은 나에게 들어오는 강연 요청 중에서 내가 수락하는 것보다 거절하는 쪽이 훨씬 많다. 권위와 보수 모두 최고의 자리에만 참여하도록 내 나름대로 기준을 정한 것이다.

여기에도 한 가지 중요한 교훈이 숨어 있다. 당신이 어떤 일에서 남다른 성과를 거두기 시작하면 사람들이 찾아와서 어떻게 그렇게 되었는지를 묻는다. 그때쯤 되면 자신의 전문성을 책으로 표현할 수 있게 된다. 나는 『정신이 번쩍 드는 비즈니스 프레젠테이션(Wake'em Up Business Presentations)』과 『정신이 번쩍 드는 비디오 프로페셔널 연설 시스템(Wake'em Up Video Professional Speaking System)』을 집필했다. 내 강연이 끝나면 청중들에게 책과 비디오, 오디오 등이 포함된 이 제품을 판매했다.

그러던 차에 인터넷이 생겼다. 나는 강연계에서 점점 유명해지기 시작했고, 강연이 끝나고 나서 책과 비디오, CD 등을 판매하여 더욱 수익을 높일 수 있었다. 용기를 얻은 나는 온라인으로 책과 비디오를 판매하기로 마음먹었다. 하지만 생각처럼 성과가 오르지 않자 나는 이 분야에서도 최고가 되기로 결심하고 인터넷을 통한 제품 판매를 공부하기 시작했다.

이번에도 역시 닥치는 대로 자료를 섭렵했다. 여기저기 자문을 구하기도 하고 인터넷 마케팅용 소프트웨어도 다양하게 시험해 보았다. 자연스럽게 인터넷광이 된 것은 말할 필요도 없었다. 그렇게 되자 어떤 일이 벌어졌을까? 지난번처럼 이번에도 인터넷 마케팅 세미나에서 강연을 해 달라는 요청이 쇄도하기 시작했다.

하지만 나는 다른 사람들처럼 '신병 훈련소(bootcamp)' 같은 스타일의 세미나를 하고 싶지는 않았다. 내 세미나는 집에 가만히 앉아서 돈을 버는 방법을 가르치는 내용이기 때문에 '부트캠프' 대신 '버트캠프(ButtCamp)'라는 이름을 붙였다. 이름이야 어찌 됐건 내용은 아주 진지했다. 그래서 미국과 캐나다는 물론 태국, 싱가포르, 말레이시아, 호주, 뉴질랜드, 영국 등지를 돌며 세미나를 개최하기에 이르렀다.

이 같은 일련의 세미나를 통해 수많은 사람들에게 인터넷으로 제품과 서비스를 판매하는 방법을 가르쳤다. 말하자면 인터넷 마케팅 분야에 관한 한 세계 최고의 강연가가 된 셈인데, 이것은 기술적인 지식을 가지고 청중들을 압도하려고 하지 않았기 때문이다(사실 그런 건 잘 알지도 못한다). 내가 도움을 준 수많은 사람들 가운데 상당수가 'e-백만장자'의 반열에 올라섰고, 5천 달러에서 2만 달러의 과외 소득을 올리는 사람도 많다.

나는 또 버지니아 비치의 내 별장에 〈그레이트 인터넷 마케팅 센터〉를 만들었다. 학생들이 나와 함께 합숙을 하며 인터넷 마케팅을 공부하는 곳이다. 내가 쓴 『소규모 비즈니스를 위한 전자 상거래 완벽 가이드(The Ultimate Guide to Electronic Marketing for Small Business)』는 온라인 비즈니스 분야 최고 베스트셀러로 기록되었고, 전체 서적을 통틀어서는 2위를 차지했다(1위는 '해리 포터'라는 마법사 소년 이야기였다).

아버지에게서 배운 교훈은 내 인생에 지대한 영향을 미쳤다. 아마 아버지는 지금도 천국의 문이 완벽하게 여닫히도록 수리하고 계실 것이다. 여러분도 기회의 문을 활짝 열어젖히고 싶으면 최고를 고집하던 우리 아버지를 상기해 보기 바란다.

톰 안티온과 〈어소시에이츠 커뮤니케이션 컴퍼니〉는 소규모 비즈니스를 상대로 인터넷 마케팅 관련 강연과 교육 세미나, 합숙 프로그램 등을 제공한다. 그의 강연은 정보와 재미를 함께 추구하는 것으로 유명하다. 1988년부터 직업 강연가로 활동해 온 안티온은 2천 5백 건이 넘는 유

급 강연을 했다. 세계에서 방문자 수가 가장 많은 인터넷 사이트인 CBS

산하 Switchboard. com의 대변인으로도 활동했다.

끝까지 믿음을
잃지 않는다는 것

사업을 하다 보니 가진 돈이 적을수록 더 큰 인내심이 필요하다는 사실을 절감하게 되었다. 예를 들어 광고와 마케팅에 투입할 자본이 없으면 하나의 브랜드가 뿌리를 내리고 인기를 얻기까지 아주 긴 시간이 걸린다. 큰 자본 없이 시작했는데도 오늘날의 〈디 핀다트(Dippin' Dots)〉 아이스크림이 있기까지 가장 큰 역할을 한 것은 내가 만든 아이스크림에 대한 나의 믿음이다.

나는 일리노이 주 남단의 오하이오 강가, 그랜드 체인이라는 조그만 마을 부근의 농장에서 어린 시절을 보냈다. 전형적인 시골 소년이었던 나에게 농사는 대단한 기업가 정신을 요구했다. 엄청난 인내심, 강인한 윤리 의식, 그리고 개인적인 위험까지도 감수해야 했다.

나는 일곱 살 때 아버지로부터 트랙터 모는 법을 배웠다. 낡은 헛간에서 가축을 키우는 새 헛간으로 옥수수를 실어 나르는 것이 내 임무였다. 몇 년 뒤에는 친구와 함께 빗자루를 만들어 팔았다. 우리 집에서는 닭을 키웠기 때문에 달걀을 학교에 가져가서 한 꾸러미에 50센트씩 받고 팔기도 했다. 여름철에는 건초를 날라서 용돈을 벌었다.

학교 공부 중에서는 과학이 재미있었다. 화학 선생님의 조언에 따라 의사가 되려는 꿈을 키우기도 했다. 1979년에는 본격적으로 의학 공부를 해보고 싶어서 쇼니 전문대학에서 남 일리노이 대학으로 학교를 옮겼다. 학교가 개강할 무렵, 한 친구가 같이 사업을 하자고 제안해 왔다. 그래서 그 친구와 함께 돼지를 키우기 시작했는데, 하필이면 시기가 최악이었다. 돼지고기 값이 폭락하면서 내 학업 성적도 곤두박질쳤다. 돼지 농장 때문에 한 주에 수업을 여덟 시간이나 빼먹은 적도 있었다.

내 인생은 커다란 전환점을 맞이했다. 돼지 농장이 망하자 의기소침해진 나는 집(집세가 6개월에 살찐 돼지 두 마리인 이동 주택이었다)에 틀어박혀 진로를 고민하기 시작했다. 전화번호부의 '의사' 항목을 들춰보니 수백 명의 이름이 끝없이 나열되어 있었다.

'의사가 정말 나에게 맞는 직업일까? 내가 정말로 의사가 되고 싶은 걸까?'

그렇지 않아도 이미 그동안 빼먹은 수업을 따라잡는 것이 거의 불가능해 보이는 판이라, 결국 '아니다'라는 결론을 내렸다. 그때부터 나는 미생물학 쪽으로 관심을 돌렸고, 그 학문을 농업에 활용하는 방법에 골몰하기 시작했다.

졸업 후에는 잠시 교도소에서 죄수들을 가르치는 일을 했다. 1980년대 초의 농촌 지역에서 전망 좋은 사업으로 꼽히던 에탄올 생산에 대한 강의였다. 그 무렵 나는 이미 한 집안의 가장이 되어 있었고, 어떻게든 보다 나은 돈벌이를 찾아야 하는 상황이었다. 그러던 차에 켄터키에 본사를 둔 생명 공학 기업인 〈올테크 주식회사(Alltech, Inc.)〉에 취직을 하게 되었다. 나는 대학생 때 실험실에서 '리신'이라는 단백질을 다뤄본 경험이 있었다. 리신은 박테리아 배양액에서 리신을 추출해 분말로 만든 것이었는데 이 분말을 사료에 섞으면 동물들의 성장에 필요한 단백질을 공급할 수 있었다.

〈올테크〉에서는 그것과는 다른 이유로 박테리아를 배양하고 있었다. '좋은' 박테리아를 배양해서 냉동 건조한 다음 분말로 만들어 가축에게 먹이면 항생제를 쓰지 않고도 자연적인 방법으로 '나쁜' 박테리아의 침투를 막을 수 있었다. 박테리아의 신선도와 구조적 안정성을 유지하는 것이 관건이었기 때문에 배양액을 급속 냉동하는 과정이 필요했다. 한동안 저온 공학과 씨름한 끝에 박테리아 배양액을 순식간에 알갱이 형태로 냉동시키는 방법을 찾아냈다. 바로 그 알갱이가 내 인생을 바꿔놓게 될 줄은 꿈에도 몰랐지만 말이다.

어느 날 오후 집에서 가족과 함께 아이스크림을 만들던 나는 연구소에서 사용하는 냉동 시스템을 생각해 냈다. 이 냉동 시스템을 사용하면 아이스크림의 신선도와 맛을 오래 유지할 수 있지 않을까 하는 생각이 들었다. 그래서 당장 실험을 해보았다. 처음에는 아이스크림의 맛을 보존하는 것이 목적이었지만 이내 조그만 구슬 알갱이 형태의 전혀 새로운 아이스크림이 만들어진 것을 알게 되었다. 그걸 먹어본 주변 사람들 사이에서 괜찮다는 반응을 확인한 나는 당장 사업을 시작할 준비에 돌입했다.

그렇게 해서 우리 가족은 훗날 〈디핀다트〉라는 상표명을 붙인 아이스크림 사업을 시작하게 되었다. 자신만만하게 렉싱턴에 최초의 매장을 차린 것이 1988년 3월의 일이었다. 그로부터 1년이 지나는 동안 우리는 할 수 있는 모든 시행착오를 모조리 겪어야 했다. 예를 들면 가게의 위치를 잘못 잡은 탓에 아무리 아이스크림을 잘 만들어도 팔리지가 않았다. 먹고 살기조차 빠듯했다. 부족한 부분은 신용 카드에 의지하는 수밖에 없었다. 손님은 가뭄에 콩 나듯이 찾아왔고, 광고라고는 먹어본 사람들의 입소문과 우연찮게 지역 언론에 보도되는 경우가 전부였다.

그 이듬해부터 돌파구가 열리기 시작하는 듯했다. 지금은 없어졌지만 당시 테네시 주 내슈빌에 있던 〈오프리랜드 테마 공원〉 안에 우리 아이스크림 가게를 열게 된 것이다. 그런데 하필이면 롤러코스터 바로 옆자리가 떨어졌다. 그렇지 않아도 속이 뒤집힐 것 같은 롤러코스터를 타러 온 사람들, 혹은 타고 나온 사람들이 아이스크림을 거들떠볼 리가 없었다.

처음 2년 동안 그야말로 악전고투가 이어졌다. 그러던 어느 날 〈오프리랜드〉 측에서 편지가 한 장 날아들었다.

"우리는 귀하의 제품을 무척 좋아하지만, 매장을 철거해 주시기 바랍니다."

그동안 우리가 기울인 노력이 수포로 돌아간 것이다. 하지만 우리는 호락호락 물러서지 않았다. 〈오프리랜드〉 측과 협상을 벌인 끝에 다시 한 번의 기회를 얻었다. 이번에는 청룡열차를 벗어나 동물원 근처로 자리를 옮겼다. 폭발적이지는 않았지만 처음보다는 판매 실적이 나아졌다. 매장 밖에서 제품을 팔아도 좋다는 허락을 받은 다음부터는 특수 제작한 자전거에 냉장고를 싣고 다니며 종을 쳐서 사람들에게 우리 아이스크림을 먹어봐야 하는 이유를 알렸다.

진짜 전환점은 〈케네디 우주 센터〉에 매장을 연 1992년이었다. '미래의 아이스크림'이라는 별명과 함께 큰 인기를 끌게 된 것이다. 그후로 놀이동산과 쇼핑센터, 운동 경기장 등에 우리 매장이 들어서는 등 서서히 발동이 걸리기 시작했다.

지금은 미국 전역뿐만 아니라 전세계에 〈디핀다트〉가 진출해 있다. 제품이 다양해졌고, 프랜차이즈 사업을 통해 우리 아이스크림을 팔고 싶어하는 사람들이 줄을 잇고 있다. 이따금 우리가 중요한 결정을 앞두고 고민하고 있으면 누군가가 "긴장 풀어, 그래 봤자 아이스크림인데 뭘" 하고 말할지도 모른다. 물론 틀린 말은 아니지만, 우리에게는 그렇게 간단한 문제가 아니다.

끝까지 믿음을 잃지 않았다는 것, 그것이 우리의 성공 비결인 셈이다.

〈디핀다트〉의 창업자이자 회장인 커트 존스는 여전히 왕성한 창의력을 발휘해 〈아밀라아제 엔터테인먼트(Amylase Entertainment)〉라는 새로운 회사를 차렸다.

테네시 주 내슈빌에 본사를 둔 〈아밀라아제 엔터테인먼트〉는 아티스트 관리와 음반 전문 회사인데, 최근에는 영화 산업에도 진출했다. 〈아밀라아제 엔터테인먼트〉는 상근 작가의 시나리오를 영화화하는 특이한 구조를 가지고 있다.

'아밀라아제'라는 이름은 존스의 전공인 미생물학에서 비롯된 것이다. 존스에 따르면 아밀라아제는 촉매로 작용하는 효소의 이름이다. 자신은 가만히 남아 있으면서 다른 물질을 변화시키는 것이 촉매의 역할이다. 커트는 〈디핀다트〉가 오늘날과 같은 성공을 거두기까지 본연의 자세를 잃지 않았으며, 새로운 회사에서도 그런 자세가 변하지 않기를 바라고 있다.

비
얼라이브

단 몇 명의 사람만으로 세상을 바꿀 수 없다는 말을 절대 믿지 말라.
지금까지 세상을 바꿔온 것은 모두 단 몇 명의 사람들이었다.
— 마거릿 미드

나는 나락으로 떨어졌다. 브롱크스에 살며 맨해튼의 직장에 다니던 나는 어느 날 갑자기 자리에 드러눕는 신세가 되고 말았다. 회사에서 무거운 짐을 옮기다가 그만 허리를 다친 것이다. 늘 일에 쫓기는 남편과 아직 어린 두 아이를 둔 젊은 엄마가 꼼짝도 못하고 방안에 갇혀 극심한 통증에 신음해야 했다.

수술까지 받았지만 전혀 차도가 없었고, 의사들도 두 손을 들어버렸다. 아무런 희망도 없이 진통제에 의지해 살아가는 나날이 이어졌다. 성경에는 우리가 감히 꿈도 꾸지 못할 정도의 큰 은혜를 하느님이 내려주신다는 구절이 있다. 물론 그 당시의 나는 그 말을 믿을 수가 없었지만, 하느님은 내 인생을 위해 다른 계획을 예비해 두고 계셨다.

그런 상황에서도 유일한 위안이 있다면 나 같은 사람을 지원하기 위한 정부 보조금이 매달 나온다는 사실이었다. 그 돈이라도 빠듯한 살림살이에 보탤 수 있다는 게 너무나 다행스러웠다. 하지만 어느 날 갑자기 그 보조금조차 지급이 중단되어 버렸다. 마치 날카로운 비수가 심장에 꽂히는 기분이었다. 나는 바닥에 주저앉아 울부짖었다.

"주님, 어찌 이러실 수가 있나요? 그 돈은 나에게 목숨과도 같은 것이었어요!"

나라는 한 인간의 가치가 매달 우송되어 오던 수표 한 장의 가치보다 못하다는 생각은 나를 절망의 계곡으로 밀어내 버렸다. 정말이지 견디기 힘들었다.

또 하나 내 가치를 한없이 떨어뜨리는 것은 나의 외모였다. 조금이라도 통증을 줄여보려고 허리 보호대를 착용하다 보니, 그 상태로 입을 수 있는 옷이라고는 낡은 폴리에스테르 바지 세 벌밖에 없었다. 새 옷을 장만하는 것은 꿈도 꿀 수 없었다. 몸이 성치 못하니 쇼핑을 나갈 수도 없었고, 설령 그렇지 않다 해도 워낙 살림살이에 쪼들리다 보니 옷을 사 입을 수 있는 형편이 아니었다. 머리도 오랫동안 손질하지 못해 엉망이었고, 그래서 더 집 밖으로 나가볼 엄두가 나지 않았다. 한마디로 옴짝달싹할 수 없는 신세였다.

하지만 언제부터인가 몸이 조금씩 좋아지는 느낌이 들기 시작했고, 내 삶은 극적인 반전을 맞이하게 되었다. 더 이상 진통제에 의지할 필요도 없었고, 거추장스러운 보호대도 벗어 던졌다. 우선 주변 교회에서 마련한 성경 공부에 참석하는 등 내 삶은 점점 정상을 되찾아갔다.

그렇게 몇 년이 흘렀다. 하루하루 바쁜 일상을 살아가다 보니 유난히 몸이 피곤하고 기운이 떨어지는 느낌이 다시금 들기 시작했다. 그때 어느 친구에게서 '로열 젤리'라는 건강 보조 식품이 있다는 이야기를 들었다.

별 생각 없이 한번 먹어보았는데 한순간에 아주 짜릿한 느낌이 치솟아 올랐다. 너무나 신기해서 이 놀라운 제품의 효능을 다른 사람들에게도 알리고 싶어졌다. 이 제품을 널리 알리는 것만으로 도 사람들을 도울 수 있다고 생각하니 새로운 용기가 솟구쳤다. 하지만 생각만 가지고 선뜻 덤벼들 수는 없는 노릇이었다. 대학 졸업장도, 비즈니스 경험도 없는 평범한 가정주부가 사업을 시작한다는 건 결코 쉬운 일이 아니었다. 게다가 나는 집안 살림을 꾸려 나가는 데만도 힘든 처지였다. 늘 적자를 걱정해야 할 정도로 쪼들리는 상황이었다. 그때 문득, 시작이 미약해도 힘들어 하지 말라는 성경 구절이 생각났다.

그래서 부엌 식탁에 앉아 어디서부터 시작해야 할지를 고민하기 시작했다. 우선 돈이 필요했다. 은행에 찾아가서 4천 달러를 대출해 달라고 부탁해 보았지만 쫓겨나다시피 했다. 그러나 너무 감사하게도 남편이 나를 믿고 약간의 돈을 융통해 주었다. 그렇게 해서 1984년 11월, 〈비 얼라이브(Bee-Alive)〉가 첫발을 내디뎠다.

처음에는 영국의 어느 회사에서 아주 소량의 제품을 주문하고, '정말 좋은 로열 젤리'라는 문구를 넣은 배지를 제작했다. 이것이 내가 처음으로 시도한 마케팅 전략이었던 셈이다. 나는 그 배지를 달고 열심히 돌아다녔지만 사람들은 나를 비웃어댔다. 남 몰래 눈물을 삼킨 적이 몇 번인지 모른다.

하지만 나는 포기하지 않았다. 사람들에게 로열 젤리는 잼이나 젤리가 아니라 여왕벌만 먹는 아주 특별한 식품이라는 사실을 설명했고, 한 사람 두 사람 내 말에 귀를 기울이는 이들이 생겨나기 시작했다. 그때부터 우리 아이들과 여섯 명의 친구가 내 회사에 합류해 옷깃에 배지를 달았다. 서서히 주문이 들어오는가 싶더니, 놀라운 일이 벌어졌다. 우리 제품을 먹고 새로운 활력을 얻은 고객들이 재주문을 하기 시작한 것이다.

1년이 채 안 되어 내 꿈이 조금씩 이루어지기 시작했고, 우리 집 지하실은 '조그만 벌집'이 되었다. 컴퓨터 한 대와 전화 몇 대, 책상 몇 개가 전부였지만, 우리에게 필요한 것은 더 많은 일꾼이었다. 나는 이미 우리 제품을 먹어본 나와 비슷한 처지의 주부들을 우리 회사로 끌어들였고, 하루가 다르게 매출이 늘어나기 시작했다.

배지를 달고 다니는 것 이외에 새로운 마케팅 계획도 세웠다. 미국 전역으로 방송되는 라디오에 1분짜리 광고를 넣은 것이다. 독자적으로 라디오 및 텔레비전 프로그램을 제작하기도 했다. 우리 제품의 효능을 직접 체험한 유명 인사들이 우리 광고에 등장하기 시작했다. 더 이상 지하실에서 버틸 수 없는 상황이 되었고, 뉴욕 밸리 코타지의 신축 건물로 사무실을 옮겼다. 그곳이 우리의 '큰 벌집'인 셈이었다. 제품의 품질을 유지하고 보다 원활하게 제품을 배달하기 위해 창고와 물류 센터도 따로 마련했다. 1997년부터는 대형 홈 쇼핑 네트워크를 통해 로열 젤리를 판매하기 시작했다. 소비자들의 수요와 관심이 늘어남에 따라 제품의 종류와 수량을 늘렸고, 피부 관리를 위한 제품도 개발했다. 이제 소비자들을 '안팎으로' 도울 수 있는 제품군이 탄생한 것이다. 환희의 순간이 아닐 수 없었다.

창업 20년이 지난 지금, 〈비 얼라이브〉는 세계 최고의 로열 젤리 회사가 되었다. 그 성공 비결은 로열 젤리라는 제품 자체가 놀라운 효능을 지녔다는 사실, 또한 우리의 모든 발걸음을 주님께서 인도해 주셨다는 사실이다. 우리가 한 일은 그 목소리에 귀를 기울인 것뿐이다. 우리의 비(非) 냉동-건조 로열 젤리는 오늘도 많은 사람들의 삶에 활력을 불어넣고 있다. 우리는 다이렉트 마케팅 회사이기 때문에 소비자에게 직접 제품을 판매한다. 우리 회사의 전화 상담원들은 수많은 고객들과 직접 통화를 하며 그들이 무엇을 원하는지에 귀를 기울인다. 우리 업계로서는 찾아보기 힘든 사례가 아닐 수 없다. 고객들이 보내오는 편지를 보면 우리가 정말 많은 사람들과 튼튼한 유대를 맺고 있음을 확인할 수 있다.

옷이라고는 바지 세 벌밖에 없던 브롱크스의 젊은 엄마가 수많은 사람들이 보다 윤택한 삶을 살 수 있도록 돕는 회사의 대표가 될 거라고 예측한 사람이 누가 있을까? 이제는 남부럽지 않은 삶을 살고 있는 나로서는 평범한 사람들을 도와 비범한 일을 하게 하시는 하느님의 은혜가 그저 놀라울 따름이다.

〈비 얼라이브〉는 박하와 비타민을 첨가한 영양제에서부터 피부 관리 제품에 이르기까지 다양한 로열 젤리 제품을 선보이고 있다.

최고를
향하여

1891년에 태어나신 우리 할아버지는 고향인 네브래스카 주 데이비드 시티의 차가운 겨울밤을 좀처럼 못 잊으신다. 난방도 되지 않는 침실의 유리창에 서리가 어찌나 두텁게 끼었던지 동전을 유리에 대고 있으면 금방 얼어붙어 버릴 정도였다고 한다.

집 안에는 먹을 것도 거의 없었다. 옥수수 빵에 발라 먹을 버터 한 조각 살 돈조차 없을 때가 많았다. 할아버지는 유난히 왕성한 식욕을 가지고 있었고, 끼니 때 맞춰 식사를 하지 못하면 눈에 헛것이 보일 정도였다고 한다. 할아버지는 배고픔 때문에 더 성공을 갈구하게 되었고, 편안한 삶을 살아온 다른 사람들보다 더 큰 힘을 발휘할 수 있었다고 한다.

할아버지와 두 명의 형은 어렸을 때부터 생계를 돕기 위해 일터로 나섰다. 할아버지는 아주 재주가 많은 분이었다. 레모네이드를 만들어서 야구장 관중들에게 파는가 하면, 마을에 기차가 들어오면 샌드위치를 만들어 팔기도 했다. 아홉 살 때는 〈캘리포니아 향수 회사〉의 직원을 설득해서 집집마다 다니며 화장품을 팔았다고 한다.

할아버지의 형들이 어느 정도 돈을 벌어 네브래스카 주 노포크에 서점을 차리자 온 가족이 그곳으로 이사를 가게 되었다. 술집과 도박장이 즐비한 그 당시의 노포크는 수시로 총격전이 벌어지는 등 아주 험한 동네였다. 하지만 책이나 잡지, 담배, 캔디 등은 꽤 잘 팔렸다.

하루는 여기저기 떠돌아다니며 담배를 파는 행상이 그 서점을 찾아왔다. 그는 캔자스시티라는 도시가 '할 수 있다'는 정신으로 무장한 채 무서운 속도로 발전하고 있다고 열변을 토했다. 그 말을 들은 할아버지는 그 도시가 사업을 시작하기에 아주 적당한 곳이라고 판단했다. 그렇게 해서 할아버지는 열여덟 살이던 1910년 1월, 캔자스시티 기차 역에 첫발을 디뎠다. 숙소인 YMCA까지 갈 차비도 없었지만 할아버지의 가슴에는 원대한 포부가 꿈틀거리고 있었다.

할아버지의 짐 속에는 구두 상자 2개를 가득 채운 그림엽서가 들어 있었고, 그의 머릿속에는 우편 주문 방식으로 그 엽서를 판매한다는 계획이 들어 있었다. 할아버지는 엽서 상자를 침대 밑에 넣어두고 명세서를 만든 다음, 중서부의 중간 상인들에게 1백 장씩 묶은 엽서를 우송했다. 더러는 돈도 지불하지 않고 엽서를 삼켜버린 이들도 있었고, 더러는 주문하지도 않은 물건을 보냈다며 되돌려 보내는 이들도 있었다. 하지만 3분의 1 가량은 엽서 대금으로 수표를 보내왔다. 할아버지는 두 달 만에 2백 달러를 벌어서 수표 계좌를 개설했다.

할아버지는 그 같은 출발에도 불구하고 그림엽서라는 상품이 한때의 유행에 지나지 않는다고 생각했다. 그보다는 밸런타인데이나 크리스마스 같은 때 봉투에 넣어서 우송할 수 있는 고급스러운 카드가 더 잘 팔릴 거라고 판단한 것이다. 형 가운데 한 명이 합류한 1912년부터 연하장이 할아버지의 제품 목록에 추가되었다.

그 무렵 난데없는 재앙이 밀어닥쳤다. 이른 아침에 걸려온 한 통의 전화, 그것은 할아버지가 외상으로 확보해 놓은 재고 창고에 불이 나서 물건이 모두 타버렸다는 소식이었다. 어느 회사의 카드에 이런 문구가 적혀 있다.

"밧줄이 동나면 끄트머리에 매듭을 지어서 거기에 매달려라."

할아버지가 처한 상황이 꼭 그랬다. 그러나 할아버지는 그 절망적인 상황에서도 무너지지 않았다. 뼈를 깎는 노력과 약간의 행운이 따라준 덕분에 할아버지는 대출을 얻어 조그만 판화 회사를 인수하는 데 성공했다. 어느 정도 기반이 잡히자 또 다른 형제한 분이 합류했다.

조그만 구두 상자에서 시작한 사업이 이제는 수십억 달러짜리 회사로 성장했다. 〈홀마크 카드(Hallmark Cards, Inc.)〉가 그것이다. 우리 할아버지 J. C. 홀은 흔히 카드 업계의 개척자로 불린다. 할아버지는 사업상의 성공뿐만 아니라 아이젠하워와 윈스턴 처칠 같은 세계적인 지도자들과도 친분을 가지고 있었다. 그럼에도 불구하고 마지막 순간까지 수수한 입담과 기업가 정신을 잃지 않으셨다.

내가 사업에 눈을 뜨기 시작한 것도 할아버지와 함께 매장을 둘러볼 때였다. 매장 한 군데를 찾아갈 때마다 할아버지는 세세한 부분까지 꼼꼼하게 주의를 기울였고, 자신이 느낀 그 매장의 장점과 단점을 지적하곤 했다. 새로운 아이디어, 그리고 업무 방식의 개선을 추구하는 할아버지의 열정은 〈홀마크〉를 연하장 업계의 선두 주자로 끌어올린 주역이었다.

할아버지가 시도한 최초의 혁신은 획기적인 선물 포장지에서 비롯되었다. 그게 1917년의 일인데, 그전까지만 해도 갈색 종이나 색종이에 선물을 포장하는 것이 일반적이었다. 그런데 크리스마스를 코앞에 두고 재고가 바닥나는 사태가 벌어지자, 할아버지는 예쁜 그림이 그려진 봉투를 프랑스에서 들여왔다. 그 포장지가 선풍적인 인기를 끌면서 할아버지는 직접 선물 포장지를 생산하게 되었다.

원래는 회사 이름이 〈홀 브러더스〉였는데, 할아버지는 그 이름이 조금 촌스럽다고 생각했다. 그러던 차에 '홀마크(hallmark)'라는 단어에 고급스러운 품질의 의미가 함축되어 있을 뿐 아니라 성(姓)까지 들어 있다는 데 생각이 미쳤다. 그래서 1928년, 할아버지는 연하장 뒷면에 '홀마크 카드'라는 문구를 인쇄하도록 했다. 할아버지는 손님들이 카드를 살펴볼 때 뒷면의 회사 이름을 확인하도록 만들고 싶었다. 몇몇 광고 회사에서는 소비자들이 절대 그런 행동을 하지 않는다고 주장했다. 하지만 할아버지는 고집을 꺾지 않고 손수 이 회사 최초의 광고 문안을 작성했다. 그 광고는 1928년 《레이디스 홈 저널》에 실렸다.

1951년, 할아버지는 새로운 매체로 부각된 텔레비전에 눈을 돌렸다. 〈홀마크 명예의 전당〉이라는 프로그램을 후원하기로 결정한 것인데, 이렇게 해서 '홀마크'라는 단어가 지속적으로 노출되자 시청자들은 자연스럽게 이 단어를 높은 품질과 연관시켜 생각하게 되었다.

할아버지는 "2천 8백만에게 나쁜 인상을 심어주는 것보다는 8백만에게 좋은 인상을 심어주고 싶다"라거나 "느낌이 좋아야 좋은 회사다"라는 믿음을 가지고 있었다. "정말로 상대방을 생각한다면 최고의 카드를 보내세요"라는 이 회사의 유명한 슬로건에는 할아버지의 높은 가치 기준이 고스란히 담겨 있다.

할아버지는 언제나 모든 연하장의 디자인을 직접 검토하곤 했다. 'O.K.J.C.'라는 도장이 찍히지 않으면 어떤 디자인도 인쇄에 들어갈 수 없었다.

혁신을 추구하는 할아버지의 태도는 다른 분야에서도 여실히 드러났다. 초창기의 상인들은 연하장을 서랍 속에 넣어두었다가 손님이 찾아가면 하나씩 꺼내서 보여주곤 했다. 할아버지는 손님들이 공개적으로 진열된 제품들을 직접 둘러보며 카드를 고를 수 있다면 매상이 크게 높아질 거라고 믿었다. 그래서 1930년대 말부터 카드를 누구나 볼 수 있게 진열하는 판매 방식을 도입했고, 이것은 이제 카드뿐만 아니라 다른 제품에도 적용되고 있다.

할아버지가 부동산 개발에까지 관심을 가졌다는 것은 다소 의외의 일이다. 도심에 자리한 본사 주변 환경이 점점 지저분해지고 복잡해지자 할아버지는 인근의 땅을 조금씩 사들이기 시작했다. 이어서 미국의 대표적인 건축가와 설계자들에게 도움을 청했는데, 그중에는 캘리포니아에 디즈니랜드를 만든 할아버지의 친구 월트 디즈니도 포함되어 있었다.

그 계획은 1967년 1월에 모습을 드러냈다. 사무실과 호텔, 소매점과 거주지가 합쳐져 '도시 속의 도시'라는 새로운 개념을 내세운 85에이커의 〈크라운 센터〉가 〈홀마크〉의 새로운 보금자리로 탄생한 것이다. 그후 〈크라운 센터〉는 다용도 토지 개발의 표본과 같은 사례가 되었을 뿐 아니라 캔자스시티의 명물로 이름을 떨치게 되었다. 그렇게 해서 J. C. 홀은 자신이 고향이라고 불렸던 이 도시에 커다란 발자취를 남겼다.

〈크라운 센터〉가 건립되던 무렵, 할아버지는 나의 아버지인 도널드 J. 홀을 후계자로 회사 경영 전면에 내세웠고, 아버지는 〈홀마크〉의 새로운 시대를 열어젖힌 주역으로 활약했다.

세월이 흐르는 동안 많은 것이 변했지만 할아버지의 전망과 가치는 여전히 〈홀마크 카드〉를 이끌어가는 견인차 역할을 하고 있다. 할아버지는 근면과 성실에 깊은 신념을 항상 가지고 있었다.

"소비자의 진정한 욕구를 충족시키는 최고의 제품을 생산하는 것이야말로 부자가 되는 것보다 훨씬 강력한 동기다."

할아버지는 늘 이렇게 강조하곤 했다. 정말 옳은 말이 아닐 수 없다.

도널드 J. 홀 2세는 2002년부터 〈홀마크 카드〉의 대표 겸 최고 경영자를 맡고 있다. 그의 동생 데이비드 E. 홀은 자회사인 〈퍼스널 익스프레션 그룹〉의 대표이다.

〈홀마크〉에는 모두 1만 8천 명의 정규 직원이 있고, 〈홀마크〉 제품은 미국 전역의 4만 3천 개 소매점을 통해 유통된다. 본사의 공인을 받은 〈홀마크 골드 크라운〉 매장만 4천 개가 넘고, 또 다른 3만 개의 할인점, 식품점, 약국 등에서 이 회사의 제품을 취급한다. 또한 책임 있는 시민 의식을 중요한 기업 가치의 하나로 여기는 〈홀마크〉는 교육, 건강, 예술 등 각 분야의 여러 단체들을 지원하고 있다.

평범했던 사람들이 만난
최고의 행운 이야기

처음 이 책의 번역을 제안 받았을 때, 솔직히 나에게 물리적인 여력이 없었다. 날마다 '고도원의 아침편지'를 쓰기에도 하루하루가 벅찬 데다 책상에는 내 손길을 기다리고 있는 이런저런 원고들이 가득 쌓여 있고, 계속 이어지는 개인적인 각종 강연 일정과 저술만으로도 시간이 턱없이 모자라는 상황이었다.

그러나 굳이 이 책의 번역을 나에게 부탁한 출판사의 의중이 궁금했기에 책을 손에 쥐었고, 책장을 넘기다가 생각이 확 바뀌었다. 한 장 한 장 책장을 넘길수록 동공이 열리고 감동이 밀려와 하룻밤을 꼬박 새워 다 읽고 말았다.

이 책은 당신처럼 평범했던 사람들이 세계 최고 부자나 기업가로, 또는 그 분야의 전문가로 다시 태어나는 현대판 '신화'의 이야기이자, 순탄치만은 않은 인생의 비탈길에서 발견한 작은 희망을 불씨로 삼아 꿈을 이룬 사람들의 살아 있는 이야기다. 그들의 생생한 경험담을 모아놓았기에 우리에게 깊은 울림을 준다.

이 책이 빛나는 이유는 주인공들이 단순히 물질적으로 부자가 되었기에 유명해진 사람들이 아니라는 데 있다. 나는 그들의 사업 계기를 보면서 색다른 사실을 발견하게 되었다. 사업의 목적이 개인적 성공이 아닌, 자신과 같은 처지의 사람에게 도움이 되고 힘이 되기 위함에 있었기 때문이다. 아토피로 고생하는 자녀를 위해 만든 친환경 비누가 사업으로 이어지고, 고아원에서 외톨이인 아이와의 교감을 위해 했던 일이 꽃 사업으로 이어지는 등, 다른 사람에게 도움이 되고자 하는 뜻이 성공으로 이어졌다. 그들은 모두 진정 '잘 사는 사람' '잘 살려고 노력하는 사람'들이었다. 그리고 그 안에서 자신만의 행운을 발견해낸 이들이었다.

이 책의 제목에 씌어 있는 '행운'에는 에디슨이 말한 '99%의 노력과 1%의 행운'이 의미하는 바를 넘어선 뜻이 담겨 있다. '행운은 인연으로 온다'는 제목처럼 이 책에 나오는 주인공들의 삶의 여정은 우리의 인생 행로를 송두리째 바꿀 수 있는 작지만 결정적인 힘을 가지고 있다. 이는 우리 인생에서 절대 놓쳐서는 안 될 소중한 것이다. 또한 그냥 막연한 기대를 갖고 사는 아무나에게 주어지는 것이 아니라 어떤 역경에서도 꿈을 잃지 않는 사람, 포기하지 않는 사람, 앞에서 말한 정말 잘 살려고 노력하는 사람에게만 주어지는 특별한 것이다.

이 책은 장차 큰 기업가나 행복한 백만장자를 꿈꾸는 사람, 지금의 사업을 세계적 기업으로 키워가기를 소망하는 사람, 자기 분야에서 최고가 되려고 하는 사람, 이 모든 꿈을 안고 사회에 첫발을 내딛은 사람들에게 섬광과도 같은 한 줄기 빛이 되리라 믿어 의심치 않는다. 책의 주인공 한 사람, 한 사람이 들려주는 이야기 속에는 번뜩이는 아이디어와 천둥소리와도 같은 영감, 누구든 삶의 지표로 삼을 수 있는 지혜들이 가득 담겨 있기 때문이다.

이 책을 통해 '행운'이 더 이상 남의 것이나 먼 곳의 이야기가 아니라 내가 손을 내미는 순간 언제든 내 것이 될 수 있다는 희망과 믿음을 갖게 되기를 간절히 바란다. 이 책을 접하게 될 많은 독자들과의 새로운 만남에, 그 기대에 한없이 설레고 기쁘기만 하다. 부디 번역 작업 과정에서 우리가 느꼈던 진한 감동이 읽는 분들의 가슴에 그대로 전달되기를 바란다.

고도원

옮긴이 고도원

꿈과 희망으로 매일 아침 370만 명의 가슴을 깨우는 사람. 2001년 8월 '희망이란' 첫 글로 〈고도원의 아침편지〉를 시작하여 거친 세상 속에서도 힘차게 살아가고픈, 자신만의 꿈을 이루고픈 이들에게 소박하지만 진정어린 메시지를 전하며 든든한 길동무가 되어주었다. 현재는 아침편지 문화재단의 이사장으로 충주에서 아침편지 명상센터 '깊은산속 옹달샘'을 운영하며 지친 몸과 마음을 돌보는 휴식과 치유의 시간을 제공하고 있다.

연세대학교 신학과를 거쳐 동대학 대학원 정치학과를 졸업했고 미국 미주리대 언론대학원에서 연수했다. 연세대학교 대학신문인《연세춘추》의 편집국장을 지냈고《뿌리깊은 나무》와《중앙일보》에서 기자로 활동했다. 1998년부터 5년 동안 청와대 대통령연설담당비서관(1급)을 지냈다. 2003년 황조근정훈장을, 2006년 환경재단 선정 '세상을 밝게 만든 100인상'을 수상했다.

옮긴이 안종설

성균관대학교 사회학과를 졸업한 뒤 출판사 편집장을 지냈고, 캐나다 UFV에서 영문학을 공부했으며, 현재 전문 번역가로 활동하고 있다. 지은 책으로『영어 번역 함부로 하지 마라』가 있으며, 옮긴 책으로『솔라리스』『인페르노』『천국의 도둑』『믿음의 도둑』『ZOM-B』『속죄 나무1, 2』『언더 더 스킨』『재빛 음모』외 다수가 있다.

삶이 바뀌는 결정적 순간을 놓치지 않는 법

행운은 인연으로 온다

초판 1쇄 발행 2008년 1월 28일
개정 1쇄 발행 2020년 10월 12일

지은이 잭 캔필드·마크 빅터 한센 외
옮긴이 고도원·안종설
펴낸이 유정연

기획편집 장보금 신성식 조현주 김수진 김경애 백지선 **디자인** 안수진 김소진
마케팅 임충진 임우열 이다영 박중혁 **제작** 임정호 **경영지원** 박소영

펴낸곳 흐름출판(주) **출판등록** 제313-2003-199호(2003년 5월 28일)
주소 서울시 마포구 월드컵북로5길 48-9(서교동)
전화 (02)325-4944 **팩스** (02)325-4945 **이메일** book@hbooks.co.kr
홈페이지 http://www.hbooks.co.kr **블로그** blog.naver.com/nextwave7
출력·인쇄·제본 (주)현문 용지 월드페이퍼(주) **후가공** (주)이지앤비(특허 제10-1081185호)

ISBN 978-89-6596-403-2 03190

이 도서의 국립중앙도서관 출판예정도서목록(CIP)은 서지정보유통지원시스템 홈페이지(http://seoji.nl.go.kr)와
국가자료공동목록시스템(http://www.nl.go.kr/kolisnet)에서 이용하실 수 있습니다.(CIP제어번호: CIP2020039698)